普通高等教育经管类系列教材

证券投资实训

第3版

吴纬地 孙可娜 编著

机械工业出版社

本书是以证券投资操作为特点,以网上证券投资为引领,通过证券投资模拟方式进行技术分析和实务操作,以达到培养和训练证券投资操作能力目的的实训教材。本书主要内容包括:证券投资预备知识、证券投资相关机构、软件下载与安装、行情分析方法与操作、基本分析方法与应用、技术分析方法与应用、网上证券委托、证券投资模拟、网上信息采集和证券法律法规。

本书适合高校学生进行证券投资网上模拟训练使用,还可作为社会人员自助练习证券操作、参加证券从业人员资格考试的参考用书。

图书在版编目（CIP）数据

证券投资实训/吴纬地,孙可娜编著. —3版. —北京:机械工业出版社, 2020.2（2024.9重印）

普通高等教育经管类系列教材

ISBN 978-7-111-64385-2

Ⅰ. ①证… Ⅱ. ①吴… ②孙… Ⅲ. ①证券投资-高等学校-教材 Ⅳ. ①F830.91

中国版本图书馆CIP数据核字（2019）第293715号

机械工业出版社（北京市百万庄大街22号　邮政编码100037）
策划编辑：曹俊玲　　责任编辑：曹俊玲　刘　静
责任校对：宋逍兰　　封面设计：刘　科
责任印制：张　博
北京雁林吉兆印刷有限公司印刷
2024年9月第3版第4次印刷
184mm×260mm · 16.5印张 · 404千字
标准书号：ISBN 978-7-111-64385-2
定价：42.00元

电话服务	网络服务	
客服电话：010-88361066	机　工　官　网：	www.cmpbook.com
010-88379833	机　工　官　博：	weibo.com/cmp1952
010-68326294	金　书　网：	www.golden-book.com
封底无防伪标均为盗版	机工教育服务网：	www.cmpedu.com

第 3 版前言

随着我国高等教育改革的深入，实验实训教学日益受到众多高校的重视。证券市场蓬勃发展，实训教材亟需更新换代。为便于高校学生进行证券投资实训，本书在第 2 版的基础上，根据最新实践，采用专业知识和实际操作相结合的思路再次修订，使学生更好地实现"学"中"做"和"做"中"学"。同时为增加学生的学习兴趣，本次修订以小资料的形式加入了大量案例。本书具有以下特色：

(1) 完整性。本书体系完整，涵盖证券投资实训的诸多环节。

(2) 实用性。本书以证券投资操作为主线，结合专业知识，贯穿整个证券投资实训过程。

(3) 简化性。本书内容深入浅出，着重体现证券投资操作的简单易行。

(4) 趣味性。本书以小资料的形式，扩展了大量的证券投资知识和案例，以增加学生的学习兴趣。

此外，本书还增加了证券投资相关机构和证券法律法规的内容，这是其他证券投资实训类教材缺乏的。

本书沿用了《证券投资实训》第 2 版的体例，在孙可娜教授的指导下，吴纬地副教授独自对全书进行了修订。由于原书大部分内容已陈旧，第 3 版中增加或更新了 80% 以上的内容，对其余部分内容也做了修订。本书由吴纬地总纂定稿，以全新的面貌呈现在读者面前。本书主要增加和修订了以下内容：

(1) 增加了第二章证券投资相关机构。

(2) 增加了第五章基本分析方法与应用。

(3) 增加了第十章证券法律法规。

(4) 删除了第 2 版第四章系统软件功能介绍。

(5) 更新了图片和小资料。

(6) 增加了最新的证券实践。

(7) 采用了最新的证券相关法规。

(8) 删除了各章中陈旧的内容。

本书的编写和出版得到了天津职业技术师范大学和机械工业出版社的大力支持，在此一并感谢。在本书的编写过程中，编者参考了相关的文献资料，在此向相关文献资料的作者表示感谢。限于编者的水平，书中的不足和缺漏在所难免，恳请各位专家和读者批评指正。

编　者

第 2 版前言

通过网络进行证券买卖，已经成为信息时代证券投资的主要方式。熟练地进行证券行情与交易软件的下载、安装与使用；详尽地了解和使用分析系统的各种主要功能，方便快捷地在大盘和个股之间进行技术分析；选择相应的网站，申请登录个人的网上证券投资账户进行网上证券委托买卖；申请建立个人的模拟账户，进行证券委托买卖的模拟训练；得心应手地获取网上的信息资源，并对证券市场的有关信息进行搜集、整理、分析和判断。这些体现了证券投资的学习必须与实际训练相结合，证券投资的实际操作是学生不可缺少的基本能力。把所学的知识转换成能力，加强与实践环节的配套，注重对学生专业能力的培养，已经成为新形势下培养专业人才的重要指向。

"证券投资"作为高等院校经济管理类专业的课程，不仅需要学生系统学习、了解和掌握有关证券投资的理论，而且需要学生拥有必要的实务操作能力。本书正是基于实际操作能力训练的需要，作为与《证券投资教程》配套的实训教材，组织高校中具有证券从业经历的教师和证券机构的专业人员共同编写。本实训教材的编写，在证券投资模拟训练方面做了积极的尝试，并取得了预期的效果。

本次修订在结构上没有进行大的改动，而是结合证券投资实际操作的需要，在原有基础上对有关网页及内容进行了替换，同时加入了证券投资的基础性、技术性、经验性的相关内容，以便于学生在实训中获得必要的引领。

第 1 版各章的具体编写分工为：第一章由孙可娜、刘临娟、徐焕强共同编写，第二章、第四章、第五章由刘临娟编写，第三章由孙可娜、刘临娟共同编写，第六章由李健、刘临娟共同编写，第七章由孙可娜、徐焕强共同编写，第八章由徐焕强编写。技术资源由李健负责组织，全书由孙可娜总纂定稿。本次再版，由孙可娜对全书内容进行了修订。

我国证券市场是一个不断发展的市场，新的内容和领域不断涌现，没有尽头。特别是由于编者的水平有限，本书在内容上不可能包罗万象，只是一个操作的引领，更深入、更广阔的领域还有待大家在实践中去探索。欢迎读者对本书提出意见和建议。

孙可娜

第 1 版前言

随着科技的创新与电子信息技术的发展，证券投资方式发生了深刻的变革。不论是投资分析、信息采集还是证券交易，都已经摆脱了传统方式的种种局限，变得简单、自助、方便、快捷。借助网络系统，人们可以随心所欲地查看和预测证券行情，捕捉瞬间变化，采集市场信息，进行大势研判，做出投资选择，完成证券买卖。所有这一切表明，仅仅掌握专业理论知识是远远不够的，还必须接受系统的专业训练，拥有进行证券投资所必备的各种操作能力。教育的责任不仅在于知识的传递，还在于实现知识向能力的转化。因此，人才培养目标应该注入新的内容，能力的培养应该成为专业课程教学的一个重要组成部分。

从这个意义上说，证券投资课程应该有别于传统的教学模式，使学生在进行理论与实务学习的同时，加强实际操作能力的训练和培养。通过系统的训练与操作，学生体会和感受理论的意义，同时把知识转化为岗位乃至职业所必需的能力。

如何才能使证券投资的理论与实际更好地结合在一起，形成理论与实践的内在联系，从而进行严格的系统训练？显然，传统的教学内容和方式面临挑战，取而代之的应该是理论学习和实际训练的有机结合。一种能力的形成取决于训练的质量，质量的保证需要建立在严格、规范的基础之上，严格规范的训练不能没有专用的教材。

《证券投资实训》的编写正是基于这一目的。作为《证券投资教程》的配套教材，《证券投资实训》是专用于学生证券投资专业训练和能力培养的操作指南。本书的特点集中体现在以下方面：

（1）系统。对证券投资业务流程进行完整介绍。
（2）规范。符合我国证券投资机构的操作规范。
（3）通用。适合在校学生、投资机构和专业人员使用。
（4）简便。图文并茂，便于自主训练和仿真模拟。

全书由以下八部分内容所组成：证券投资预备知识、软件下载与安装、行情分析方法与操作、系统软件功能介绍、技术分析方法与应用、网上证券委托、证券投资模拟、网上信息采集。

本书由孙可娜在主编《证券投资教程》的基础上进行总体策划并确定章节结构，由李健负责组织技术资源及有关业务操作资源。各章的具体编写分工如下：第一章由孙可娜、刘临娟、徐焕强共同编写，第二章、第四章、第五章由刘临娟编写，第三章由孙可娜、刘临娟共同编写，第六章由李健、刘临娟共同编写，第七章由孙可娜、徐焕强共同编写，第八章由徐焕强编写。全书由孙可娜总纂定稿。

由于编者水平有限，书中缺点、错误在所难免，敬请专家和读者批评指正。

孙可娜

目　录

第3版前言
第2版前言
第1版前言

第一章　证券投资预备知识 …………………… 1
　第一节　证券交易代码 …………………………… 1
　第二节　证券交易相关规定 …………………… 31
　第三节　指定交易与转托管制度 ……………… 34

第二章　证券投资相关机构 …………………… 40
　第一节　证券公司 ……………………………… 40
　第二节　期货公司 ……………………………… 47
　第三节　证券投资咨询机构 …………………… 53
　第四节　基金管理公司 ………………………… 59
　第五节　人民币合格境外机构投资者 ………… 66

第三章　软件下载与安装 ……………………… 76
　第一节　证券网上交易 ………………………… 76
　第二节　网上行情查询与软件下载 …………… 77
　第三节　网上交易软件的安装与使用 ………… 81

第四章　行情分析方法与操作 ………………… 90
　第一节　大盘分析 ……………………………… 90
　第二节　股价指数及走势分析 ………………… 91
　第三节　证券行情分类报价 …………………… 100
　第四节　个股分析 ……………………………… 101

第五章　基本分析方法与应用 ………………… 106
　第一节　基本分析概述 ………………………… 106
　第二节　宏观分析 ……………………………… 108
　第三节　中观分析 ……………………………… 111
　第四节　公司分析 ……………………………… 115
　第五节　相关实训 ……………………………… 117

第六章　技术分析方法与应用 ………………… 123
　第一节　技术分析的基本原理 ………………… 123
　第二节　K线理论分析 ………………………… 124
　第三节　移动成本分析 ………………………… 134
　第四节　技术指标及其应用 …………………… 136

第七章　网上证券委托 ………………………… 164
　第一节　委托设置 ……………………………… 164
　第二节　委托买卖 ……………………………… 168
　第三节　账户查询 ……………………………… 170

第八章　证券投资模拟 ………………………… 175
　第一节　建立模拟账户 ………………………… 175
　第二节　模拟交易 ……………………………… 180

第九章　网上信息采集 ………………………… 198
　第一节　证券信息采集 ………………………… 198
　第二节　信息搜索方法 ………………………… 200
　第三节　资讯网站收藏和互联网信息交流 …… 206

第十章　证券法律法规 ………………………… 221
　第一节　法律 …………………………………… 221
　第二节　行政法规 ……………………………… 235
　第三节　部门规章 ……………………………… 238
　第四节　法律法规实训 ………………………… 247

参考文献 ………………………………………… 255

第一章

证券投资预备知识

本章指引：

在进入网上证券投资实际训练之前,请不必过于匆忙。在这里回顾或了解证券投资的预备知识,对于接下来的实际操作不仅极为必要,而且会起到事半功倍的作用。

第一节 证券交易代码

在证券交易过程中,为了便于电脑识别和交易,每一只上市证券都会拥有一个专有的证券代码。证券简称与代码一一对应,为证券投资带来了便利。例如,上海银行,其代码为601229;格力电器,其代码为000651。进行信息查询和证券交易时,输入有关的证券代码,接下来的环节就会变得轻而易举。因此,获取证券代码应该是入市进行证券投资的一把钥匙。

在网上,可以通过多种方式进行证券代码的查询。例如,可以通过证券交易所的网站查询,也可以在搜索网站输入股票代码查询。

一、股票及其代码

1. A 股股票代码

A 股股票即人民币普通股,是由我国境内的公司发行,供境内机构、组织或个人(不含台、港、澳投资者,从 2013 年 4 月 1 日起,境内居住的港澳台居民可以开立 A 股账户)以人民币认购和交易的普通股股票。A 股不是实物股票,以无纸化电子记账,实行"T+1"交割制度,有涨跌幅(10%)限制,参与投资者为中国境内机构或个人。

2007 年 5 月 28 日,上海证券交易所(简称上交所)发布了《上海证券交易所证券代码分配规则》。2009 年 8 月 10 日,该所对代码规则进行了修订。根据该规则,在上海证券交易所上市的证券,采用 6 位数编制方法,取值范围为 000000~999999,6 位代码的前 3 位为证券种类标识区,其中第 1 位为证券产品标识,第 2~3 位为证券业务标识,6 位代码的后 3 位为顺序编码区。6×××××为在上海证券交易所交易的 A 股股票。

小资料

上海证券交易所证券代码分配规则

(2009年)

一、本所证券代码采用6位阿拉伯数字编码，取值范围为000000~999999。6位代码的前3位为证券种类标识区，其中第1位为证券产品标识，第2~3位为证券业务标识，6位代码的后3位为顺序编码区：

1	2	3	4	5	6
证券种类标识区			顺序编码区		

二、证券产品代码分配规则

首位代码	产品定义
0	国债/指数
1	债券
2	回购
3	期货
4	备用
5	基金/权证
6	A股
7	非交易业务（发行、权益分配）
8	备用
9	B股

三、证券业务代码分配规则

第1位	第2~3位	业务定义
0	00	上证指数、沪深300指数、中证指数
	09	国债（2000年前发行）
	10	国债（2000—2009年发行）
	19	固定收益电子平台交易国债
	20	记账式贴现国债
	90	新国债质押式回购质押券出入库（对应010×××国债）
	99	新国债质押式回购质押券出入库（对应009×××国债）
1	00	可转债（对应600×××），其中1009××用于转债回售
	04	公司债及国家发改委等核准发行的、登记在证券账户的债券（对应122×××）出入库

	05	105000~105899 用于分离债（对应 126×××）出入库，105900~105999 用于企业债（对应 120×××、129×××）出入库
	06	地方政府债出入库（对应 130×××）
	07	记账式贴现国债出入库（对应 020×××）
	10	可转债（对应 600×××）
	12	可转债（对应 600×××）
	13	可转债（对应 601×××）
	20	企业债
	21	资产证券化
	22	22000~122499 用于公司债，122500~122999 用于国家发改委等核准发行的、登记在证券账户的债券
	26	分离交易的可转换公司债
	28	可交换公司债
	29	企业债
	30	地方政府债
	81	可转债转股（对应 600×××），已不再增用
	90	可转债转股（对应 600×××）
	91	可转债转股（对应 601×××）
	92	可交换公司债转股（对应 128×××）
2	01	国债回购（席位托管方式）
	02	企业债回购
	03	国债买断式回购
	04	债券质押式回购（账户托管方式）
	05	债券质押式报价回购
3	10	国债期货（暂停交易）
5	00	契约型封闭式基金
	10	交易型开放式指数证券投资基金
	19	开放式基金申赎
	21	开放式基金认购
	22	开放式基金跨市场转托管
	23	开放式基金分红
	24	开放式基金转换
	80	权证（含股改权证、公司权证）
	82	权证行权
6	00	A 股证券
	01	A 股证券
	19	开放式基金申赎
7	00	配股（对应 600×××）

	02	职工股配股（对应600×××）
	04	持股配债
	05	基金扩募
	06	要约收购
	30	申购、增发（对应600×××）
	31	持股增发（对应600×××）
	33	可转债申购（对应600×××）
	35	基金申购
	38	网上投票（对应600×××）
	40	申购款或增发款（对应600×××）
	41	申购或增发配号（对应600×××）
	43	可转债发债款（对应600×××）
	44	可转债配号（对应600×××）
	45	基金申购款
	46	基金申购配号
	51	751000～751199用于国债分销，751900～751969用于地方政府债（对应130×××）分销，751970～751999用于公司债及国家发改委等核准发行的、登记在证券账户的债券（对应122×××）分销
	60	配股（对应601×××）
	62	职工股配股（对应601×××）
	80	申购、增发（对应601×××）
	81	持股增发（对应601×××）
	83	可转债申购（对应601×××）
	88	网络投票（对应601×××）
	90	申购款或增发款（对应601×××）
	91	申购或增发配号（对应601×××）
	93	可转债申购款（对应601×××）
	94	可转债配号（对应601×××）
	99	指定交易（含指定交易、撤销指定、回购指定撤销、A股密码服务等）
9	00	B股证券
	38	网上投票（B股）
	39	B股网络投票密码服务（现仅用939988）

四、本所可以根据具体情况调整代码分配办法。

图1-1为上交所网站显示的在上交所挂牌A股股票代码一览表（局部）。

深圳证券交易所（简称深交所、深证、深市）在2002年5月以前，证券代码由4位数组成，2002年5月，深圳证券交易所发布了《深圳证券交易所证券代码、席位代码、股东

图 1-1 上交所 A 股股票代码一览表（局部）

代码升位方案》（2010 年 10 月 28 日宣布作废），证券代码由 4 位数字升为 6 位数字。2003 年 5 月 26 日，深圳证券交易所印发了《深圳证券交易所证券代码、证券简称编制管理办法》。2005 年 1 月 14 日，深圳证券交易所印发了《深圳证券交易所证券代码、证券简称编制管理办法（修订稿）》。根据该办法，在深圳证券交易所上市的证券，采用 6 位数编制方法，6 位代码的前 2 位为证券种类标识区，其中第 1 位为证券大类标识，第 2 位为大类下的衍生证券标识，6 位代码的后 4 位为顺序编码区。"00××××"为在深圳证券交易所交易的 A 股股票。2004 年深圳证券交易所推出中小企业板，其代码为"002×××"。其中，"2"表示中小企业板块，后 3 位数表示上市顺序。"30××××"为在深圳证券交易所交易的创业板股票。

 小资料

深圳证券交易所证券代码、证券简称编制管理办法（修订稿）

2005 年 1 月 14 日　深证综〔2005〕2 号

第一章　总　则

第一条　为加强深圳证券交易所（以下简称"本所"）证券代码、证券简称的管理，确保证券代码、证券简称编制工作安全、稳定运行，降低系统运行风险，有效利用证券代码资源，制定本办法。

第二条　本所设证券编码小组负责证券代码、证券简称的编制管理工作，监督证券代码资源的使用。

证券编码小组由本所发审监管部、基金债券部、公司管理部、系统运行部、电脑工程部、信息统计部人员组成，并邀请中国证券登记结算有限责任公司深圳分公司有关部门人员参加。

证券编码小组以会议形式履行职责。证券编码小组会议由发审监管部召集。

第三条　本所证券代码、证券简称日常编制工作由发审监管部、公司管理部和基金债券部负责。

发审监管部负责编制和分配中小企业板块股票及其衍生品种、指数、代办转让股票的证券代码，受理中小企业板块股票及其衍生品种、指数、代办转让股票的证券简称申请并核定其证券简称。

公司管理部负责编制和分配主板股票及其衍生品种的证券代码，受理主板股票及其衍生品种的证券简称申请并核定其证券简称。

基金债券部负责编制和分配基金、债券及其衍生品种的证券代码，受理基金、债券及其衍生品种的证券简称申请并核定其证券简称。

第四条　本所相关部门应严格按照本办法操作，并制定相关工作流程。

相关部门发现某类证券代码资源可能枯竭而导致系统存在运行风险，应及时通知发审监管部，发审监管部召集证券编码小组研究后报总经理室。

第二章　证券代码、证券简称的编制

第一节　编制原则

第五条　本所证券代码采用六位数的数字型编制方法，首位代码为证券品种区别代码。其中0字开头的代码为A股证券及其衍生品种的证券代码，1字开头的代码为基金、债券及其衍生品种的证券代码，2字开头的代码为B股股票及其衍生品种的证券代码，3字开头的代码为创业板股票及其衍生品种、指数、统计指标、网络投票的证券代码，4字开头的代码为代办转让股票等的证券代码。

第六条　证券代码的编制原则上按顺序编制。如不按顺序编制，则由证券编码小组研究后报总经理室批准实施。

第七条　按本办法编制的证券代码不得与本所已挂牌证券代码重复。

按本办法编制的证券代码应避免与上海证券交易所（以下简称"上交所"）已挂牌证券代码重复。如有重复，则由证券编码小组研究后报总经理室。

第八条　本章未涉及的证券代码区间为预留区间，该区间证券代码的使用由证券编码小组研究后报总经理室批准。

第九条　证券简称应参考发行人名称、所属证券品种编制，不得超过八个字符（单字节字符），不得与本所和上交所已挂牌证券的证券简称重复。

第二节　股票及其衍生品种

第十条　A股证券代码的首二位代码为00，后四位代码按顺序编制。

中小企业板块A股证券代码的第三位代码为2，后三位代码按顺序编制。

A股证券简称原则上自公司名称中选取，若公司股票交易被实施特别处理则其证券简称应更改为以"ST"开头，若公司股票交易被实行退市风险警示则其证券简称应更改为以"*ST"开头。

第十一条　发行A股的公司增发新股、发行可转换公司债券申购代码的首二位代码为07，后四位代码为该发行人A股证券代码的后四位。

增发新股申购名称的前四位字符取自其A股证券简称，后四位字符为"增发"。

发行可转换公司债券申购名称的前四位字符取自其A股证券简称，后四位字符为"发债"。

第十二条　A股A1权证（配股）、增发新股优先权及可转换公司债券优先权认购代码的首二位代码为08，后四位代码为该发行人A股证券代码的后四位。

配股认购名称的前四位字符取自其A股证券简称，后四位字符为"A1配"。

增发新股优先权认购名称的前四位字符取自其A股证券简称，后四位字符为"配售"。

可转换公司债券优先权认购名称的前四位字符取自其A股证券简称，后四位字符为"配债"。

第十三条　发行A股的本所上市公司发行可转换公司债券，其可转换公司债券证券代码的首二位代码为12，第三位代码为5到9中的一个数字，其中5到7代表主板上市公司可转换债券的发行批次，8和9代表中小企业板块上市公司可转换债券的发行批次，后三位数字取该发行人A股证券代码的后三位。

上市公司首次发行可转换公司债券，可转换公司债券的前四位字符取自公司股票简称，后四位字符为"转债"；若再次发行可转换公司债券，则其前四位字符取首次可转换公司债券证券简称的前四位字符，后面的字符根据其发行批次分别为"转2""转3"等。

第十四条　B股证券代码的首二位代码为20。若发行人已发行A股，则B股证券代码后四位取其A股证券代码的后四位；若发行人尚未发行A股，则预先按A股证券代码编制规则确定A股代码，然后按前述规则编制B股代码，其后发行的A股启用该预先编制的证券代码。

B股证券简称的末位字符为"B"，其余字符原则上取自公司名称，若公司股票交易被实施特别处理则其证券简称应更改为以"ST"开头，若公司股票交易被实行退市风险警示则其证券简称应更改为以"*ST"开头。

第十五条　发行B股证券的公司发行可转换公司债券，证券代码的首二位代码为22，后四位代码为该发行人B股证券代码的后四位。

第十六条　在上交所以市值配售方式发行新股的发行人，其在本所首发新股、配股、增发新股、发行可转换公司债券的证券代码按以下原则编制：

一、A股证券代码的首二位代码为00，第三位代码为3或4，后三位代码取该发行人在上交所上市的证券代码的后三位，该代码由上交所在发行通知中确定；

二、增发新股、发行可转换公司债券认购代码的首二位代码为07，后四位代码取其A股证券代码的后四位；

三、配股、增发新股优先权及可转换公司债券优先权认购代码的首二位代码为08，后四位代码取其A股证券代码；

四、可转换公司债券证券代码的首二位代码为12，第三位代码为0到1中的一个数字，0到1代表发行批次，后三位代码取该发行人A股证券代码的后三位；

五、本所与上交所协商的原则。

本条所涉及的证券简称取上交所对应证券简称。

第三节 基金、债券及其衍生品种

第十七条 国债现货证券代码的首二位代码为10，第三、四位代码为发行年份的末两位，末二位代码为当年发行期数。

国债现货证券简称首四位字符为"国债"，末四位字符为证券代码的末四位。

国债现货除息复牌首日采用提示性简称，该简称首四位字符为"XD国"，末四位字符为证券代码的末四位。

第十八条 国债分销证券代码的首三位代码为101，第四位代码为6或7，末二位代码按顺序编制。

国债分销证券简称按分销商简称确定。

第十九条 企业债券证券代码的首二位代码为11，末四位代码按顺序编制。

企业债券证券简称首二位字符为发行年份的末两位数字；第三至六位字符为发行人简称；末二位字符若当年该发行人仅有一个品种债券发行，则为"债"，若有二个及以上品种债券发行则为债券期限。

第二十条 开放式回购证券代码的首四位代码为1317，末二位代码按顺序编制。

开放式回购证券简称首四位字符为国债现货证券代码的末四位，第五位字符为字母"R"，末三位字符为回购期限。

第二十一条 国债回购证券代码的首四位代码为1318，末二位代码按顺序编制。

国债回购证券简称首二位字符为"R"，第三位字符为"—"，第四至六位字符为回购期限，末二位字符为空格字符。

第二十二条 企业债券回购证券代码的首四位代码为1319，末二位代码按顺序编制。

企业债券回购证券简称首四位字符为字母"RC"，第五位字符为"—"，第六至八位字符为回购期限。

第二十三条 回购标准券证券代码的首五位代码为13199，末一位代码按顺序编制。

回购标准券证券简称首六位字符为汉字"标准券"；末二位字符为顺序编号，格式为汉字"一、二、三、四、五、六、七、八、九、十"。

第二十四条 开放式证券投资基金证券代码的首位代码为1，第二位代码为5或6，第三、四位代码为中国证监会信息中心统一规定的基金管理公司代码，末二位代码为对应基金管理公司发行的全部开放式基金的顺序号。开放式证券投资基金证券简称首四位字符为管理人名称，末四位字符为基金名称。

第二十五条 封闭式证券投资基金证券代码的首三位代码为184，末三位代码按顺序编制。

封闭式证券投资基金证券简称首四位字符为汉字"基金"，末四位字符为基金名称。

第二十六条 基金权证证券代码的首三位代码为188，末三位代码取基金证券代码的末三位。

基金权证证券简称首四位字符为基金名称，末四位字符为汉字"配售"。

第四节 创业板股票及其衍生品种

第二十七条 创业板股票证券代码的首二位代码为30，后四位代码按顺序编制；创业板公司增发新股申购代码的首二位代码为37，后四位代码取其股票证券代码的后四位；创业板股票配股认购代码的首二位代码为38，后四位代码取其股票证券代码的后四位。

创业板股票证券简称参照本章第二节有关规定确定。

第二十八条 创业板股票其他衍生品种的证券代码、证券简称由证券编码小组参照本办法研究确定。

第五节 指数及其他

第二十九条 本所发布的指数证券代码的首三位代码为399，后三位代码按顺序编制。

第三十条 本所发布的统计指标证券代码的首三位代码为395，后三位代码按顺序编制。

第三十一条 社会公众股股东通过本所交易系统行使表决权的股东大会网络投票证券代码首二位为36，后四位代码为该发行人股票证券代码的后四位；证券简称的前四位字符取自公司名称，后四位字符为"投票"。

网络投票系统股东身份密码服务的申报代码为"369999"证券简称为"密码服务"。

第六节 代办转让股票及其他

第三十二条 代办转让股票A类证券的证券代码的首二位代码为40，后四位代码按顺序编制。

代办转让股票B类证券的证券代码的首二位代码为42，后四位代码按顺序编制。

代办转让股票证券简称的末位字符应为标识其每周转让天数的阿拉伯数字。

第三十三条 证券公司定向发行债券的证券代码的首二位代码为46，具体由中国证券登记结算有限责任公司深圳分公司登记存管部负责编制并管理。

第三章 附 则

第三十四条 本办法由证券编码小组负责解释。

三十五条 本办法自印发之日起实施。本所2003年5月26日印发的《深圳证券交易所证券代码、证券简称编制管理办法》同时废止。

图1-2为深交所网站显示的在深交所挂牌A股股票代码一览表（局部）。

公司代码	公司简称	A股代码	A股简称	A股上市日期	A股总股本（亿股）	A股流通股本（亿股）	所属行业
000001	平安银行	000001	平安银行	1991-04-03	194.05	194.05	J 金融业
000002	万科A	000002	万科A	1991-01-29	97.24	97.15	K 房地产
000004	国农科技	000004	国农科技	1990-12-01	1.65	0.83	C 制造业
000005	世纪星源	000005	世纪星源	1990-12-10	10.58	10.57	N 公共环保
000006	深振业A	000006	深振业A	1992-04-27	13.49	13.48	K 房地产
000007	全新好	000007	全新好	1992-04-13	3.46	3.08	K 房地产
000008	神州高铁	000008	神州高铁	1992-05-07	27.80	26.65	C 制造业
000009	中国宝安	000009	中国宝安	1991-06-25	25.79	25.43	S 综合
000010	*ST美丽	000010	*ST美丽	1995-10-27	8.19	5.22	E 建筑业
000011	深物业A	000011	深物业A	1992-03-30	5.28	5.26	K 房地产
000012	南玻A	000012	南玻A	1992-02-28	19.98	19.57	C 制造业
000014	沙河股份	000014	沙河股份	1992-06-02	2.01	2.01	K 房地产

图1-2 深交所A股股票代码一览表（局部）

2. B股股票代码

B股股票即人民币特种股票，是以人民币标明流通面值，以外币认购和交易的特种股股票。B股公司的注册地和上市地都在境内（深、沪证券交易所），只不过投资者在国外或在我国香港、澳门及台湾。2001年我国开放境内个人居民可以投资B股。在上交所挂牌交易的B股股票交易以美元为计价单位，而在深交所挂牌交易的B股股票交易以港币为计价单位。

在上交所挂牌的B股股票代码为“900×××”，具体代码区间为9009××，如图1-3所示。

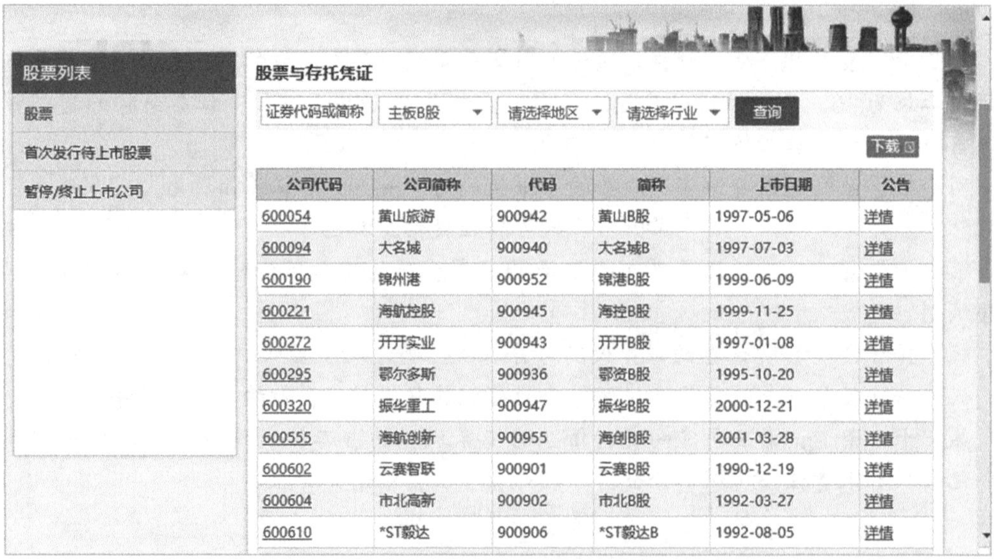

股票列表
股票
首次发行待上市股票
暂停/终止上市公司

股票与存托凭证

证券代码或简称 主板B股 请选择地区 请选择行业 查询

下载

公司代码	公司简称	代码	简称	上市日期	公告
600054	黄山旅游	900942	黄山B股	1997-05-06	详情
600094	大名城	900940	大名城B	1997-07-03	详情
600190	锦州港	900952	锦港B股	1999-06-09	详情
600221	海航控股	900945	海控B股	1999-11-25	详情
600272	开开实业	900943	开开B股	1997-01-08	详情
600295	鄂尔多斯	900936	鄂资B股	1995-10-20	详情
600320	振华重工	900947	振华B股	2000-12-21	详情
600555	海航创新	900955	海创B股	2001-03-28	详情
600602	云赛智联	900901	云赛B股	1990-12-19	详情
600604	市北高新	900902	市北B股	1992-03-27	详情
600610	*ST毅达	900906	*ST毅达B	1992-08-05	详情

图1-3 上交所B股股票代码一览表（局部）

在深交所挂牌交易的B股股票代码为“20××××”。其中“20”表示B股股票，第3到第6位为顺序编码区，取值范围为0001~9999，目前具体代码区间为20000×~2009××，如图1-4所示。

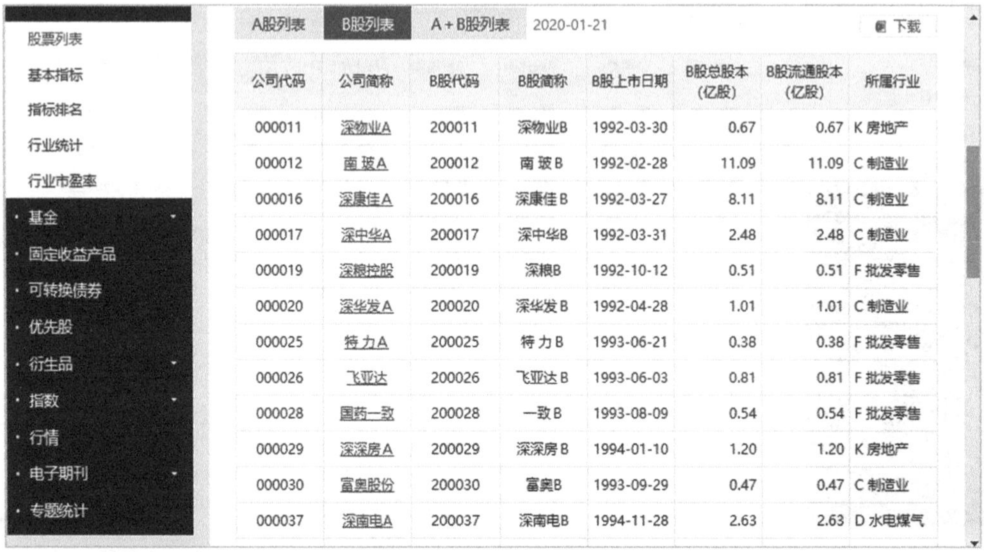

股票列表
基本指标
指标排名
行业统计
行业市盈率
基金
固定收益产品
可转换债券
优先股
衍生品
指数
行情
电子期刊
专题统计

A股列表 B股列表 A+B股列表 2020-01-21 下载

公司代码	公司简称	B股代码	B股简称	B股上市日期	B股总股本（亿股）	B股流通股本（亿股）	所属行业
000011	深物业A	200011	深物业B	1992-03-30	0.67	0.67	K 房地产
000012	南 玻A	200012	南 玻B	1992-02-28	11.09	11.09	C 制造业
000016	深康佳A	200016	深康佳B	1992-03-27	8.11	8.11	C 制造业
000017	深中华A	200017	深中华B	1992-03-31	2.48	2.48	C 制造业
000019	深粮控股	200019	深粮B	1992-10-12	0.51	0.51	F 批发零售
000020	深华发A	200020	深华发B	1992-04-28	1.01	1.01	C 制造业
000025	特 力A	200025	特 力B	1993-06-21	0.38	0.38	F 批发零售
000026	飞亚达	200026	飞亚达B	1993-06-03	0.81	0.81	F 批发零售
000028	国药一致	200028	一致B	1993-08-09	0.54	0.54	F 批发零售
000029	深深房A	200029	深深房B	1994-01-10	1.20	1.20	K 房地产
000030	富奥股份	200030	富奥B	1993-09-29	0.47	0.47	C 制造业
000037	深南电A	200037	深南电B	1994-11-28	2.63	2.63	D 水电煤气

图1-4 深交所B股股票代码一览表（局部）

二、基金及其代码

投资基金就是汇集众多分散投资者的资金，委托投资专家（如基金管理人），由专家按其投资策略，统一进行投资管理，为众多投资者谋利的一种证券投资工具。证券投资基金集合大众资金，共同分享投资利润，分担风险，是一种利益共享、风险共担的集合投资方式。

1. 上交所

在上交所挂牌交易的证券投资基金代码为"5×××××"，包括封闭式基金、实时申赎货币基金、交易型货币基金、ETF、LOF、分级 LOF。

封闭式基金是采用封闭式运作方式的基金，是指经核准的基金份额总额在基金合同期限内固定不变，基金份额可以在依法设立的证券交易场所交易，但基金份额持有人不得申请赎回的基金。封闭式基金代码为"505×××"。由于封闭式基金经营不佳，目前在上交所挂牌交易的封闭式基金只有一家，如图 1-5 所示。

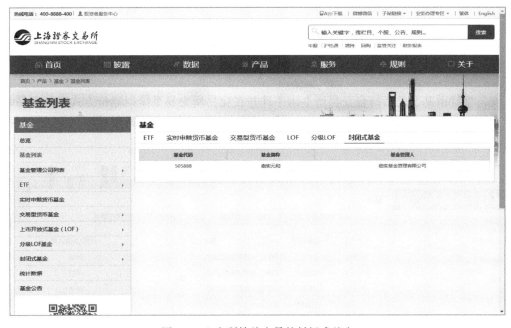

图 1-5　上交所挂牌交易的封闭式基金

货币基金是聚集社会闲散资金，由基金管理人运作，基金托管人保管资金的一种开放式基金。它是专门投向风险小的货币市场的工具。区别于其他类型的开放式基金，货币基金具有高安全性、高流动性、稳定收益性，具有"准储蓄"的特征。

实时申赎货币基金是指货币基金可以通过交易所场内系统进行实时申购和赎回业务。场内货币基金实时申购业务是指投资者在上交所规定的交易时间提交符合规范的货币基金申购申报，上交所系统实时确认申购申报是否有效，确认有效申购的基金份额当日享受基金收益，下一交易日可赎回；实时赎回业务是指投资者在交易时间提交符合规范的赎回申报，上交所实时确认赎回申报是否有效，确认有效赎回的基金份额对应的资金款项当日可用，下一交易日可提取。在上交所挂牌交易的实时申赎货币基金代码为"519×××"，如图 1-6 所示。

证券代码	证券简称
519800	保证金A
519808	嘉实宝A/B
519858	广发现金宝场内货币
519878	国保A
519888	添富快线
519898	现金宝A

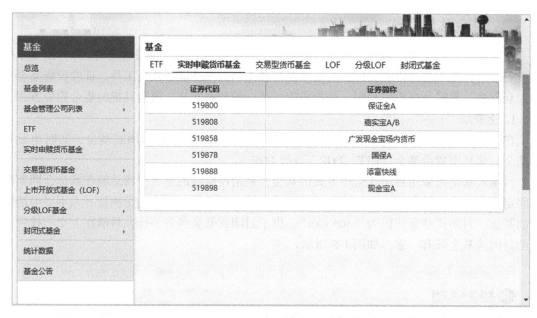

图1-6　上交所挂牌交易的实时申赎货币基金

交易型货币基金是指符合交易所上市条件并在交易所交易系统以竞价方式进行交易，以基金净值申购或者赎回的货币市场基金。其基金份额总额不固定且永久存续。在上交所挂牌交易的交易型货币基金代码为“511×××”，如图1-7所示。

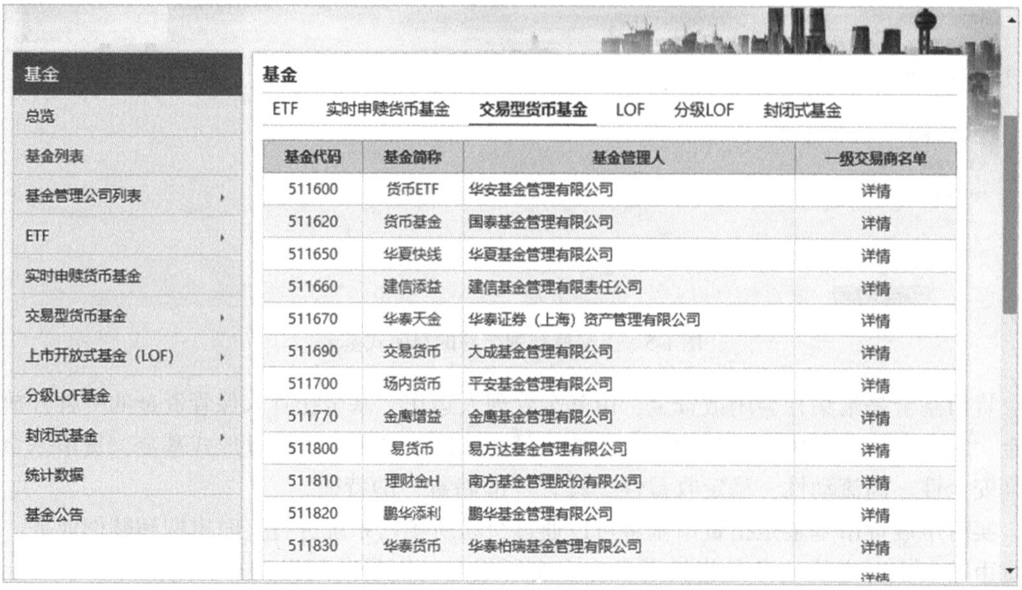

基金代码	基金简称	基金管理人	一级交易商名单
511600	货币ETF	华安基金管理有限公司	详情
511620	货币基金	国泰基金管理有限公司	详情
511650	华夏快线	华夏基金管理有限公司	详情
511660	建信添益	建信基金管理有限责任公司	详情
511670	华泰天金	华泰证券（上海）资产管理有限公司	详情
511690	交易货币	大成基金管理有限公司	详情
511700	场内货币	平安基金管理有限公司	详情
511770	金鹰增益	金鹰基金管理有限公司	详情
511800	易货币	易方达基金管理有限公司	详情
511810	理财金H	南方基金管理股份有限公司	详情
511820	鹏华添利	鹏华基金管理有限公司	详情
511830	华泰货币	华泰柏瑞基金管理有限公司	详情

图1-7　上交所挂牌交易的交易型货币基金

交易型开放式指数证券投资基金（Exchange Traded Fund，ETF），简称交易型开放式指数基金，又称交易所交易基金。ETF是一种跟踪“标的指数”变化且在证券交易所上市交易的基金。投资人可以如买卖股票那么简单地去买卖“标的指数”的ETF，可以获得与该指数基本相同的报酬率。ETF 是一种特殊的开放式基金，吸收了封闭式基金可以当日实时交易的优点，投资者可以像买卖封闭式基金或者股票一样，在二级市场买卖 ETF 份额。在上交所挂牌交易的 ETF 代码为“51××××”，如图 1-8 所示。

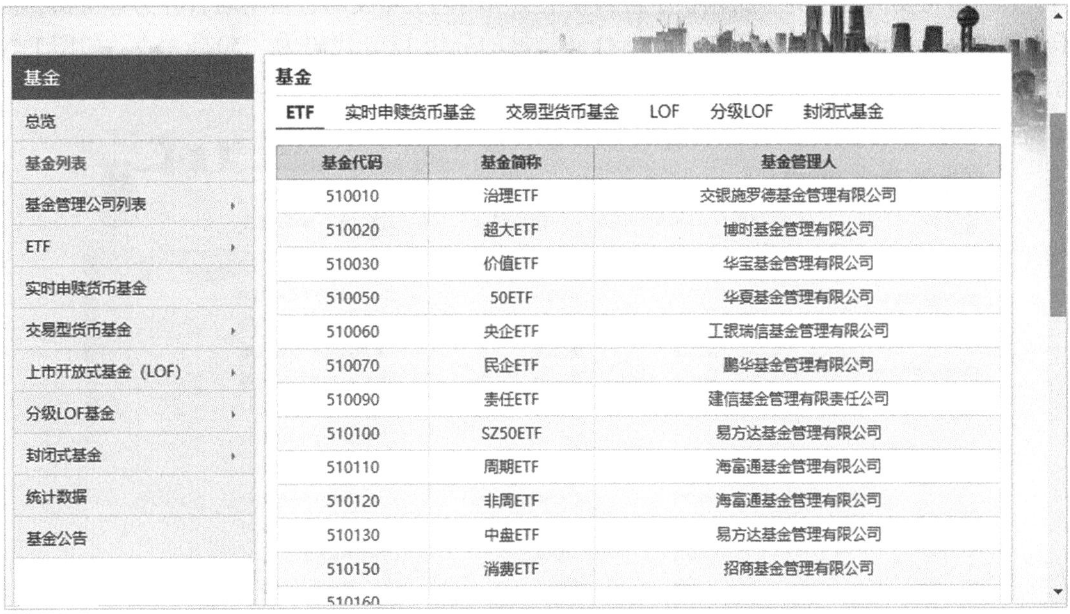

基金代码	基金简称	基金管理人
510010	治理ETF	交银施罗德基金管理有限公司
510020	超大ETF	博时基金管理有限公司
510030	价值ETF	华宝基金管理有限公司
510050	50ETF	华夏基金管理有限公司
510060	央企ETF	工银瑞信基金管理有限公司
510070	民企ETF	鹏华基金管理有限公司
510090	责任ETF	建信基金管理有限责任公司
510100	SZ50ETF	易方达基金管理有限公司
510110	周期ETF	海富通基金管理有限公司
510120	非周ETF	海富通基金管理有限公司
510130	中盘ETF	易方达基金管理有限公司
510150	消费ETF	招商基金管理有限公司
510160		

图 1-8 上交所挂牌交易的 ETF（局部）

LOF 即上市开放式基金，是指可在交易所认购、申购、赎回及交易的开放式证券投资基金。投资者既可通过交易所场内证券经营机构认购、申购、赎回及交易上市开放式基金份额，也可通过场外基金销售机构认购、申购和赎回上市开放式基金份额。在上交所挂牌交易的 LOF 代码为“501×××”，如图 1-9 所示。

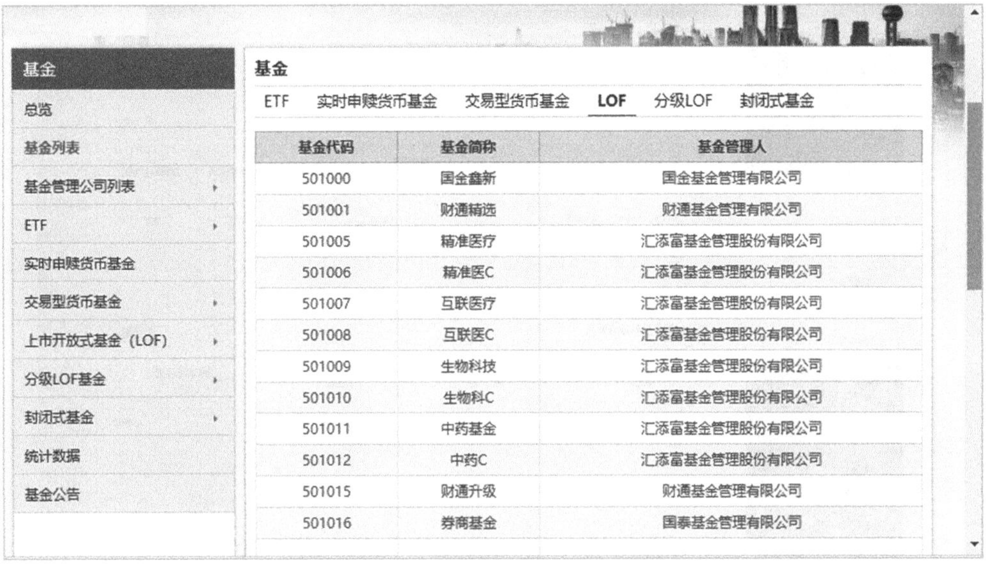

基金代码	基金简称	基金管理人
501000	国金鑫新	国金基金管理有限公司
501001	财通精选	财通基金管理有限公司
501005	精准医疗	汇添富基金管理股份有限公司
501006	精准医C	汇添富基金管理股份有限公司
501007	互联医疗	汇添富基金管理股份有限公司
501008	互联医C	汇添富基金管理股份有限公司
501009	生物科技	汇添富基金管理股份有限公司
501010	生物科C	汇添富基金管理股份有限公司
501011	中药基金	汇添富基金管理股份有限公司
501012	中药C	汇添富基金管理股份有限公司
501015	财通升级	财通基金管理有限公司
501016	券商基金	国泰基金管理有限公司

图 1-9 上交所挂牌交易的 LOF（局部）

分级基金是指通过事先约定基金的风险收益分配，将母基金份额分为预期风险收益不同的子份额，并可将其中部分或全部类别份额上市交易的结构化证券投资基金。上证分级基金的母份额为 LOF（可由基金管理人选择是否上市交易），可通过上交所场内证券经营机构申购、赎回，可实时分拆为子份额；子份额在上交所场内上市交易，可实时合并为母份额，但子份额不可单独申购、赎回。在上交所挂牌交易的分级 LOF 代码为 "502×××"，如图 1-10 所示。

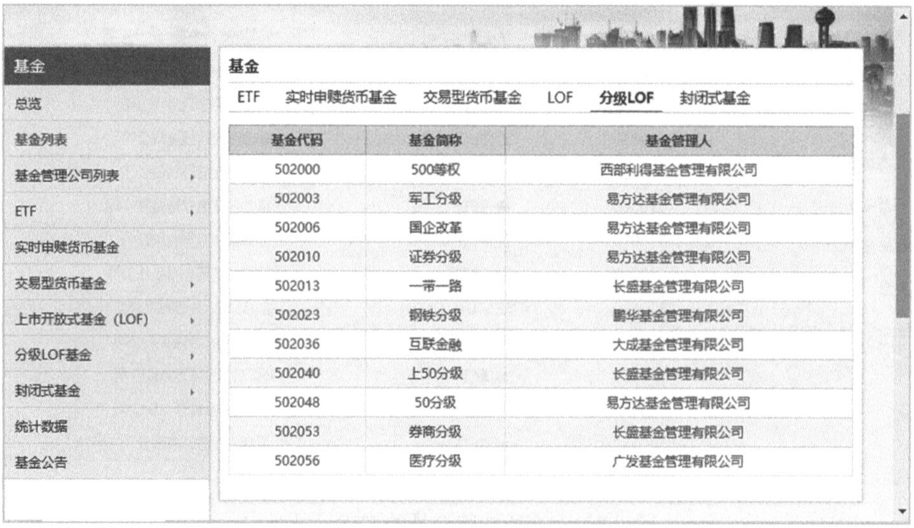

图 1-10 上交所挂牌交易的分级 LOF

2. 深交所

在深交所挂牌交易的证券投资基金代码为 "1×××××"，包括封闭式基金、ETF、LOF 和分级基金。在深交所挂牌交易的封闭式基金代码为 "184×××"，目前只有一家，如图 1-11 所示。

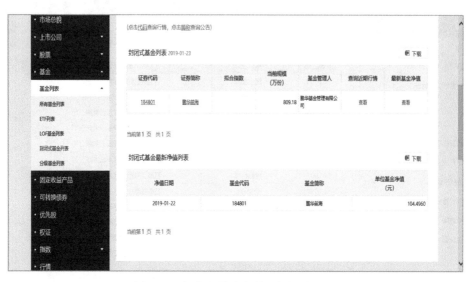

图 1-11 深交所挂牌交易的封闭式基金

在深交所挂牌交易的 ETF（局部）如图 1-12 所示。

图 1-12　深交所挂牌交易的 ETF（局部）

在深交所挂牌交易的 LOF（局部）如图 1-13 所示。

图 1-13　深交所挂牌交易的 LOF（局部）

在深交所挂牌交易的分级基金（局部）如图 1-14 所示。

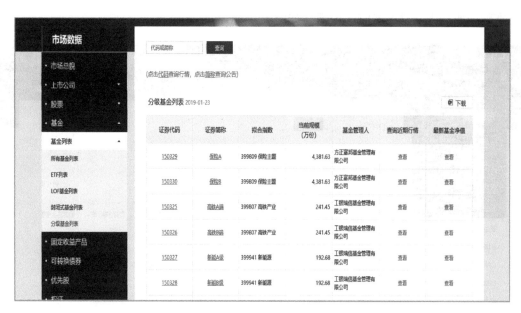

图1-14 深交所挂牌交易的分级基金（局部）

三、债券及其代码

（一）政府债券及其代码

政府债券是政府为筹集资金而向出资者出具并承诺在一定时期支付利息和偿还本金的债务凭证，具体包括国家债券（简称国债）即中央政府债券、地方政府债券和政府担保债券等。

1. 国债

国债是国家以其信用为基础，通过向社会筹集财政资金所形成的债权债务关系。目前，我国国债主要有记账式国债和储蓄国债两种。记账式国债可以上市和流通转让，储蓄国债不可以上市流通。托管在交易所市场的均为记账式国债。记账式国债又分为附息国债和贴现国债两类。附息国债定期支付利息、到期还本付息、期限为1年以上（含1年）。贴现国债以低于面值的价格贴现发行、到期按面值还本、期限为1年以下（不含1年）。

上交所挂牌交易国债的证券代码为"0×××××"，2000年以前上交所的国债现货代码为"00××××"，2000—2009年发行的国债现货代码为"01××××"（中间2位为该国债发行的年份，后2位为编号），记账式贴现国债现货代码为"020×××"，如图1-15所示。

深交所挂牌交易国债的证券代码为"10××××"，如图1-16所示。

2. 地方政府债券

地方政府债券（Local Treasury Bonds）是指某一国家中有财政收入的地方政府、地方公共机构发行的债券。地方政府债券一般用于交通、通信、住宅、教育、医院和污水处理系统等地方性公共设施的建设。地方政府债券一般也是以当地政府的税收能力作为还本付息的担保。

在上交所挂牌交易的地方政府债券（局部）如图1-17所示。

图1-15　上交所挂牌交易的国债（局部）

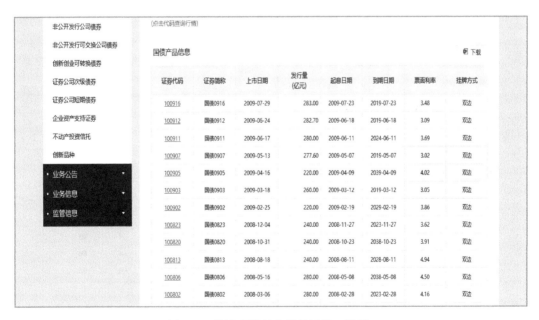

图1-16　深交所挂牌交易的国债（局部）

在深交所挂牌交易的地方政府债券（局部）如图1-18所示。

3. 政府担保债券

政府担保债券是本金和利息的偿付由政府做担保的债券。一旦债券发行者丧失偿还能力，则由政府替发行者偿还本息，故这类债券有与国债同等的安全性。经政府担保的债券通常是政府有关部门或政府所属企业发行的债券，期限一般较长，利率与同期的地方政府债券大致相等，但投资者一般不享受国债和地方政府债券的利息免税待遇。

债券
总览
债券列表
债券上市
债券回购
公司债专栏
企业资产支持证券
信贷资产支持证券
统计数据
债券公告

债券代码列表

证券代码　地方政府债　查询

数据日期：2020-01-20

债券代码	债券简称	债券全称	质押券简称	质押券代码	期限(年)	计息方
160690	20湖南12	2020年湖南省政府一般债券（一期）	20湘质12	161690	30.00	-
160691	20贵州01	2020年贵州省政府专项债券（一期）	20黔质01	161691	10.00	-
160692	20贵州02	2020年贵州省政府专项债券（二期）	20黔质02	161692	10.00	-
160693	20贵州03	2020年贵州省政府专项债券（三期）	20黔质03	161693	15.00	-
160694	20贵州04	2020年贵州省政府专项债券（四期）	20黔质04	161694	15.00	-
160695	20贵州05	2020年贵州省政府专项债券（五期）	20黔质05	161695	30.00	-
160277	20广东01	2020年广东省政府专项债券(一期)	20粤质01	161277	7.00	-
160278	20广东02	2020年广东省政府专项债券(二期)	20粤质02	161278	10.00	-
160279	20广东03	2020年广东省政府专项债券(三期)	20粤质03	161279	30.00	-
160280	20广东04	2020年广东省政府专项债券(四期)	20粤质04	161280	10.00	-
160281	20广东05	2020年广东省政府专项债券(五期)	20粤质05	161281	10.00	-
160282	20广东06	2020年广东省政府专项债券(六期)	20粤质06	161282	30.00	-

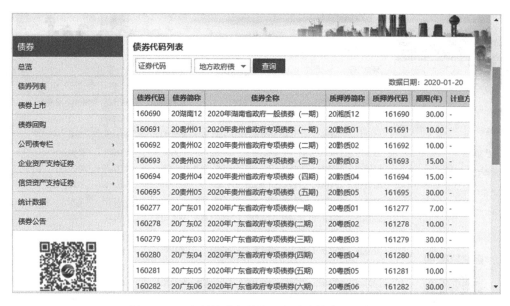

图 1-17　上交所挂牌交易的地方政府债券（局部）

非公开发行公司债券
非公开发行可交换公司债券
创新创业可转换债券
证券公司次级债券
证券公司短期债券
企业资产支持证券
不动产投资信托
创新品种
业务公告
业务信息
监管信息

(点击代码查询行情)

地方政府债券产品信息　下载

证券代码	证券简称	上市日期	发行量(亿元)	起息日期	到期日期	票面利率	挂牌方式
105146	新疆1901	2019-01-24	100.00	2019-01-22	2029-01-21	3.50	双边
105135	龙江1820	2019-01-04	10.96	2019-01-02	2024-01-02	3.45	双边
105136	龙江1821	2019-01-04	0.04	2019-01-02	2024-01-02	3.45	双边
105131	广西1821	2019-01-03	7.90	2018-12-28	2023-12-28	3.46	双边
105132	广西1822	2019-01-03	1.50	2018-12-28	2023-12-28	3.46	双边
105137	江西1821	2019-01-03	6.62	2018-12-28	2025-12-28	3.65	双边
105138	江西1822	2019-01-03	2.40	2018-12-28	2025-12-28	3.65	双边
105139	浙江1817	2019-01-03	18.60	2018-12-28	2023-12-28	3.46	双边
105140	浙江1818	2019-01-03	22.00	2018-12-28	2025-12-28	3.65	双边
105141	天津1837	2019-01-03	5.00	2018-12-28	2025-12-28	3.65	双边
105142	天津1838	2019-01-03	17.00	2018-12-28	2023-12-28	3.46	双边
105143	天津1839	2019-01-03	3.00	2018-12-28	2023-12-28	3.46	双边

图 1-18　深交所挂牌交易的地方政府债券（局部）

（二）企业债券、公司债券、金融债券及其代码

《企业债券管理条例》对企业债券的定义为，企业债券是指企业依照法定程序发行、约定在一定期限内还本付息的有价证券。企业债券由国家发展和改革委员会作为主管机关，负责发行核准工作。企业债券可在银行间市场和交易所市场发行交易，是目前我国唯一的可以跨市场上市交易的信用债品种。公司债券是指公司依照法定程序发行、约定在一定期限还本付息的有价证券。2007 年 8 月 14 日中国证监会颁布了《公司债券发行试点办法》，在公司债券发行试点期间，公司范围仅限于沪深证券交易所上市的公司及发行境外上市外资股的境

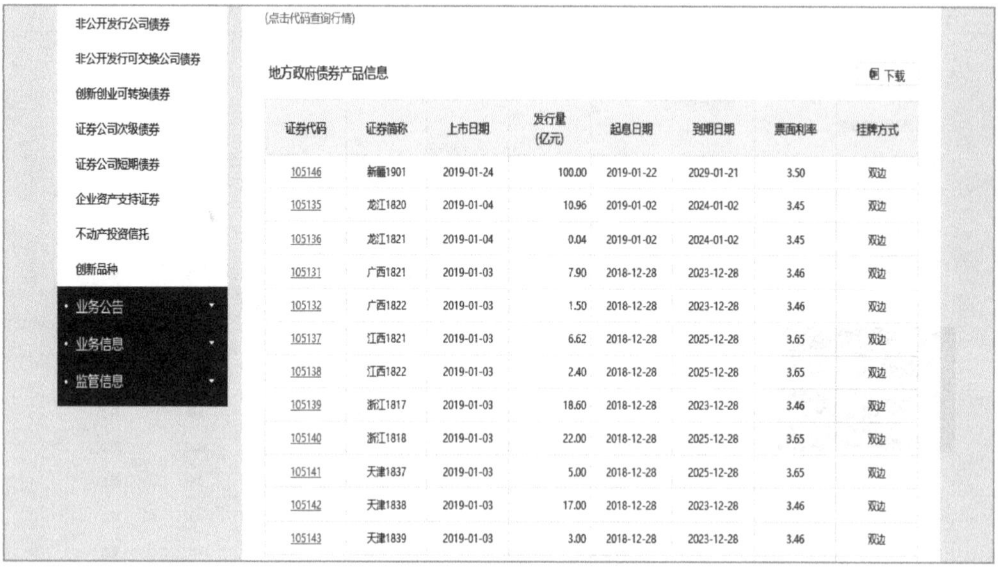

内股份有限公司。截至 2019 年 1 月 25 日，上交所公司债发行总数为 969 只，市价总值为 33046. 32 亿元。政策性银行金融债券是由我国政策性银行（国家开发银行、中国农业发展银行和中国进出口银行）为筹集信贷资金，经国务院批准向银行金融机构及其他机构发行的金融债券。按性质分为浮动利率债券、固定利率债券、投资人选择权债券、发行人选择权债券以及增发债券等。2013 年国家开发银行获准并成功在上交所试点发行政策性银行金融债券，首批发行额度为 300 亿元。

在上交所挂牌交易的企业债券和公司债券代码为“12××××”或者“15××××”，金融债券代码为“018×××”。

在上交所挂牌交易的企业债券（局部）如图 1-19 所示。

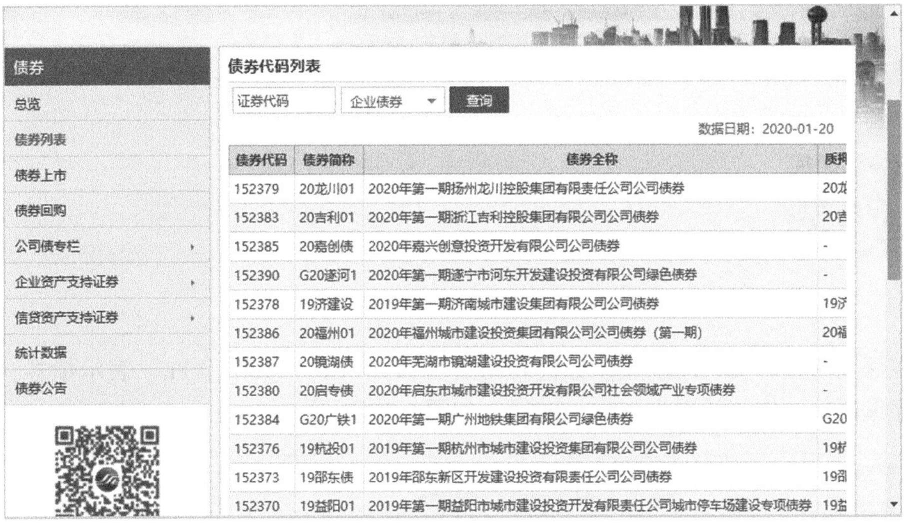
债券
总览
债券列表
债券上市
债券回购
公司债专栏
企业资产支持证券
信贷资产支持证券
统计数据
债券公告

债券代码列表
证券代码　企业债券　查询
数据日期：2020-01-20

债券代码	债券简称	债券全称	质押
152379	20龙川01	2020年第一期扬州龙川控股集团有限责任公司公司债券	20龙
152383	20吉利01	2020年第一期浙江吉利控股集团有限公司公司债券	20吉
152385	20嘉创债	2020年嘉兴创意投资开发有限公司公司债券	-
152390	G20遂河1	2020年第一期遂宁市河东开发建设投资有限公司绿色债券	-
152378	19济建设	2019年第一期济南城市建设集团有限公司公司债券	19济
152386	20福州01	2020年福州城市建设投资集团有限公司公司债券（第一期）	20福
152387	20镜湖债	2020年芜湖市镜湖建设投资有限公司公司债券	-
152380	20启专债	2020年启东市城市建设投资开发有限公司社会领域产业专项债券	-
152384	G20广铁1	2020年第一期广州地铁集团有限公司绿色债券	G20
152376	19杭投01	2019年第一期杭州市城市建设投资集团有限公司公司债券	19杭
152373	19邵东债	2019年邵东新区开发建设投资有限责任公司公司债券	19邵
152370	19益阳01	2019年第一期益阳市城市建设投资开发有限责任公司城市停车场建设专项债券	19益

图 1-19　上交所挂牌交易的企业债券（局部）

在上交所挂牌交易的公司债券（局部）如图 1-20 所示。

债券
总览
债券列表
债券上市
债券回购
公司债专栏
企业资产支持证券
信贷资产支持证券
统计数据
债券公告

债券代码列表
证券代码　公司债券　查询
数据日期：2020-01-20

债券代码	债券简称	债券全称
163090	20建投01	中国建银投资有限责任公司2020年公开发行公司债券（第一期）
163099	20张江01	上海张江高科技园区开发股份有限公司2020年公开发行公司债券（第一期）
163108	20CHNE01	国家能源投资集团有限责任公司2020年公开发行公司债券（第一期）
163109	20奉发01	上海奉贤发展（集团）有限公司2020年公开发行公司债券（面向合格投资者）（第
163113	20象屿01	厦门象屿股份有限公司公开发行2020年公司债券（第一期）
163118	20华集01	华晨汽车集团控股有限公司公开发行2020年公司债券（面向合格投资者）（第一期
163130	20财富01	财富证券有限责任公司面向合格投资者公开发行2020年公司债券（第一期）
163131	20国投01	浙江嘉兴国有资本投资运营有限公司2020年面向合格投资者公开发行公司债券（第
163132	20国投02	浙江嘉兴国有资本投资运营有限公司2020年面向合格投资者公开发行公司债券（第
163986	20中核Y1	中国核工业集团有限公司2020年公开发行可续期公司债券（第一期）（品种一）
163987	20中核Y2	中国核工业集团有限公司2020年公开发行可续期公司债券（第一期）（品种二）
163989	20赣投Y1	江西省投资集团有限公司2020年公开发行可续期公司债券（第一期）（品种一）

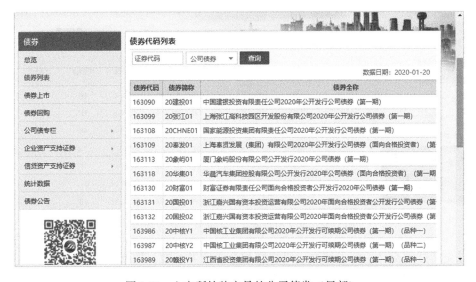

图 1-20　上交所挂牌交易的公司债券（局部）

在上交所挂牌交易的金融债券如图1-21所示。

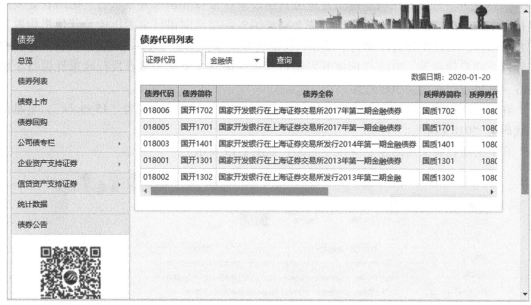

图1-21 上交所挂牌交易的金融债券

而在深交所挂牌交易的企业债券代码均为"11××××",其中"11"表示债券,第3~6位为顺序编码区,取值范围为0001~9999,如图1-22所示。

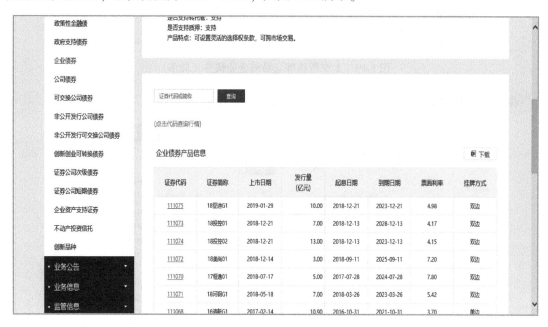

图1-22 深交所挂牌交易的企业债券(局部)

在深交所挂牌交易的公司债券代码规则与企业债券一致,如图1-23所示。
在深交所挂牌交易的金融债券代码为"10××××",如图1-24所示。

图 1-23　深交所挂牌交易的公司债券（局部）

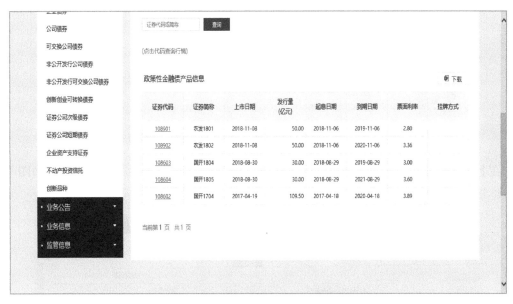

图 1-24　深交所挂牌交易的金融债券

（三）可转换公司债券、可交换公司债券和可分离债券及其代码

可转换公司债券是指在一定时间内可以按照既定的转股价格转换为指定股票的债券。转股权是转债持有者的权利，而非义务，投资者可以选择转股也可以选择继续持有转债。可转换公司债券可以看作"债券＋股票期权"的组合。除了转股权外，可转换公司债券还包含了发行人向下修正条款、赎回条款、回售条款等。可交换公司债券是指上市公司的股东依法发行、在一定期限内依据约定的条件可以交换成该股东所持有的上市公司股份的债券品种。可交换公司债券的持有人有权按一定条件将债券交换为标的公司的股票，在此之前可定期获得如纯债一样的票息，若持有到期未行权可获得到期本息偿付。除了换股条款外，常见于可

转换公司债券的赎回条款、回售条款以及向下修正转（换）股价条款也常出现在可交换公司债券上。可分离债券是上市公司公开发行的认股权和债券分离交易的可转换公司债券，是公司债券加上认股权证的组合产品。可分离债券由可转债和股票权证两大部分组成，将传统可转换公司债券的转股权利剥离出来，以认股权证的形式送给债券购买者，该认股权证可以独立于债券本身进行转让交易。

在上交所挂牌交易的可转换公司债券代码为“100×××”或“110×××”或“112×××”或“113×××”，后面的“×××”一般为该可转换公司债券发行公司的 A 股股票代码号，如图1-25所示。

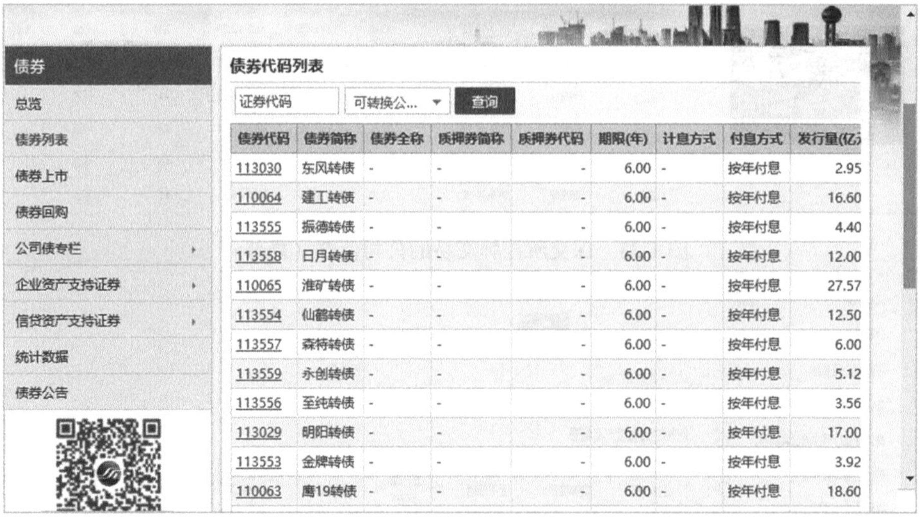

债券代码	债券简称	债券全称	质押券简称	质押券代码	期限(年)	计息方式	付息方式	发行量(亿
113030	东风转债	-	-	-	6.00	-	按年付息	2.95
110064	建工转债	-	-	-	6.00	-	按年付息	16.60
113555	振德转债	-	-	-	6.00	-	按年付息	4.40
113558	日月转债	-	-	-	6.00	-	按年付息	12.00
110065	淮矿转债	-	-	-	6.00	-	按年付息	27.57
113554	仙鹤转债	-	-	-	6.00	-	按年付息	12.50
113557	森特转债	-	-	-	6.00	-	按年付息	6.00
113559	永创转债	-	-	-	6.00	-	按年付息	5.12
113556	至纯转债	-	-	-	6.00	-	按年付息	3.56
113029	明阳转债	-	-	-	6.00	-	按年付息	17.00
113553	金牌转债	-	-	-	6.00	-	按年付息	3.92
110063	鹰19转债	-	-	-	6.00	-	按年付息	18.60

图 1-25　上交所挂牌交易的可转换公司债券（局部）

在上交所挂牌交易的可交换公司债券代码为“132×××”或者“137×××”，如图 1-26 所示。

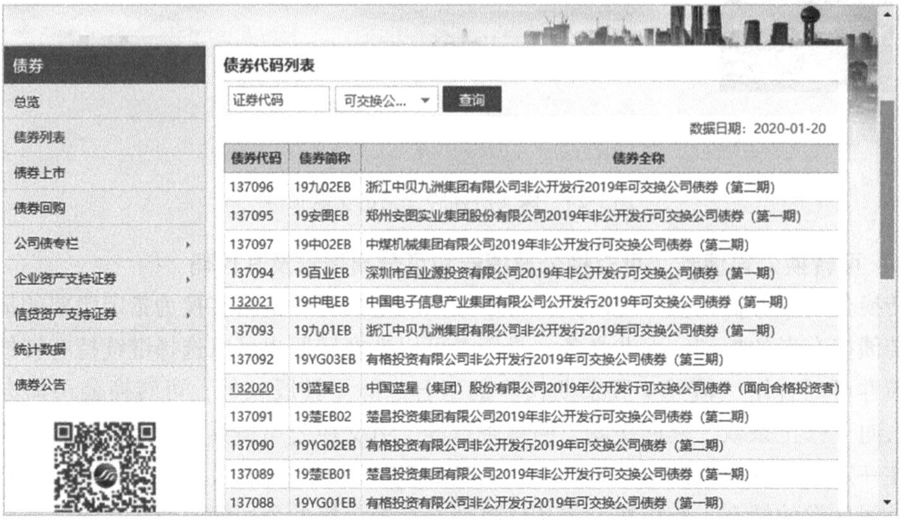

债券代码	债券简称	债券全称
137096	19九02EB	浙江中贝九洲集团有限公司非公开发行2019年可交换公司债券（第二期）
137095	19安图EB	郑州安图实业集团股份有限公司2019年非公开发行可交换公司债券（第一期）
137097	19中02EB	中煤机械集团有限公司2019年非公开发行可交换公司债券（第二期）
137094	19百业EB	深圳市百业源投资有限公司2019年非公开发行可交换公司债券（第一期）
132021	19中电EB	中国电子信息产业集团有限公司公开发行2019年可交换公司债券（第一期）
137093	19九01EB	浙江中贝九洲集团有限公司非公开发行2019年可交换公司债券（第一期）
137092	19YG03EB	有格投资有限公司非公开发行2019年可交换公司债券（第三期）
132020	19蓝星EB	中国蓝星（集团）股份有限公司2019年公开发行可交换公司债券（面向合格投资者）
137091	19楚EB02	楚昌投资集团有限公司2019年非公开发行可交换公司债券（第二期）
137090	19YG02EB	有格投资有限公司非公开发行2019年可交换公司债券（第二期）
137089	19楚EB01	楚昌投资集团有限公司2019年非公开发行可交换公司债券（第一期）
137088	19YG01EB	有格投资有限公司非公开发行2019年可交换公司债券（第一期）

图 1-26　上交所挂牌交易的可交换公司债券（局部）

在上交所挂牌交易的可分离债券代码为"126×××",如图 1-27 所示。

图 1-27　上交所挂牌交易的可分离债券(局部)

而在深交所挂牌交易的可转换公司债券的代码为"12××××",如图 1-28 所示。

图 1-28　深交所挂牌交易的可转换公司债券(局部)

在深交所挂牌交易的可交换公司债券的代码规则与可转换公司债券一致,如图 1-29 所示。

(四)债券回购品种及其代码

债券回购交易是指债券持有人将债券进行质押融资,交易双方约定在回购期满后返还资金和解除质押的交易。资金融入方为正回购方,资金融出方为逆回购方。上交所债券回购交

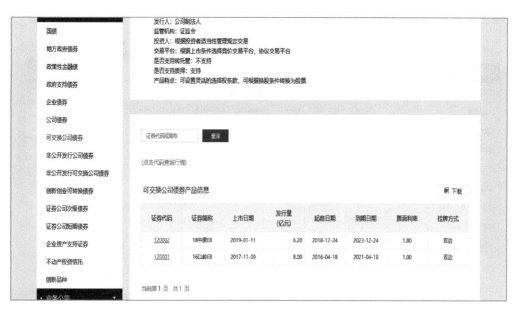

图1-29 深交所挂牌交易的可交换公司债券

易分为债券质押式回购、债券协议回购。

在上交所挂牌交易的债券质押式回购一共有1天、2天、3天、4天、7天、14天、28天、91天、182天9个品种,证券代码为"204×××",后面的"×××"为对应的天数,如图1-30所示。

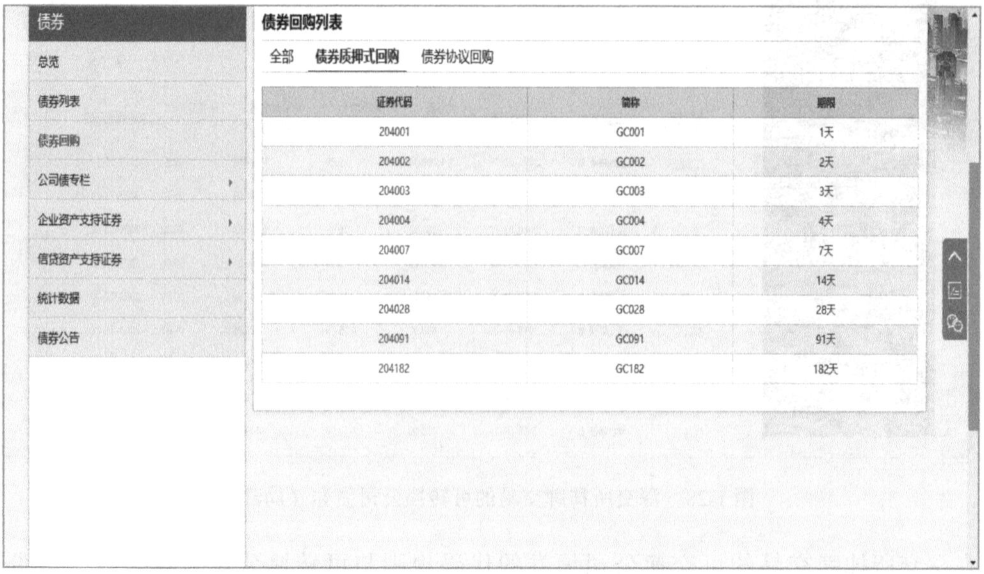

图1-30 上交所挂牌交易的债券质押式回购

在上交所挂牌交易的债券协议回购一共有1天、7天、14天、21天、1个月、3个月、6个月、9个月、1年9个品种,证券代码为"206×××",后面的"×××"为对应的天数,如图1-31所示。

证券代码	简称	期限
206001	R001	1天期的加权平均利率
206007	R007	2至7天的加权平均利率
206014	R014	8至14天的加权平均利率
206021	R021	15至21天的加权平均利率
206030	R1M	22至30天的加权平均利率
206090	R3M	31至90天的加权平均利率
206180	R6M	91至180天的加权平均利率
206270	R9M	181至270天的加权平均利率
206365	R1Y	271至365天的加权平均利率

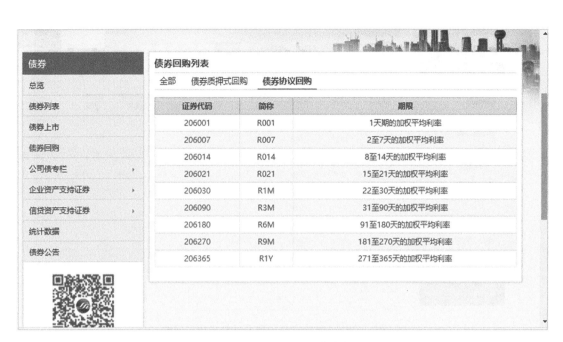

图 1-31　上交所挂牌交易的债券协议回购

在深交所挂牌交易的债券质押式回购一共包括 1 天、2 天、3 天、4 天、7 天、14 天、28 天、91 天、182 天 9 个品种，证券代码为“13××××”，其中“13”表示债券回购，第 3 ~ 6 位为顺序编码区，取值范围为 0001 ~ 9999，如图 1-32 所示。

交易日期	证券简称	证券代码	前收	今收	涨跌BP	加权平均利率 前加权	加权平均利率 今加权	加权平均利率 涨跌BP	成交金额(万元)	成交笔数(万笔)	当年加权平均利率(%)	当年成交笔数(万笔)	当年成交金额(万元)
2019-09-12	R-001	131810	1.000	2.500	150	2.67	2.61	-5	8,389,635.70	88.38	2.62	14,272.69	1,475,099,374.30
2019-09-12	R-002	131811	0.112	2.002	189	2.66	2.51	-14	73,713.60	0.82	2.59	159.93	13,694,765.20
2019-09-12	R-003	131800	0.110	1.100	99	2.66	2.48	-17	250,346.90	2.83	2.56	246.79	21,498,947.50
2019-09-12	R-004	131809	2.000	1.013	-99	2.63	2.49	-15	238,363.90	3.23	2.59	113.67	10,045,467.10
2019-09-12	R-007	131801	2.350	2.665	32	2.77	2.72	-5	640,892.50	3.52	2.77	428.35	109,247,866.50
2019-09-12	R-014	131002	2.505	2.500	0	2.79	2.69	-9	24,309.20	0.20	2.06	05.70	13,468,923.30

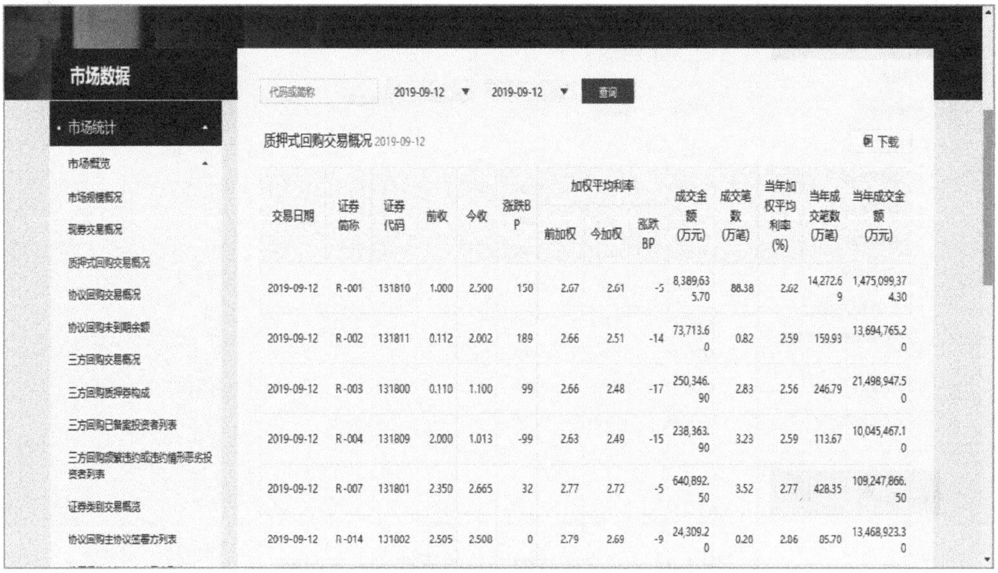

图 1-32　深交所挂牌交易的债券质押式回购

在深交所挂牌交易的债券质押式协议回购一共包括 1 天、7 天、14 天、21 天、1 个月、3 个月、6 个月、9 个月、12 个月 9 个品种，证券代码为“13××××”，其含义与债券质押式回购代码相同，如图 1-33 所示。

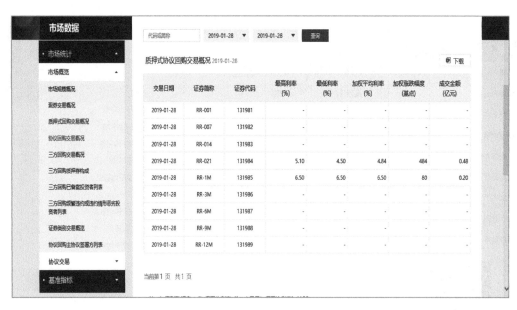

图 1-33　深交所挂牌交易的债券质押式协议回购

在深交所挂牌交易的债券质押式三方回购一共包括 1 天、7 天、14 天、21 天、1 个月、3 个月、6 个月、9 个月、12 个月 9 个品种，证券代码为"13××××"，其含义与债券质押式回购代码相同，如图 1-34 所示。

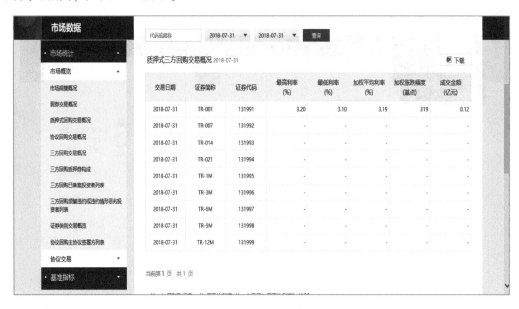

图 1-34　深交所挂牌交易的质押式三方回购

四、证券简称和证券简称前面字母的含义

1. 证券简称

上市公司的证券简称应当全部或部分取自企业全称，由 3~4 个汉字组成，不得超过 8

个字符。确有必要使用英文等特殊字符的,应当披露具体理由,不得超过20个字符。证券简称大多数是公司全称的简略称呼,如"中国工商银行股份有限公司"简称"工商银行",一般能够表明公司的经营范围、市场属性等信息。上市公司的证券简称原则上应当符合下列要求:①含义清晰、指向明确,不得利用变更证券简称误导投资者;②具有明显的辨识度,不与已有证券简称过度相似;③不得使用过于概括、与公司实际情况不符的区域性、行业性通用名词;④不得存在违反公序良俗等情形。

2. 证券简称前面字母的含义

(1) 证券简称前标 XR,表示该股票已除权,购买这样的股票后将不再享有分红的权利。

(2) 证券简称前标 XD,表示该股票已除息,购买这样的股票后将不再享有派息的权利。

(3) 证券简称前标 DR,表示该股票已除权除息,购买这样的股票不再享有送股派息的权利。

(4) 证券简称前标 ST,Special Treatment(特别处理)的简称,表示该股票被实施其他风险警示,日涨跌幅限制变为5%。简单地说,ST 股是指境内上市公司连续两年亏损,被进行特别处理的股票。

(5) 证券简称前标 *ST,表示该股票被实施退市风险警示,日涨跌幅限制变为5%。简单地说,*ST 股是指境内上市公司连续三年亏损的股票。

(6) 证券简称前标 PT,Particular Transfer(特别转让)的缩写,表示该股票连续三年亏损将被暂停上市。例如1999年7月9日起宣布"特别转让"的股票有"PT 双鹿""PT 苏三山""PT 渝钛白"。

(7) 证券简称前标 N,表示该股票是新股上市首日,即 New 的意思。

(8) 证券简称前标 G,表示该股票恢复股权分置改革方案实施前的简称。

(9) 证券简称前标 S,表示该股票未进行股改或已进行股改但尚未实施的公司,以提示投资者。此外,S 标记公司完成股改后,简称将摘去 S 标记。

(10) 证券简称前标 SST,表示该股票连续两年亏损进行特别处理和还没有完成股改。

(11) 证券简称前标 S*ST,表示该股票连续三年亏损,进行退市预警和还没有完成股改。

(12) 证券简称前标 NST,表示该股票是经过重组或者股改恢复重新上市的 ST 股。

五、证券代码的网上查询

在证券交易所上市交易的证券品种数量繁多,一般投资人很难记住各种证券品种的代码,可以通过网络来快速查询。下面介绍几种常用的查询方式。

1. 搜索证券代码查询

登录各种证券资讯网站、大型综合网站的财经专栏,都可以进行证券代码的查询。因此,可以直接登录有关网站,也可以通过内容搜索的方式进入相关网站。例如在百度输入证券代码对照表,单击"百度一下",即可看到若干条搜寻结果,如图1-35所示。

选择相关条目单击进入,即可获得股票名称代码对照表,如图1-36所示。

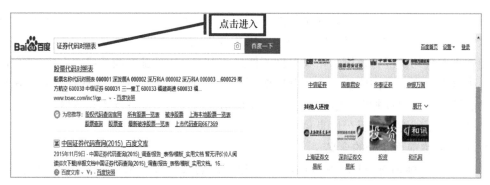

图 1-35 显示搜索结果

个股检索							
沪A		沪B		深A		深B	
000001	平安银行	000002	万 科A	000003	000003	000004	国农科技
000005	世纪星源	000006	深振业A	000007	全新好	000008	神州高铁
000009	中国宝安	000010	美丽生态	000011	深物业A	000012	南 玻A
000013	000013	000014	沙河股份	000015	000015	000016	深康佳A
000017	深中华A	000018	神州长城	000019	深深宝A	000020	深华发A
000021	深科技	000022	深赤湾A	000023	深天地A	000024	招商地产
000025	特 力A	000026	飞亚达A	000027	深圳能源	000028	国药一致
000029	深深房A	000030	富奥股份	000031	中粮地产	000032	深桑达A
000033	新都退	000034	神州数码	000035	中国天楹	000036	华联控股
000037	深南电A	000038	深大通	000039	中集集团	000040	东旭蓝天
000042	中洲控股	000043	中航地产	000045	深纺织A	000046	泛海控股
000047	000047	000048	康达尔	000049	德赛电池	000050	深天马A
000055	方大集团	000056	皇庭国际	000058	深 赛 格	000059	华锦股份
000060	中金岭南	000061	农 产 品	000062	深圳华强	000063	中兴通讯
000065	北方国际	000066	中国长城	000068	华控赛格	000069	华侨城A
000070	特发信息	000078	海王生物	000088	盐 田 港	000089	深圳机场
000090	天健集团	000096	广聚能源	000099	中信海直	000100	TCL 集团

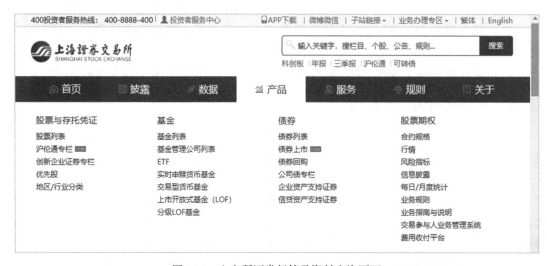

图 1-36 证券代码对照表

2. 登录交易所网页查询

通过上交所和深交所网页，也可以直接查询在这两个市场上市的证券代码。图 1-37 是上交所网页，提供了查询内容的列表。

图 1-37 上交所证券行情及资料查询页面

图1-38为深交所网页,单击"市场数据",即可获得股票、基金等信息列表。

图1-38 深交所证券行情及资料查询页面

3. 直接查询

进入理财服务专业网站相关网页后,可通过输入证券简称或其拼音首字头方式,直接查询证券代码。例如通过证券之星查询"浦发银行",可以输入拼音字头"PFYH",之后单击"搜索",即可获得与之相关的证券代码,如图1-39、图1-40、图1-41所示。

图1-39 证券之星网站

图1-40　输入"浦发银行"拼音字头PFYH查行情

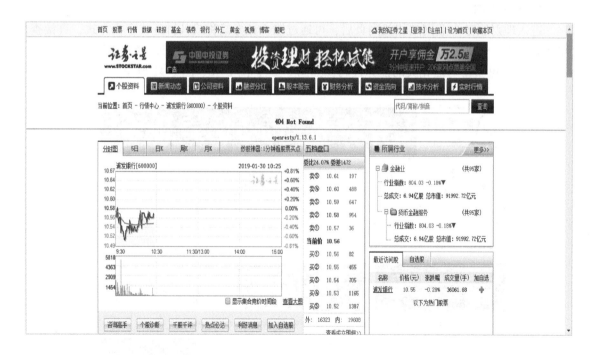

图1-41　显示查询结果

知道了股票代码,就可以随时通过有关网站进行相应查询,如图1-42、图1-43所示。

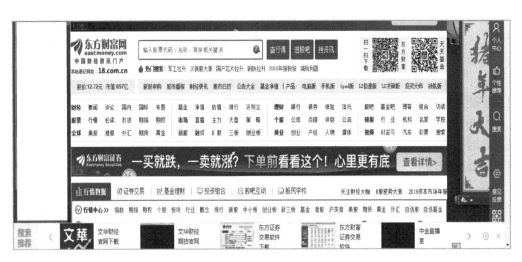

图 1-42 东方财富网

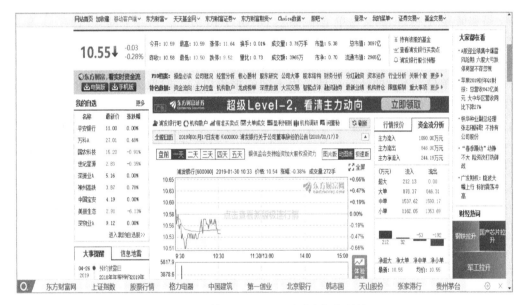

图 1-43 输入 600000 显示浦发银行行情

第二节 证券交易相关规定

为规范证券交易行为，使之有章可循，保证证券交易的正常运转，我国现有深圳、上海两个证券交易所在中国证监会的领导下，制定了统一的业务规则，由参与证券交易的相关各方共同遵守。

一、交易申报规则

（1）申报价格。交易所只接受会员（证券经营机构）的限价申报和市价申报。限价申报是指投资者委托会员按其限定的价格买卖证券，会员必须按限定的价格或低于限定的价格申报买入证券，按限定的价格或高于限定的价格申报卖出证券。市价申报是指投资者委托会员按市场价格买卖证券。限价申报指令应当包括证券账号、证券代码、买卖方向、数量、价格等内容，并按交易所规定的格式传送；市价申报指令应当包括申报类型、证券账号、营业部代码、证券代码、买卖方向、数量等内容，并按交易所规定的格式传送。

（2）申报数量。买入股票或基金，申报数量应当为100股（份）或其整数倍。卖出股票或基金时，余额不足100股（份）的部分，应当一次性申报卖出。上交所规定债券交易的申报数量应当为1手或其整数倍，债券质押式回购交易的申报数量应当为100手或其整数倍，债券买断式回购交易的申报数量应当为1000手或其整数倍。债券交易和债券买断式回购交易以人民币1000元面值债券为1手，债券质押式回购交易以人民币1000元标准券为1手。深交所规定买入债券以10张或其整数倍进行申报。买入、卖出债券质押式回购以10张或其整数倍进行申报。卖出债券时，余额不足10张的部分，应当一次性申报卖出。债券以人民币100元面额为1张，债券质押式回购以100元标准券为1张。

（3）申报上限。股票（基金）单笔申报最大数量应当低于100万股（份）。上交所规定债券交易和债券质押式回购交易单笔申报应当不超过10万手，债券买断式回购交易单笔申报应当不超过5万手。深交所规定债券和债券质押式回购竞价交易单笔申报最大数量不得超过100万张。

（4）报价单位。不同的证券交易采用不同的报价单位。股票为"每股价格"，基金为"每份基金价格"，权证为"每份权证价格"，债券为"每百元面值债券的价格"，债券质押式回购为"每百元资金到期年收益"，债券买断式回购为"每百元面值债券的到期购回价格"。

（5）价格最小变化档位。A股交易价格为0.01元人民币，基金交易为0.001元人民币。上交所规定债券交易和债券买断式回购交易的申报价格最小变动单位为0.01元人民币，B股交易为0.001美元，债券质押式回购交易为0.005元人民币。深交所规定债券和债券质押式回购交易的申报价格最小变动单位为0.001元人民币，B股的申报价格最小变动单位为0.01港元。

（6）涨跌幅限制。交易所对股票、基金交易实行价格涨跌幅限制，涨跌幅比例为10%，其中ST和*ST等被实施特别处理的股票价格涨跌幅限制比例为5%。股票、基金上市首日不受涨跌幅限制。

涨跌幅价格的计算公式为：涨跌幅价格＝前收盘价×（1±涨跌幅比例）。计算结果四舍五入至价格最小变动单位。

（7）申报限制。买卖有价格涨跌幅限制的证券，在价格涨跌幅限制以内的申报为有效申报。超过涨跌幅限制的申报为无效申报。

（8）申报当日有效。每笔申报不能一次全部成交时，未成交部分继续参加当日竞价。

（9）申报方式。各证券营业部将投资者的委托数据统一通过营业部在交易所的席位采取有形席位（人工）或无形席位方式报送到交易所交易主机。席位是指交易所向会员（证券经营机构）提供的在交易所交易大厅设置的用于报盘交易的终端或用于交易的电脑远程通信端口。一般前者称为"有形席位"，后者称为"无形席位"。有形席位报盘是指申报指令由证券机构派驻在交易所交易大厅内的交易员在交易席位输入到交易所交易主机。无形席位报盘是指证券机构将投资者的申报指令经过柜台系统处理后，通过卫星自动输送到交易所交易主机。

我国各证券经营机构基本上均使用无形席位报盘,不再采取有形席位报盘方式。

二、竞价规则

(1) 交易时间。交易日为每周周一至周五。股票交易,每个交易日的9:15至9:25为开盘集合竞价时间,9:30至11:30、13:00至14:57为连续竞价时间,14:57至15:00为收盘集合竞价时间。基金、债券、债券回购交易,每个交易日的9:15至9:25为开盘集合竞价时间,9:30至11:30、13:00至15:00为连续竞价时间。证券竞价交易采用集合竞价和连续竞价两种方式。集合竞价是指对一段时间内接受的买卖申报一次性集中撮合的竞价方式,连续竞价是指对买卖申报逐笔连续撮合的竞价方式。

(2) 成交原则。证券交易按价格优先、时间优先的原则竞价撮合成交。成交时价格优先的原则为:较高价格买进申报优先于较低价格买进申报,较低价格卖出申报优先于较高价格卖出申报。成交时间优先的原则为:买卖方向、价格相同的,先申报者优先于后申报者。先后顺序按交易主机接受申报的时间确定。集合竞价的所有交易以同一价格成交。集合竞价时,成交价格的确定原则为同时满足以下三项:成交量最大的价位;高于成交价格的买进申报与低于成交价格的卖出申报全部成交;与成交价格相同的买方或卖方至少有一方全部成交。两个以上价位符合上述条件的,上交所取其中间价格为成交价格,深交所取距前收盘价最近的价位为成交价格。连续竞价时,成交价格的确定原则为:最高买入申报与最低卖出申报价格相同的,以该价格为成交价格;买入申报价格高于即时揭示的最低卖出申报价格时,以即时揭示的最低卖出申报价格为成交价格;卖出申报价格低于即时揭示的最高买入申报价格时,以即时揭示的最高买入申报价格为成交价格。集合竞价未成交的买卖申报,自动进入连续竞价。

买卖申报经交易主机撮合成交后,交易即告成立。符合交易所规则各项规定达成的交易于成立时生效,买卖双方必须承认交易结果,履行清算交收义务。因不可抗力、非法侵入交易系统等原因造成严重后果的交易,交易所可以认定无效。

违反交易所规则,严重破坏证券市场正常运行的交易,交易所有权宣布取消交易。由此造成的损失由违规交易者承担。

三、成交清算规则

会员(证券经营机构)间的清算交收业务由交易所指定的登记结算机构负责办理。依照交易所规则达成的交易,其成交结果以交易所指定的登记结算机构发送的结算数据为准。

会员(证券经营机构)应当在成交后的第一个交易日(T+1)开市前为客户完成清算交收手续,投资者可于T+1个交易日后卖出已成交的证券(B股的交收期为T+3个交易日)。

四、B股特殊交易规则

B股交易方式分为集中交易和对敲交易。集中交易是指在交易时间内通过交易所集中市场交易系统达成的交易。对敲交易是指B股证券商在开市后至闭市前5min将其接受的同一种B股买入委托和卖出委托配对后输入,经交易所的对敲交易系统确认后达成的交易。对敲交易仅限于股份托管在同一证券商处且不同投资者之间的股份协议转让。每笔交易数量须达到 50000 股以上。

B 股实行 T+1 交易、T+3 交收。T+1 交易即投资者可将 T 日买入的股票于 T+1 日卖出。T+3 交收即在成交日的第三日完成股份交收，在此之前，投资者不能提取卖出股票款和进行买入股票的转托管。

第三节　指定交易与转托管制度

上交所、深交所实行不同的证券托管登记制度。上交所实行全面指定交易制度（从事 B 股交易的境外投资者除外），深交所则实行券商托管制度。

一、上交所全面指定交易制度

所谓（全面）指定交易制度，是指凡在上交所交易市场从事证券交易的投资者，均应事先明确指定一家证券营业部作为其委托、交易清算的代理机构，并将本人所属的证券账户指定于该机构所属席位号后方能进行交易的制度。上交所全面指定交易制度于 1998 年 4 月 1 日起实行。投资者在办理指定交易后，也可根据需要将自己指定交易所属证券营业部予以变更。

投资者可以变更指定交易，指定交易撤销后即可重新申办指定交易。

1. 办理指定交易

办理指定交易一般可以分为以下四个步骤：

（1）投资者应选择一家证券营业部为全面指定交易的代理机构。

（2）投资者应持本人身份证和证券账户卡前往已选定的全面指定交易代理机构，经证券营业部审核同意后，与该机构签订《指定交易协议书》。

（3）投资者指定的证券营业部须向上交所电脑交易主机申报证券账户的指定交易指令；在经证券营业部审核同意后，投资者也可以通过证券营业部的电脑自助申报系统自行完成证券账户的指定交易申报。

在申报的过程中，证券账户指定交易指令的申报代码为"799999"，数量为"1"，买卖方向为"买入"，价格为"1"。需要指出的是，无论投资者采用上述哪种申报方式，都必须与指定交易所属证券营业部签署《指定交易协议书》，以明确双方的责任权利关系。

（4）上交所电脑交易主机接受证券账户的指定交易指令，指定交易即刻生效。

2. 撤销指定交易

投资者撤销指定交易的程序为：

（1）向其原指定的证券营业部填交"指定交易撤销申请表"。

（2）由证券营业部通过其场内交易员向上交所电脑主机申报撤销指定交易的指令。

（3）交易所电脑主机接收撤销申报指令，当日收市后，由上交所发出确认回报，该证券账户的指定交易即失效。

3. 变更指定交易

投资者须先办理撤销手续，然后再在新的一家证券营业部重新办理指定交易的登记手续。此后投资者便可以在新的证券营业部进行证券买卖。指定交易一般即时生效。

办理全面指定交易撤销必须在投资者于原指定证券营业部已完成清算交收责任且无违约

情况的前提下进行。如果投资者在上午已经买进或卖出某股票，由于清算交收还没有完成，证券营业部不予受理该账户的撤销指定交易申请。

4. 不能撤销的指定交易

因投资者未完成清算交收责任而不能撤销指定交易的情况有以下几种：

（1）投资者当日已经有证券成交，尚未完成交易交收责任的。

（2）投资者当天已经办理了委托，但未成交，且投资者未成交部分的委托尚未全部撤销的。

（3）投资者账户证券余额有负数未能解决的。

（4）投资者账户撤销后造成证券营业部总的证券余额负数的。

（5）尚处于新股认购期内的。

二、深交所券商托管制度

深交所实行的券商托管制度是指投资者所持有的股份需托管在自己选定的证券经营机构处，由证券经营机构管理其名下明细股票资料。这一制度实行自动托管，随处通买，即托管是自动实现的，投资者在任一证券经营机构处买入证券，这些股份或证券就自动托管在该证券经营机构处。投资者可利用同一证券账户在国内任一证券经营机构处买入证券，但只能在买入某证券的证券经营机构处卖出该证券。若要在另一机构处卖出，则需办理转托管。

证券转托管是指深交所投资者将其托管在某一证券经营机构处的证券转到另一证券经营机构托管。深交所证券转托管的特点是：

（1）投资者可以将所有证券一次性全部转出，也可以转其中部分券种或同一券种的部分证券。

（2）利用交易系统办理转托管的品种只包括深交所挂牌的A股、B股、基金、可转换债券、2000年以后发行上市交易的国债等。配股权证、2000年以前发行上市交易的国债不能转托管。

（3）投资者转托管报盘在当天交易时间内允许撤单。

（4）转托管证券T＋1（次交易日）到账，投资者可以在转入证券经营机构处委托卖出（B股T＋3日到账）。

三、常规交易方式

1. 现场交易

现场交易是指在交易时间内投资者亲临证券营业部，在营业部现场下单交易的方式。现场交易一般包括柜台委托、自助委托、热键交易。

（1）柜台委托。柜台委托是指投资者在证券营业部的业务柜台填写交易委托单，签字确认后由证券营业部业务人员审查合格后，通过营业部的交易系统下单交易的交易委托方式。柜台委托一般适用于对证券交易其他方式不熟悉的投资者（主要为老年投资者）。此种委托方式投资者不能了解证券交易品种的最新行情价格情况，比通过自助委托等其他方式速度慢一点。

（2）自助委托。自助委托是指投资者利用资金账户卡在证券营业部内设置的自助委托机上划卡输入密码后，自行下单交易的委托方式。这种方式一般在营业大厅内为投资金额较少的散户投资者使用。投资者在委托下单的过程中能实时了解证券交易品种的价格，自助委托具有方便、迅速、直观的特点。

（3）热键交易。热键交易是指投资者在证券营业部证券行情界面下通过输入资金账号或证券交易所股东账号和密码后自行委托交易的方式。这种方式一般为证券营业部的大中户投资者使用。

2. 电话委托

电话委托是指投资者通过拨打证券营业部的电话委托交易号码，按电话中的语音提示操作委托的交易方式。这种方式为交易时间内不能亲临营业部或通过网上交易等其他非现场交易方式进行委托的投资者提供了方便。目前电话委托交易已占证券营业部交易量的相当大的比例。

3. 网上交易

网上交易是指投资者利用因特网登录证券公司网站获取证券实时行情，并通过因特网进行下单交易的委托方式。

我国大部分证券公司均已获中国证监会批准开通了网上交易功能。网上交易已成为各证券公司开展竞争、争夺客户的重要手段。网上交易突破了地域限制、不受工作时间等因素影响，不管投资者是在办公室、家中或是在出差途中，均可自行委托下单交易。通过登录证券公司等相关网站，除了便捷的交易功能外，投资者还可及时、准确地获取各种证券的相关信息，便于做出决策。

4. 远程交易

远程交易也称为远程可视委托，主要用途是为证券营业部外的用户进行委托交易的后台处理，将远程系统中规定的委托查询数据格式转换成证券营业部所采用的交易柜台格式，并与交易柜台服务器通过电话线路进行数据交换。多采用有线电视接收系统，通过增加计算机中的硬件装置来实现行情查询分析。目前，随着互联网的普及，网上交易的发展速度逐渐超越了远程交易。

5. "银证通"交易

"银证通"业务是指投资者直接利用在银行网点开立的活期储蓄存折，通过银行或证券营业部的委托系统（如网上交易、电话委托、客户呼叫中心等），进行证券买卖的一种金融服务业务。在银行与证券营业部联网的基础上，投资者直接使用银行账户作为证券保证金账户，进行证券买卖及清算。

"银证通"产品的特点如下：

（1）"银证通"业务中投资者的交易结算资金存放在银行，由银行实行实名制管理，证券交易通过证券营业部的卫星系统报送到沪、深证券交易所。

（2）在"银证通"业务中，银行、证券营业部两者互相监督，各司其职，更好地维护投资者的利益。由于投资者买卖股票的钱直接在银行存折上存放，投资者可以很方便地在晚间、节假日存钱取钱或办理相关业务。

（3）"银证通"业务可以合理利用银行和证券营业部双方的服务平台，发挥各自的优势，服务投资者。

（4）通过"银证通"交易，投资者不必亲往证券营业部，只需拨打银行电话或证券营业部交易电话，或登录双方网站即可完成证券交易。另外，客户的活期储蓄账户既可用于证券交易的资金清算，也可用于正常的提取现金、转账等个人金融业务，从而实现"一户多用"。

6. 手机交易

手机交易也称"移动证券"业务，是一项基于无线数据通信的全新应用。目前主要有两种技术方向：一种基于手机短信息；另一种基于WAP（无线应用协议）。它的最大特点是：实现手机移动与证券交易的全面整合，构建一个跨行业横向发展的新平台。在这项业务中，证券服务的信息内容提供商利用移动通信的无线技术，使投资者通过移动电话接收证券行情、查看证券资讯、进行证券交易，享受到与到证券营业部、电话委托或网上交易完全等同的投资、交易权益。

四、网上交易的安全措施

网上交易的安全性问题一直是国家、政府部门及各专业机构研究的重要内容，不断有可靠的产品、技术、方案出台，可以说目前的网上交易安全技术已经非常成熟。

1. SSL协议

目前国内网上交易系统普遍采用了SSL（安全套接层）协议进行交易数据的加密传输。SSL协议包括一系列严格的保密措施，其中在信息数据传输方面，采用了DES（数据加密标准）128位对称加密技术来保障数据传输的安全性。DES对称加密技术起源于美国，现已被列为美国联邦标准，目前国内金融机构采用该项加密技术较多。就加密强度而言，DES128位对称加密远比40位对称加密强大，已达到甚至超过对网上金融业务的要求，完全能够保障数据传输的安全性，可以防窃听、防伪造、防篡改、防否认。

2. CA认证和数字签名

还有一些证券营业部同时采用了网上CA认证和数字签名，以保证数据本身的合法性。CA是Certification Authority的简写，是一个确保信任度的权威实体，它的主要职责是颁发证书、验证用户身份的真实性，签发网络用户电子身份证明——CA证书，任何相信该CA的人，按照第三方信任原则，也都应当相信持有CA证书的该用户。

从另一个角度来说，中国证券监督管理委员会（简称证监会）也对证券商从事网上交易业务进行审核，并且在证监会网站上进行了公示。因此客户可以到官方网站上查询此类信息，这也从另一个侧面保障了投资者的利益。

小资料

证券投资常用术语

1. 多头和空头

在股市中，一般将持有股票的投资者称作多头，而将暂不持有股票的投资者称作空头。这样又通常将买入股票称为做多，而将卖出股票称为做空。

2. 仓位

仓位是指投资者买入股票所耗资金占资金总量的比例。当一个投资者的所有资金都已买入股票时就称为满仓，若不持有任何股票就称为空仓。

3. 多翻空与空翻多

多头觉得股价已涨到顶峰，于是尽快卖出所买进的股票而成为空头，称为多翻空；反之，当空头觉得股市下跌趋势已尽，于是赶紧买进股票而成为多头，称为空翻多。

4. 利多与利空

对多头有利且能刺激股价上涨的消息称为利多。

对空头有利且能促使股价下跌的消息叫利空。

5. 含权、除权、填权与贴权

含权是指某只股票具有分红派息的权利。

除权是指股票已不再含有分红派息的权利。

填权是指股票的价格在除权价的基础上往上涨来填补这个价差的现象。

贴权是指股票除权后其价格在除权价基础上再往下跌的现象。

例如，股票G现价为11元，分红方案为每10股送1股，股票的除权价为每股10元，若除权后股票的价格在10元的基础上往上涨，则称为填权，若在10元的基础上向下跌，则称为贴权。

6. 牛市、熊市、猴市和鹿市

牛的头通常总是高高昂起的，人们用它象征股市的上扬行情。

熊的头一般都是低垂着的，因此人们用它来比喻股市的下跌行情。

猴子总是蹦蹦跳跳的，就用它来比喻股市的大幅震荡。鹿比较温顺，人们用它来比喻股市的平缓行情。

7. 坐轿与抬轿

预计股价将随利多消息的出现而大幅上升时，预先买进股票。在其他人蜂拥买入股票而促使股价大幅上涨时，卖出股票以牟取厚利，称之"坐多头轿子"。

预计股价将会因利空消息而大幅下跌时先卖出股票，待大家争相将股票出手而引起股市大跌后再买回股票从而获取巨额利润，这叫"坐空头轿子"。

抬轿是指利多或利空信息公布后，预计股价将会大起大落，立刻抢买或抢卖股票的行为。

8. 割肉

在股市上也通常将股票以低于买入价卖出，这种现象称为割肉。

9. 长多、短多、死多

对股市远景看好，买进股票长期持有以获取长期上涨的利益，称为"长多"。

认为股市短期内看好而买进股票，短期保持后即卖掉，获取少许利益，等下次再出现利多时再买进，称为"短多"。

对股市前景总是看好，买进股票，不论股市如何下跌都不愿抛出，称为"死多"。

10. 套牢与踏空

买入股票时的价格高于现在的行情，使股民难以卖出股票而保本称为套牢。

股民在股市的低点未及时买进股票而错过赚钱的机会叫作踏空。

11. 盘整

盘整是指股票指数或股票价格的波动基本围绕在某一点徘徊。如果盘整波动范围较小且上涨或下跌都不容易就称为走势牛皮。

12. 回档与反弹

在股票指数或股价的上涨过程中出现暂时下跌的现象称为回档,而在股价下跌过程中出现暂时回升称为反弹。

13. 提宫灯

这是日本对散户的称呼,是指追随他人买进或卖出,基本上没有主见的投资者。

14. 满堂红与全盘飘绿

当全部的股票都上涨时就称为满堂红;当所有的股票都下跌时就称为全盘飘绿。

15. 与分红派息有关的四个日期

(1) 股息宣布日:公司董事会将分红派息的消息公布于众的时间。

(2) 派息日:股息正式发放给股东的日期。

(3) 股权登记日:统计和确认参加本期股息红利分配给股东的日期。

(4) 除息日:不再享有本期股息的日期。

第二章 证券投资相关机构

证券投资会涉及各种各样的机构,这些机构起着不同的作用。了解这些机构,有助于投资者提高证券投资的效率和质量。在证券投资市场上,众多机构鱼龙混杂,真假难辨。一旦轻信非正规的机构,轻则亏损财物,重则倾家荡产,因此投资者要通过官方渠道了解正规的机构。

第一节 证 券 公 司

一、证券公司概述

1. 证券公司的定义

证券公司是专门从事有价证券买卖的法人企业,分为证券经营公司和证券登记公司。狭义的证券公司是指证券经营公司,是经主管机关批准并到有关工商行政管理局领取营业执照后专门经营证券业务的机构。它具有证券交易所的会员资格,可以承销发行、自营买卖或自营兼代理买卖证券。普通投资人的证券投资都要通过证券公司来进行。证券登记公司是证券集中登记过户的服务机构。它是证券交易不可缺少的部分,并兼有行政管理性质。它必须经主管机关审核批准方可设立。

在不同的国家和地区,证券公司有着不同的称谓。在美国,证券公司被称作投资银行或证券经纪商;在英国,证券公司被称作商人银行;在欧洲大陆(以德国为代表),由于一直沿用混业经营制度,承担着证券公司职能的投资银行仅是全能银行的一个部门;在东亚,则被称为证券公司。

2. 证券公司的分类

狭义的证券公司按照功能可以分为以下几类:

(1) 证券经纪商,即证券经纪公司,是代理买卖证券的证券机构。证券经纪商接受投资人委托、代为买卖证券,并收取一定的手续费,即佣金,如江海证券有限公司。

(2) 证券自营商,即综合型证券公司。证券自营商除了具有证券经纪公司的权限外,还可以自行买卖证券。它们资金雄厚,可直接进入交易所为自己买卖股票,如国泰君安证券。

(3) 证券承销商。证券承销商是以包销或代销的形式帮助发行人发售证券的机构。

实际上，许多证券公司是兼营这三种业务的。按照各国现行的做法，证券交易所的会员公司均可在交易市场进行自营买卖，但专门以自营买卖为主的证券公司为数极少。另外，一些经过认证的创新型证券公司，还具有创设权证的权限，如中信证券。

3. 证券公司的业务

我国证券公司的业务范围包括证券经纪，证券投资咨询，与证券交易、证券投资活动有关的财务顾问，证券承销与保荐，证券自营，证券资产管理及其他证券业务。《中华人民共和国证券法》规定，经国务院证券监督管理机构批准，证券公司可以为客户买卖证券提供融资融券服务及其他业务。

（1）证券经纪业务。证券经纪业务又称代理买卖证券业务，是指证券公司接受客户委托代客户买卖有价证券的业务。在证券经纪业务中，证券公司只收取一定比例的佣金作为业务收入。证券经纪业务分为柜台代理买卖证券业务和通过证券交易所代理买卖证券业务。目前，我国证券公司从事的经纪业务以通过证券交易所代理买卖证券业务为主。证券公司的柜台代理买卖证券业务主要是在代办股份转让系统进行交易的证券的代理买卖。

（2）证券投资咨询业务。证券投资咨询业务是指从事证券投资咨询业务的机构及其咨询人员为证券投资人或客户提供证券投资分析、预测或者建议等直接或者间接的有偿咨询服务。

（3）与证券交易、证券投资活动有关的财务顾问业务。财务顾问业务是指与证券交易、证券投资活动有关的咨询、建议、策划业务。它具体包括：为企业申请证券发行和上市提供改制改组、资产重组、前期辅导等方面的咨询服务；为上市公司重大投资、收购兼并、关联交易等业务提供咨询服务；为法人、自然人及其他组织收购上市公司及相关的资产重组、债务重组等提供咨询服务；为上市公司完善法人治理结构、设计经理层股票期权、职工持股计划、投资者关系管理等提供咨询服务；为上市公司再融资、资产重组、债务重组等资本营运提供融资策划、方案设计、推介路演等方面的咨询服务；为上市公司的债权人、债务人对上市公司进行债务重组、资产重组、相关的股权重组等提供咨询服务，以及中国证监会认定的其他业务形式。

（4）证券承销与保荐业务。证券承销是指证券公司代理证券发行人发行证券的行为。发行人向不特定对象公开发行的证券，法律、行政法规规定应当由证券公司承销的，发行人应当同证券公司签订承销协议。

（5）证券自营业务。证券自营业务是指证券公司以自己的名义，以自有资金或者依法筹集的资金，为本公司买卖依法公开发行的股票、债券、权证、证券投资基金及中国证监会认可的其他证券，以获取盈利的行为。证券自营活动有利于活跃证券市场，维护交易的连续性。但在自营活动中要防范操纵市场和内幕交易等不正当行为。由于证券市场的高收益性和高风险性特征，许多国家都对证券经营机构的自营业务制定法律法规，进行严格管理。

（6）证券资产管理业务。证券资产管理业务是指证券公司作为资产管理人，根据有关法律、法规和与投资者签订的资产管理合同，按照资产管理合同约定的方式、条件、要求和限制，为投资者提供证券及其他金融产品的投资管理服务，以实现资产收益最大化的行为。

（7）融资融券业务。融资融券业务是指向客户出借资金供其买入上市证券或者出借上市证券供其卖出，并收取担保物的经营活动。

（8）证券公司中间介绍（IB）业务。IB 即介绍经纪商，是指机构或个人接受期货经纪商的委托，介绍客户给期货经纪商并收取一定佣金的业务模式。证券公司中间介绍（IB）

业务是指证券公司接受期货经纪商的委托,为期货经纪商介绍客户参与期货交易并提供其他相关服务的业务活动。根据我国现行相关制度,证券公司不能直接代理客户进行期货买卖,但可以从事期货交易的中间介绍业务。

二、相关实训

1. 查找正规的证券公司

登录中国证券监督管理委员会网站(简称"中国证监会网站",http://www.csrc.gov.cn),如图 2-1 所示。

图 2-1　中国证券监督管理委员会网站

单击"监管对象",得到如图 2-2 所示的页面。

图 2-2　进入"监管对象"页面

单击图 2-2 中的"证券公司名录",得到如图 2-3 所示的页面。

图 2-3 证券公司名录

表 2-1 是截至 2019 年 2 月的证券公司名录。

表 2-1 证券公司名录(截至 2019 年 2 月)

序号	公司名称	辖区	序号	公司名称	辖区
1	爱建证券有限责任公司	上海	21	东北证券股份有限公司	吉林
2	安信证券股份有限公司	深圳	22	东方花旗证券有限公司	上海
3	北京高华证券有限责任公司	北京	23	东方证券股份有限公司	上海
4	渤海证券股份有限公司	天津	24	东海证券股份有限公司	江苏
5	财达证券股份有限公司	河北	25	东莞证券股份有限公司	广东
6	财富证券有限责任公司	湖南	26	东吴证券股份有限公司	江苏
7	财通证券股份有限公司	浙江	27	东兴证券股份有限公司	北京
8	财通证券资产管理有限公司	浙江	28	方正证券股份有限公司	湖南
9	长城国瑞证券有限公司	厦门	29	高盛高华证券有限责任公司	北京
10	长城证券股份有限公司	深圳	30	光大证券股份有限公司	上海
11	长江证券(上海)资产管理有限公司	上海	31	广发证券股份有限公司	广东
12	长江证券承销保荐有限公司	上海	32	广发证券资产管理(广东)有限公司	广东
13	长江证券股份有限公司	湖北	33	广州证券股份有限公司	广东
14	网信证券有限责任公司	辽宁	34	国都证券股份有限公司	北京
15	川财证券有限责任公司	四川	35	国海证券股份有限公司	广西
16	大通证券股份有限公司	大连	36	国金证券股份有限公司	四川
17	大同证券有限责任公司	山西	37	国开证券股份有限公司	北京
18	德邦证券股份有限公司	上海	38	国联证券股份有限公司	江苏
19	第一创业证券承销保荐有限责任公司	北京	39	国盛证券有限责任公司	江西
20	第一创业证券股份有限公司	深圳	40	国泰君安证券股份有限公司	上海

（续）

序号	公 司 名 称	辖区	序号	公 司 名 称	辖区
41	国信证券股份有限公司	深圳	81	上海海通证券资产管理有限公司	上海
42	国元证券股份有限公司	安徽	82	上海华信证券有限责任公司	上海
43	中天国富证券有限公司	贵州	83	上海证券有限责任公司	上海
44	海通证券股份有限公司	上海	84	申万宏源西部证券有限公司	新疆
45	恒泰长财证券有限责任公司	吉林	85	申万宏源证券承销保荐有限责任公司	新疆
46	恒泰证券股份有限公司	内蒙古	86	申万宏源证券有限公司	上海
47	红塔证券股份有限公司	云南	87	世纪证券有限责任公司	深圳
48	宏信证券有限责任公司	四川	88	首创证券有限责任公司	北京
49	华安证券股份有限公司	安徽	89	太平洋证券股份有限公司	云南
50	华宝证券有限责任公司	上海	90	天风证券股份有限公司	湖北
51	华创证券有限责任公司	贵州	91	九州证券股份有限公司	青海
52	华福证券有限责任公司	福建	92	万和证券股份有限公司	海南
53	华金证券股份有限公司	上海	93	万联证券股份有限公司	广东
54	华林证券有限责任公司	西藏	94	五矿证券有限公司	深圳
55	华龙证券股份有限公司	甘肃	95	西部证券股份有限公司	陕西
56	华融证券股份有限公司	北京	96	西藏东方财富证券股份有限公司	西藏
57	华泰联合证券有限责任公司	深圳	97	西南证券股份有限公司	重庆
58	华泰证券（上海）资产管理有限公司	上海	98	湘财证券有限责任公司	湖南
59	华泰证券股份有限公司	江苏	99	新时代证券股份有限公司	北京
60	华西证券股份有限公司	四川	100	信达证券股份有限公司	北京
61	华鑫证券有限责任公司	深圳	101	兴业证券股份有限公司	福建
62	华英证券有限责任公司	江苏	102	兴证证券资产管理有限公司	福建
63	江海证券有限公司	黑龙江	103	银河金汇证券资产管理有限公司	深圳
64	金通证券有限公司	浙江	104	银泰证券有限责任公司	深圳
65	金元证券股份有限公司	海南	105	英大证券有限责任公司	深圳
66	开源证券股份有限公司	陕西	106	招商证券股份有限公司	深圳
67	联讯证券股份有限公司	广东	107	招商证券资产管理有限公司	深圳
68	民生证券有限公司	北京	108	浙江浙商证券资产管理有限公司	浙江
69	摩根士丹利华鑫证券有限责任公司	上海	109	浙商证券有限公司	浙江
70	南京证券股份有限公司	江苏	110	中德证券有限责任公司	北京
71	平安证券股份有限公司	深圳	111	中国国际金融股份有限公司	北京
72	中泰证券（上海）资产管理有限公司	上海	112	中国民族证券有限责任公司	北京
73	中泰证券股份有限公司	山东	113	中国银河证券股份有限公司	北京
74	国融证券股份有限公司	内蒙古	114	中国中投证券有限责任公司	深圳
75	瑞信方正证券有限责任公司	北京	115	中航证券有限公司	江西
76	瑞银证券有限责任公司	北京	116	中山证券有限责任公司	深圳
77	山西证券股份有限公司	山西	117	中天证券股份有限公司	辽宁
78	上海东方证券资产管理有限公司	上海	118	中信建投证券股份有限公司	北京
79	上海光大证券资产管理有限公司	上海	119	中信证券（山东）有限责任公司	青岛
80	上海国泰君安证券资产管理有限公司	上海	120	中信证券股份有限公司	深圳

(续)

序号	公司名称	辖区	序号	公司名称	辖区
121	中银国际证券股份有限公司	上海	127	渤海汇金证券资产管理有限公司	深圳
122	中邮证券有限责任公司	陕西	128	申港证券股份有限公司	上海
123	中原证券股份有限公司	河南	129	华菁证券有限公司	上海
124	联储证券有限责任公司	深圳	130	汇丰前海证券有限责任公司	深圳
125	国盛证券资产管理有限公司	深圳	131	东亚前海证券有限责任公司	深圳
126	东证融汇证券资产管理有限公司	上海			

2. 了解具体的证券公司

通过中国证监会的网站，了解到中信证券股份有限公司（简称"中信证券"）是一家正规的证券公司，就可以通过搜索引擎查找该公司的官网了解该公司的情况。

例如，通过百度（www.baidu.com）查找中信证券股份有限公司，如图 2-4 所示。

图 2-4　查找中信证券

单击图 2-4 中的中信证券的官方网站，得到如图 2-5 所示的页面。

图 2-5　中信证券官网

小资料

中信证券股份有限公司

中信证券股份有限公司（以下简称"该公司"或"公司"）于1995年10月25日正式成立，原为有限责任公司，注册资本为人民币300000000.00元，由中国中信集团公司（原中国国际信托投资公司）、中信宁波信托投资公司、中信兴业信托投资公司和中信上海信托投资公司共同出资组建。

1999年，根据中国证监会《关于核准中信证券有限责任公司增资改制及股权调整的批复》（证监机构字〔1999〕121号），该公司增资改制为股份有限公司。该公司于2003年1月6日在上海证券交易所上市，注册地为广东省深圳市福田区深南大道7088号招商银行大厦第A层。根据中国证监会《关于中信证券有限责任公司增资改制方案的批复》（证监机构字〔1999〕50号）及《关于核准中信证券有限责任公司增资改制及股权调整的批复》（证监机构字〔1999〕121号）和中国中信集团公司《关于中信证券有限责任公司资本公积和法定盈余公积金转增资本的通知》，该公司于1999年以资本公积535187924.06元、盈余公积88075035.48元、未分配利润76737040.46元转增资本。同年，该公司增资1730400000.00元，其中1081500000.00元作为股本，648900000.00元作为资本公积。该公司增资后的注册资本为2081500000.00元，股本为2081500000.00元。增资结果已经北京天华会计师事务所天华验字〔1999〕第146号验资报告验证。

2002年，经中国证监会《关于核准中信证券股份有限公司公开发行股票的通知》（证监发行字〔2002〕129号）核准，该公司向社会公众公开发行人民币普通股（A股）400000000股，每股面值1.00元，发行后的注册资本为2481500000.00元。增资结果已经北京天华会计师事务所天华验字〔2002〕026号验资报告验证。2005年8月该公司完成股权分置改革工作。股权分置完成后，该公司总股本仍为2481500000股，所有股份均为流通股，其中有限售条件的股数为1941500000股，占该公司总股本的78.24%；无限售条件的股数为540000000股，占该公司总股本的21.76%。

2006年6月，经中国证监会《关于核准中信证券股份有限公司非公开发行股票的通知》（证监发行字〔2006〕23号）核准，该公司以非公开方式发行人民币普通股（A股）500000000股，每股面值1.00元。此次发行后，该公司总股本为2981500000股，其中有限售条件的股数为244150000股，占该公司总股本的81.89%；无限售条件的股数为540000000股，占该公司总股本的18.11%。本次增资结果已经北京天华会计师事务所天华验字〔2006〕009-37号验资报告验证。

2007年8月27日，该公司向社会公众公开发行人民币普通股333733800股。发行完成后，该公司的总股本增至3315233800股。此次发行经证监会《关于核准中信证券股份有限公司公开发行股票的通知》（证监发行字〔2007〕244号）核准。此次募集资金总额24999998958.00元，扣除发行费用后募集资金金额为24976191957.66元。经天华中兴会计师事务所有限公司为此次发行出具的天华验字〔2007〕第1009-58号验资报告验证。

2008年4月,根据2007年度股东大会通过的《2007年度利润分配及资本公积转增议案》决议,该公司按每10股转增10股的比例,以资本公积向全体股东转增股份,每股面值1.00元,增加股本3315233800.00元。转增后该公司股本变更为6630467600.00元。此次增资结果已经安永华明会计师事务所安永华明〔2008〕验字第6046943 5-A03号验资报告验证。

2010年6月,公司实施资本公积转增。转增完成后,公司总股本达9945701400股。2011年9—10月,公司首次完成H股发行,公司总股本达1101690.84万股,其中,A股983858.07万股,H股117832.77万股。2015年6月,公司完成非公开发行H股,公司总股本达1211690.84万股,其中,A股983858.07万股,H股227832.77万股。截至2018年12月31日,公司总资产6531亿元,净资产1531亿元,净资本920亿元。

至2018年12月31日,公司持股5%以上的股东为中国中信有限公司(持股比例为16.50%)。公司依托第一大股东与中信银行、中信信托、信诚人寿保险等公司共同组成中信控股的综合经营模式,并与中信国际金融控股共同为客户提供境内外全面金融服务。公司下属中信证券(山东)有限责任公司、中信证券国际有限公司、中信期货有限公司、金石投资有限公司、华夏基金管理有限公司、中信证券投资有限公司6家主要控股子公司,下属中信产业投资基金管理有限公司、建投中信资产管理有限公司2家主要参股子公司。

第二节 期 货 公 司

一、期货公司概述

1. 期货公司的定义

期货公司是指依法设立的、接受客户委托、按照客户的指令、以自己的名义为客户进行期货交易并收取交易手续费的中介组织,其交易结果由客户承担。期货公司是交易者与期货交易所之间的桥梁。期货交易者是期货市场的主体,正是因为期货交易者具有套期保值或投机盈利的需求,才促进了期货市场的产生和发展。尽管每一个交易者都希望直接进入期货市场进行交易,但是期货交易的高风险性决定了期货交易所必须制定严格的会员交易制度,非会员不得入场交易,于是就产生了严格的会员交易制度与吸引更多交易者、扩大市场规模之间的矛盾。

2. 期货公司的种类

期货公司的种类有许多,国际上常见的有期货佣金商、介绍经纪人、商品交易顾问、商品合资基金经理、经纪商代理人、场内经纪人等,这几类之间存在交叉关系。

(1)佣金商。不管名称、规模大小以及经营范围如何,佣金商的基本职能都是代表非交易所会员的利益,代理客户下达交易指令,征缴并管理客户履约保证金,管理客户头寸,提供详细的交易记录和会计记录,传递市场信息,提供市场研究报告,充当客户的交易顾问，对客户进行期货和期权交易及制定交易策略的培训，还可以代理客户进行实物交割。可以雇用一些商品交易顾问、商品合资基金经理、介绍经纪人和场内经纪人为其工作。

（2）介绍经纪人。为期货佣金商或商品合资基金经理等寻求或接受客户交易指令，进行商品期货或期权的买卖。介绍经纪人只收取介绍费，不收客户保证金和佣金。

（3）商品交易顾问。通过直接或间接形式为他人提供是否进行期货交易、如何进行交易和管理资金等方面的建议。间接性建议包括对客户的账户实行交易监管或通过书面刊物或其他报刊发表建议。

（4）商品合资基金经理。管理用集资方式集中起来的资金，用这些基金进行期货交易，以钱生钱。他们亲自分析市场，制定交易策略并直接下指令。

（5）经纪商代理人。代表期货佣金商、介绍经纪人、商品交易顾问或商品合资基金经理寻求订单、客户或客户资金，可以是任何销售人员。

（6）场内经纪人。场内经纪人即出市代表，代理任何其他人在商品交易所内执行任何类型的商品期货合约或期权合约指令。

二、相关实训

1. 查找正规的期货公司

登录中国证监会网站，单击"监管对象"，得到如图2-6所示页面，单击"期货公司名录"，得到如图2-7所示的页面。

图2-6　进入"监管对象"页面

表2-2是截至2019年3月的期货公司名录。

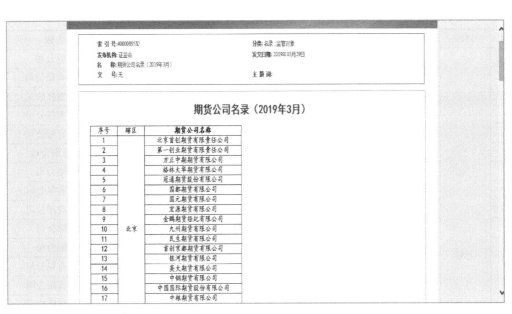

图 2-7 期货公司名录

表 2-2 期货公司名录（截至 2019 年 3 月）

序号	辖区	期货公司名称	序号	辖区	期货公司名称
1	北京	北京首创期货有限责任公司	24	天津	山金期货有限公司
2		第一创业期货有限责任公司	25		一德期货有限公司
3		方正中期期货有限公司	26	河北	河北恒银期货经纪有限公司
4		格林大华期货有限公司	27	山西	和合期货经纪有限公司
5		冠通期货股份有限公司	28		山西三立期货经纪有限公司
6		国都期货有限公司	29		晟鑫期货经纪有限公司
7		国元期货有限公司	30	辽宁	江海汇鑫期货有限公司
8		宏源期货有限公司	31	吉林	东方汇金期货有限公司
9		金鹏期货经纪有限公司	32		天富期货有限公司
10		九州期货有限公司	33	黑龙江	大通期货经纪有限公司
11		民生期货有限公司	34		永商期货有限公司
12		首创京都期货有限公司	35	上海	渤海期货股份有限公司
13		银河期货有限公司	36		东航期货有限责任公司
14		英大期货有限公司	37		东吴期货有限公司
15		中钢期货有限公司	38		东兴期货有限责任公司
16		中国国际期货股份有限公司	39		光大期货有限公司
17		中粮期货有限公司	40		国富期货有限公司
18		中天期货有限责任公司	41		国泰君安期货有限公司
19		中衍期货有限公司	42		国投安信期货有限公司
20	天津	财达期货有限公司	43		国信期货有限责任公司
21		和融期货有限责任公司	44		海通期货股份有限公司
22		华金期货有限公司	45		海证期货有限公司
23		津投期货经纪有限公司	46		恒泰期货股份有限公司

(续)

序号	辖区	期货公司名称	序号	辖区	期货公司名称
47	上海	华闻期货有限公司	88	浙江	中大期货有限公司
48		华鑫期货有限公司	89	安徽	安粮期货股份有限公司
49		建信期货有限责任公司	90		华安期货有限责任公司
50		瑞银期货有限责任公司	91		徽商期货有限责任公司
51		上海大陆期货有限公司	92	福建	福能期货股份有限公司
52		上海东方期货经纪有限责任公司	93		鑫鼎盛期货有限公司
53		上海东亚期货有限公司	94		兴证期货有限公司
54		上海东证期货有限公司	95	江西	江西瑞奇期货有限公司
55		上海浙石期货经纪有限公司	96	山东	鲁证期货股份有限公司
56		中财期货有限公司	97		招金期货有限公司
57		上海中期期货股份有限公司	98		中州期货有限公司
58		申银万国期货有限公司	99	河南	华信期货有限公司
59		天风期货股份有限公司	100		中原期货股份有限公司
60		天鸿期货经纪有限公司	101	湖北	长江期货有限公司
61		通惠期货有限公司	102		美尔雅期货有限公司
62		上海东方财富期货有限公司	103	湖南	大有期货有限公司
63		铜冠金源期货有限公司	104		德盛期货有限公司
64		新湖期货有限公司	105		金信期货有限公司
65		中辉期货有限公司	106	广东	广发期货有限公司
66		中融汇信期货有限公司	107		广州金控期货有限公司
67		国盛期货有限责任公司	108		广州期货股份有限公司
68		中银国际期货有限责任公司	109		华联期货有限公司
69	江苏	创元期货股份有限公司	110		华泰期货有限公司
70		道通期货经纪有限公司	111		长城期货股份有限公司
71		东海期货有限公司	112		摩根大通期货有限公司
72		国联期货股份有限公司	113		新晟期货有限公司
73		弘业期货股份有限公司	114	海南	华融期货有限责任公司
74		江苏东华期货有限公司	115		金元期货股份有限公司
75		锦泰期货有限公司	116	重庆	华创期货有限公司
76		宁证期货有限公司	117		西南期货有限公司
77		新纪元期货股份有限公司	118		中电投先融期货股份有限公司
78	浙江	宝城期货有限责任公司	119		中信建投期货有限公司
79		大地期货有限公司	120	四川	倍特期货有限公司
80		大越期货有限公司	121		国金期货有限公司
81		国海良时期货有限公司	122		华西期货有限责任公司
82		南华期货股份有限公司	123	云南	红塔期货有限责任公司
83		盛达期货有限公司	124		云晨期货有限责任公司
84		信达期货有限公司	125	陕西	长安期货有限公司
85		永安期货股份有限公司	126		迈科期货股份有限公司
86		浙江新世纪期货有限公司	127		西部期货有限公司
87		浙商期货有限公司	128	甘肃	华龙期货股份有限公司

(续)

序号	辖区	期货公司名称	序号	辖区	期货公司名称
129	青海	中金期货有限公司	140	深圳	五矿经易期货有限公司
130	新疆	金石期货有限公司	141		招商期货有限公司
131		新疆天利期货经纪有限公司	142		中航期货有限公司
132	深圳	海航期货股份有限公司	143		中投天琪期货有限公司
133		混沌天成期货股份有限公司	144		前海期货有限公司
134		金瑞期货股份有限公司	145		中信期货有限公司
135		平安期货有限公司	146	大连	大连良运期货经纪有限公司
136		乾坤期货有限公司	147	宁波	兴业期货有限公司
137		深圳金汇期货经纪有限公司	148	厦门	国贸期货有限公司
138		先锋期货有限公司	149		瑞达期货股份有限公司
139		神华期货有限公司			

2. 了解具体的期货公司

通过中国证监会网站，了解到中信期货有限公司（简称"中信期货"）是一家正规的期货公司，就可以通过搜索引擎查找该公司的官网了解该公司的情况。

这里通过百度（www.baidu.com）查找中信期货有限公司，如图2-8所示。

图2-8　查找中信期货

单击中信期货的官方网站，得到如图2-9所示的页面。

图2-9 中信期货官网

中信期货有限公司

1. 公司股东背景

中信期货有限公司控股股东为中信证券股份有限公司。中信证券于1995年10月25日在北京成立，2002年12月13日，首次向社会公开发行4亿股普通A股股票，2003年1月6日在上海证券交易所挂牌上市交易，股票简称"中信证券"，股票代码"600030"。2011年10月6日在香港联合交易所上市交易，股票代码为"6030"。2017年实现营业收入人民币433亿元，实现净利润人民币114亿元，净资产收益率7.82%，收入和净利润继续位居国内证券公司首位，各项业务继续保持市场前列。中信集团2017年在世界500强中排名第149位，旗下中信银行、中信信托、中信投资控股、中信产业基金、华夏基金、中信保诚人寿等百余家大型龙头企业赋予中信期货全方位拓展的广阔空间。

2. 公司基本情况

中信期货有限公司成立于1993年3月30日，前身是深圳金牛期货经纪有限公司（以下简称"金牛期货"），2007年中信证券股份有限公司全资收购金牛期货，2011年公司吸收合并浙江新华期货经纪有限公司，2014年公司吸收合并中信新际期货有限公司。

公司业务范围包括：商品期货经纪、金融期货经纪、期货投资咨询、资产管理、基金销售。

公司总部设在深圳，在北京、上海、广州、杭州等大中城市设有43家分支机构，同时拥有321家证券IB服务网点，业务范围覆盖全国。

> 公司是郑州商品交易所、上海期货交易所、大连商品交易所、上海国际能源交易中心会员，中国金融期货交易所首批全面结算会员，中国期货业协会理事单位。
> 　　公司注册资本逾16亿元，净资产37亿元。2017年全年实现营业收入13亿元，净利润4亿元，客户权益峰值近360亿元。公司各项业务健康稳定发展，交易量、客户权益、营业收入和净利润等核心经营指标均位居行业前列。
> 　　公司下设中信中证资本管理有限公司、中信期货国际有限公司等全资子公司，可为广大机构提供风险管理和海外衍生品风险管理等服务。
> 　　总部地址：深圳市福田区中心三路8号卓越时代广场（二期）北座13层1301－1305室、14层
> 　　上海地址：上海市浦东新区杨高南路799号陆家嘴世纪金融广场3号楼23层
> 　　全国热线：400-9908-826　　　公司网址：http://www.citicsf.com

第三节　证券投资咨询机构

一、证券投资咨询机构概述

1. 证券投资咨询机构的定义

证券投资咨询机构是指取得监管部门颁发的相关资格，为证券投资者或客户提供证券投资的相关信息、分析、预测或建议，并直接或间接收取服务费用的机构。

2. 证券投资咨询机构的相关规定

（1）任何机构或个人就证券市场、证券品种的走势，投资证券的可行性以口头、书面、电脑网络或者中国证监会认定的其他形式向公众提供分析、预测或建议，必须先行取得中国证监会授予的证券投资咨询业务资格证书。

（2）证券投资咨询机构及其执业人员从事证券投资咨询活动必须客观公正、诚实信用，不得以虚假信息、内幕信息或者市场传言为依据向客户或投资者提供分析、预测或建议；预测证券市场、证券品种的走势或者就投资证券的可行性进行建议时需有充分的理由和依据，不得主观臆断；证券投资分析报告、投资分析文章等形式的咨询服务产品不得有不负责任的煽动性语言。

证券投资咨询机构及其执业人员不得参加媒体举办的荐股"擂台赛"、模拟证券投资大赛或类似的栏目或节目，证券投资咨询机构及其执业人员应防止和杜绝媒体对其所提供的稿件进行断章取义、做有损原意的删节和修改。

（3）证券投资咨询机构及其执业人员在与自身有利害冲突的下列情况下应当做出执业回避：

1）经中国证监会核准的公开发行证券的企业的承销商或上市推荐人及其所属的证券投资咨询机构和证券投资咨询执业人员，不得在公众传播媒体上刊登或发布其为客户撰写的投资价值分析报告，也不得以假借其他机构和个人名义等方式变相从事前述业务。

2）有证券投资咨询业务资格的证券公司的自营、资产管理和投资银行等业务部门的专业人员在离开原岗位的六个月内不得从事面向社会公众开展的证券投资咨询业务。

3）中国证监会根据合理理由认定的其他可能存在利益冲突的情形。

（4）证券投资咨询机构或其执业人员在预测证券品种的走势或对投资证券的可行性提出建议时应当按以下要求进行相应的信息披露：

1）证券投资咨询机构或其执业人员在预测证券品种的走势或对投资证券的可行性提出建议时，应明确表示在自己所知情的范围内本机构、本人以及财产上的利害关系人与所评价或推荐的证券是否有利害关系。

2）证券投资咨询机构需在每逢单月的前三个工作日内，将本机构及其执业人员前两个月所推荐的证券是否涉及下列各项情况，向注册地的中国证监会派出机构提供书面备案材料：

1）证券投资咨询机构前五名股东、前五名股东所控股的企业是否持有相关证券。

2）证券投资咨询机构"理财工作室"客户和其他主要客户是否持有相关证券。

3）证券投资咨询执业人员在财产上有利害关系的企业或自然人是否持有相关证券。

4）证券投资咨询机构或其执业人员是否与持有相关证券流通部分前五位的股东有利害关系。

5）证券投资咨询执业人员所在的机构在过去18个月内是否从事了涉及其推荐证券所属企业的除担任承销商和推荐人以外的投资银行业务活动。

6）证券投资咨询机构及其执业人员是否就同一证券在同一时间，向不同类型的客户做方向不一致的投资分析、预测或建议。

7）证券投资咨询机构及其执业人员在从事面向社会公众开展的证券投资咨询业务活动时是否向所依托的媒体支付任何形式的费用或其他利益。

8）中国证监会根据合理理由认定的其他可能存在利益冲突的情形。

（5）有证券投资咨询业务资格的证券公司应当建立起研究咨询业务与自营、资产管理和投资银行等业务之间的"防火墙"和相应的管理制度，从事面向社会公众开展的证券投资咨询业务的人员必须专职在研究咨询部门工作，并由所在机构将其名单向中国证监会和机构注册地的中国证监会派出机构备案；专业证券投资咨询机构应当建立起研究咨询业务与其他证券类业务之间的"防火墙"和相应的管理制度，从事面向社会公众开展的证券投资咨询业务的人员必须专职在研究咨询部门工作，并由所在机构将其名单向中国证监会和机构注册地的中国证监会派出机构备案。

（6）各类传播证券信息的媒体应当遵守《关于加强证券期货信息传播管理的若干规定》（证监〔1997〕17号），不得刊发或播发未取得中国证监会授予的业务资格证书的任何机构或个人的关于证券市场、证券品种的走势，投资证券可行性的任何形式的分析、预测或建议类的信息。

（7）任何机构和个人有权对违反证券法律法规、规章和《关于规范面向公众开展的证券投资咨询业务行为若干问题的通知》（证监机构字〔2001〕207号）的行为进行监督，并可向中国证监会或其派出机构投诉或举报。

（8）中国证监会可通过其国际互联网站对违反《关于规范面向公众开展的证券投资咨询业务行为若干问题的通知》的任何机构和个人予以曝光或谴责，并根据违规事实依法暂停或撤销相关机构和个人的证券投资咨询业务资格；还应将证券投资咨询机构及其执业人员遵守《关于规范面向公众开展的证券投资咨询业务行为若干问题的通知》的情况作为年度检查的依据之一。

对于违反上述第（6）条规定的媒体、机构或组织，中国证监会除视情况予以谴责或曝光外，还将视情节轻重移送其主管部门直至司法机关处理。

二、相关实训

1. 查找正规的证券投资咨询机构

登录中国证监会网站（http：//www.csrc.gov.cn），单击"监管对象"，得到如图2-10所示的页面，单击"证券投资咨询机构名录"，得到如图2-11所示的页面。

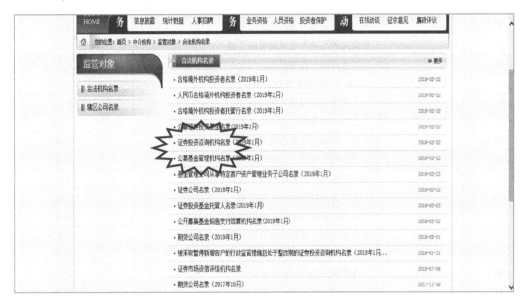

图 2-10　进入监管对象

图 2-11　证券投资咨询机构名录

表 2-3 是截至 2019 年 3 月的证券投资咨询机构名录。

表 2-3　证券投资咨询机构名录（截至 2019 年 3 月）

序　号	期货公司名称	辖　区
1	鼎信汇金（北京）投资管理有限公司	北京
2	和讯信息科技有限公司	北京
3	天一星辰（北京）科技有限公司	北京
4	北京指南针科技发展股份有限公司	北京
5	北京中富金石咨询有限公司	北京
6	北京盛世创富证券投资顾问有限公司	北京
7	北京博星证券投资顾问有限公司	北京
8	北京东方高圣投资顾问有限公司	北京
9	北京海问咨询有限公司	北京
10	北京金美林投资顾问有限公司	北京
11	北京股商投资有限公司	北京
12	上海益学投资咨询有限公司	上海
13	北京中方信富投资管理咨询有限公司	北京
14	北京中和应泰财务顾问有限公司	北京
15	北京中资北方投资顾问有限公司	北京
16	北京首证投资顾问有限公司	北京
17	北京和众汇富科技股份有限公司	北京
18	北京天相财富管理顾问有限公司	北京
19	辽宁弘历投资咨询有限公司	辽宁
20	沈阳麟龙投资顾问有限公司	辽宁
21	四川省钱坤证券投资咨询有限公司	四川
22	成都汇阳投资顾问有限公司	四川
23	四川大决策证券投资顾问有限公司	四川
24	杭州顶点财经网络传媒有限公司	浙江
25	浙江同花顺云软件有限公司	浙江
26	广州市万隆证券咨询顾问有限公司	广东
27	上海汇正财经顾问有限公司	上海
28	广州越声理财咨询有限公司	广东
29	广东科德投资顾问有限公司	广东
30	广东博众证券投资咨询有限公司	广东
31	广州广证恒生证券研究所有限公司	广东
32	湖南金证投资咨询顾问有限公司	湖南
33	湖南巨景证券投资顾问有限公司	湖南
34	广州经传多赢投资咨询有限公司	广东
35	深圳市国诚投资咨询有限公司	深圳
36	深圳市珞珈投资咨询有限公司	深圳
37	深圳市启富证券投资顾问有限公司	深圳
38	深圳市中证投资资讯有限公司	深圳
39	深圳市尊悦证券资讯有限公司	深圳

(续)

序　号	期货公司名称	辖　区
40	深圳大德汇富咨询顾问有限公司	深圳
41	深圳怀新企业投资顾问股份有限公司	深圳
42	深圳市中广资本管理有限公司	深圳
43	民众证券投资咨询有限公司	山西
44	深圳市新兰德证券投资咨询有限公司	深圳
45	上海东方财富证券研究所有限公司	上海
46	上海海能证券投资顾问有限公司	上海
47	深圳市优品投资顾问有限公司	深圳
48	上海凯石证券投资咨询有限公司	上海
49	上海迈步投资管理有限公司	上海
50	上海荣正投资咨询股份有限公司	上海
51	上海森洋投资咨询有限公司	上海
52	上海证券之星综合研究有限公司	上海
53	上海申银万国证券研究所有限公司	上海
54	上海世基投资顾问有限公司	上海
55	上海新兰德证券投资咨询顾问有限公司	上海
56	江苏百瑞赢证券咨询有限公司	江苏
57	上海亚商投资顾问有限公司	上海
58	益盟股份有限公司	上海
59	上海智蚁理财顾问有限公司	上海
60	上海证券通投资资讯科技有限公司	上海
61	陕西巨丰投资资讯有限责任公司	陕西
62	联合信用投资咨询有限公司	天津
63	北部资产经营股份有限公司	大连
64	大连华讯投资股份有限公司	大连
65	海南港澳资讯产业股份有限公司	海南
66	海顺证券投资咨询有限公司	宁波
67	重庆东金投资顾问有限公司	重庆
68	河南和信证券投资顾问股份有限公司	河南
69	云南产业投资管理有限公司	云南
70	安徽华安新兴证券投资咨询有限责任公司	安徽
71	青岛大摩证券投资有限公司	青岛
72	河北源达信息技术股份有限公司	河北
73	山东神光咨询服务有限责任公司	山东
74	山东点掌资本管理有限公司	山东
75	江苏金百临投资咨询股份有限公司	江苏
76	江苏天鼎证券投资咨询有限公司	江苏
77	厦门市鑫鼎盛控股有限公司	厦门
78	上海新汇通投资顾问有限公司	上海
79	厦门高能投资咨询有限公司	厦门
80	武汉中证通投资咨询有限公司	湖北
81	福建天信投资咨询顾问股份有限公司	福建
82	福建中讯证券研究有限责任公司	福建
83	黑龙江省容维证券数据程序化有限公司	黑龙江

2. 了解具体的证券投资咨询公司

通过中国证监会的网站，了解到深圳市新兰德证券投资咨询有限公司是一家正规的证券投资咨询有限公司，就可以通过搜索引擎查找该公司的官网了解该公司的情况。

这里通过百度（www.baidu.com）查找深圳市新兰德证券投资咨询有限公司，如图 2-12 所示。

图 2-12　查找深圳市新兰德证券投资咨询有限公司

单击深圳市新兰德证券投资咨询有限公司的官方网站，得到如图 2-13 所示的页面。

图 2-13　深圳市新兰德证券投资咨询有限公司官网

小资料

深圳市新兰德证券投资咨询有限公司

深圳市新兰德证券投资咨询有限公司,是经中国人民银行深圳分行和深圳市工商行政管理局批准成立的国内第一家专业性证券投资咨询公司,于1992年1月16日注册成立。

1. 公司简介

公司的前身为综合开发研究院的《股市动态分析》杂志社和股份经济与证券市场研究所。最初由综合开发研究院发起投资,深圳证券登记公司、中国科技财务公司等入股组建而成。公司拥有平均从业经验超过十年的投资顾问团队、硕博士占比过半的专业证券研究所,以及业内唯一一个博士后工作站。

深圳市新兰德证券投资咨询有限公司是中国证监会批准的具有相应资质的证券投资咨询机构,业务资格许可证编号为ZX0078。

公司地址:深圳市福田区福田街道民田路华融大厦27层2704

2. 公司主营业务

深圳市新兰德证券投资咨询有限公司一直致力于通过一整套个性化的投资顾问平台及服务体系,秉承诚信、执着的服务理念,为广大个人投资者提供专业、专属、专注的高端投资顾问服务;公司以软件终端为载体,以互联网为平台,凭借强大的技术研发实力、敏锐的市场洞察力和丰富的信息加工经验,向投资者提供及时、专业的金融数据和数据分析,不断开发出满足投资者需求的创新产品,在行业内具有重要影响力。

新兰德投资顾问团队在对客户进行全方位分析的基础上,向每个客户提供完全个性化的账户诊断、投资分析、操作指导等服务,不同类型和特点的客户获得的服务内容不同,是专属的个性化服务。服务包括实时资讯、在线咨询、盘中短信、电话一对一指导等多种形式。其金牌投资顾问结合丰富的市场经验与操盘技能,形成不同风格的操盘方式,为客户提供更具价值的证券投资顾问服务。

第四节 基金管理公司

一、基金管理公司概述

1. 基金管理公司的定义

基金管理公司是指依据有关法律法规设立的对基金的募集、基金份额的申购和赎回、基金财产的投资、收益分配等基金运作活动进行管理的公司。证券投资基金的依法募集由基金管理人承担。基金管理人由依法设立的基金管理公司担任。担任基金管理人应当经国务院证券监督管理机构核准。基金按是否面向一般大众募集资金分为公募与私募。这里主要介绍公募基金管理公司。

2. 公募与私募的区别

（1）募集的对象不同。公募基金的募集对象是广大社会公众，即社会不特定的投资者；而私募基金募集的对象是少数特定的投资者，包括机构和个人。

（2）募集的方式不同。公募基金募集资金是通过公开发售的方式进行的，而私募基金是通过非公开发售的方式募集资金。这是私募基金与公募基金最主要的区别。

（3）信息披露要求不同。公募基金对信息披露有非常严格的要求，其投资目标、投资组合等信息都要披露。而私募基金对信息披露的要求很低，具有较强的保密性。

（4）投资限制不同。公募基金在投资品种、投资比例、投资与基金类型的匹配上有严格的限制，而私募基金的投资限制完全由协议约定。

（5）业绩报酬不同。公募基金不提取业绩报酬，只收取管理费。而私募基金提取业绩报酬，一般不收管理费。对公募基金来说，业绩仅仅是排名时的荣誉，而对私募基金来说，业绩则是报酬的基础。

私募基金和公募基金除了一些基本的制度差别以外，在投资理念、机制、风险承担上都有较大的差别。

二、相关实训

1. 查找正规的公募基金管理公司

登录中国证监会网站（http：//www.csrc.gov.cn），单击"监管对象"，得到如图 2-14 所示的页面，单击"公募基金管理机构名录"，得到如图 2-15 所示的页面。

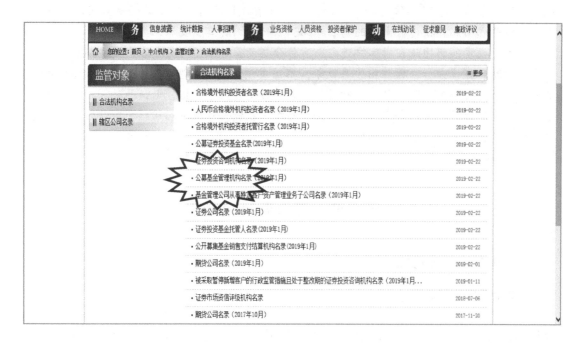

图 2-14　进入"监管对象"页面

表 2-4 是截至 2019 年 3 月的公募基金管理机构名录。

第二章 证券投资相关机构

图 2-15　公募基金管理机构名录

表 2-4　公募基金管理机构名录（截至 2019 年 3 月）

序号	公司名称	注册地	办公地
1	国泰基金管理有限公司	上海	上海
2	南方基金管理股份有限公司	深圳	深圳
3	华夏基金管理有限公司	北京	北京
4	华安基金管理有限公司	上海	上海
5	博时基金管理有限公司	深圳	深圳
6	鹏华基金管理有限公司	深圳	深圳
7	长盛基金管理有限公司	深圳	北京
8	嘉实基金管理有限公司	上海	北京
9	大成基金管理有限公司	深圳	深圳
10	富国基金管理有限公司	上海	上海
11	易方达基金管理有限公司	广东	广州
12	宝盈基金管理有限公司	深圳	北京
13	融通基金管理有限公司	深圳	深圳
14	银华基金管理股份有限公司	深圳	北京
15	长城基金管理有限公司	深圳	深圳
16	银河基金管理有限公司	上海	上海
17	泰达宏利基金管理有限公司	北京	北京
18	国投瑞银基金管理有限公司	深圳	北京
19	万家基金管理有限公司	上海	上海
20	金鹰基金管理有限公司	广东	广州
21	招商基金管理有限公司	深圳	深圳
22	华宝基金管理有限公司	上海	上海
23	摩根士丹利华鑫基金管理有限公司	深圳	深圳

(续)

序号	公司名称	注册地	办公地
24	国联安基金管理有限公司	上海	上海
25	海富通基金管理有限公司	上海	上海
26	长信基金管理有限责任公司	上海	上海
27	泰信基金管理有限公司	上海	上海
28	天治基金管理有限公司	上海	上海
29	景顺长城基金管理有限公司	深圳	深圳
30	广发基金管理有限公司	广东	广州
31	兴全基金管理有限公司	上海	上海
32	诺安基金管理有限公司	深圳	深圳
33	申万菱信基金管理有限公司	上海	上海
34	中海基金管理有限公司	上海	上海
35	光大保德信基金管理有限公司	上海	上海
36	华富基金管理有限公司	上海	上海
37	上投摩根基金管理有限公司	上海	上海
38	东方基金管理有限责任公司	北京	北京
39	中银基金管理有限公司	上海	上海
40	东吴基金管理有限公司	上海	上海
41	国海富兰克林基金管理有限公司	南宁	上海
42	天弘基金管理有限公司	天津	北京
43	华泰柏瑞基金管理有限公司	上海	上海
44	新华基金管理股份有限公司	重庆	北京
45	汇添富基金管理股份有限公司	上海	上海
46	工银瑞信基金管理有限公司	北京	北京
47	交银施罗德基金管理有限公司	上海	上海
48	中信保诚基金管理有限公司	上海	上海
49	建信基金管理有限责任公司	北京	北京
50	华商基金管理有限公司	北京	北京
51	汇丰晋信基金管理有限公司	上海	上海
52	益民基金管理有限公司	重庆	北京
53	中邮创业基金管理股份有限公司	北京	北京
54	信达澳银基金管理有限公司	深圳	深圳
55	诺德基金管理有限公司	上海	上海
56	中欧基金管理有限公司	上海	上海
57	金元顺安基金管理有限公司	上海	上海
58	浦银安盛基金管理有限公司	上海	上海
59	农银汇理基金管理有限公司	上海	上海
60	民生加银基金管理有限公司	深圳	深圳
61	西部利得基金管理有限公司	上海	上海
62	浙商基金管理有限公司	杭州	杭州
63	平安大华基金管理有限公司	深圳	深圳
64	富安达基金管理有限公司	上海	上海

(续)

序号	公司名称	注册地	办公地
65	财通基金管理有限公司	上海	上海
66	方正富邦基金管理有限公司	北京	北京
67	长安基金管理有限公司	上海	上海
68	国金基金管理有限公司	北京	北京
69	安信基金管理有限责任公司	深圳	深圳
70	德邦基金管理有限公司	上海	上海
71	华宸未来基金管理有限公司	上海	上海
72	红塔红土基金管理有限公司	深圳	深圳
73	英大基金管理有限公司	北京	北京
74	江信基金管理有限公司	北京	北京
75	太平基金管理有限公司	上海	上海
76	华润元大基金管理有限公司	深圳	深圳
77	前海开源基金管理有限公司	深圳	深圳
78	东海基金管理有限责任公司	上海	上海
79	中加基金管理有限公司	北京	北京
80	兴业基金管理有限公司	福建	上海
81	中融基金管理有限公司	北京	北京
82	国开泰富基金管理有限责任公司	北京	北京
83	中信建投基金管理有限公司	北京	北京
84	上银基金管理有限公司	上海	上海
85	鑫元基金管理有限公司	上海	上海
86	永赢基金管理有限公司	浙江	上海
87	兴银基金管理有限责任公司	福建	上海
88	国寿安保基金管理有限公司	上海	北京
89	圆信永丰基金管理有限公司	福建	上海
90	中金基金管理有限公司	北京	北京
91	北信瑞丰基金管理有限公司	北京	北京
92	红土创新基金管理有限公司	深圳	深圳
93	嘉合基金管理有限公司	上海	上海
94	创金合信基金管理有限公司	深圳	深圳
95	九泰基金管理有限公司	北京	北京
96	泓德基金管理有限公司	西藏	北京
97	金信基金管理有限公司	深圳	深圳
98	新疆前海联合基金管理有限公司	新疆	深圳
99	新沃基金管理有限公司	上海	北京
100	中科沃土基金管理有限公司	珠海	广州
101	富荣基金管理有限公司	广州	深圳
102	汇安基金管理有限责任公司	上海	北京
103	先锋基金管理有限公司	北京	北京
104	中航基金管理有限公司	北京	北京
105	华泰保兴基金管理有限公司	上海	上海

(续)

序号	公司名称	注册地	办公地
106	鹏扬基金管理有限公司	上海	北京
107	恒生前海基金管理有限公司	深圳	深圳
108	格林基金管理有限公司	北京	北京
109	南华基金管理有限公司	浙江	北京
110	凯石基金管理有限公司	上海	上海
111	国融基金管理有限公司	上海	北京
112	东方阿尔法基金管理有限公司	深圳	深圳
113	恒越基金管理有限公司	上海	上海
114	弘毅远方基金管理有限公司	上海	上海
115	合煦智远基金管理有限公司	深圳	深圳
116	博道基金管理有限公司	上海	上海
117	蜂巢基金管理有限公司	上海	上海
118	中庚基金管理有限公司	上海	上海
119	湘财基金管理有限公司	上海	上海
120	睿远基金管理有限公司	上海	上海
121	朱雀基金管理有限公司	陕西	上海
122	淳厚基金管理有限公司	上海	上海
123	同泰基金管理有限公司	深圳	深圳

2. 了解具体的公募基金管理机构公司

通过中国证监会的网站，了解到天弘基金管理有限公司是一家正规的公募基金管理公司，就可以通过搜索引擎查找该公司的官网了解该公司的情况。

例如，通过百度（www.baidu.com）查找天弘基金管理有限公司，如图 2-16 所示，单击天弘基金管理有限公司的官方网站，得到如图 2-17 所示的页面。

图 2-16　查找天弘基金管理有限公司

图 2-17　天弘基金管理有限公司官网

天弘基金管理有限公司

1. 公司简介

天弘基金管理有限公司（以下简称"天弘基金"）成立于 2004 年 11 月 8 日，是经中国证监会批准成立的全国性公募基金管理公司之一。2013 年，天弘基金与支付宝合作推出余额宝，是余额宝的基金管理人。截至 2016 年年末，天弘基金的公募资产管理规模为 8449.67 亿元，继续蝉联行业第一。天弘基金公募规模在 2017 年第一季度末突破万亿元，成为业内规模破万亿元的基金公司，余额宝单只基金规模达到 1.14 万亿元，堪称公募行业又一里程碑式的事件。截至 2017 年 6 月 30 日，公司成立以来累计为公募客户创收超 900 亿元，在赚钱效应驱动下，天弘基金旗下公募产品持有人已达 3.75 亿户，较 2016 年年底增加 12.95%。截至 2019 年 6 月 30 日，公司累计为客户赚取收益 2014.05 亿元。

2. 股东介绍

根据天弘基金 2015 年 2 月 25 日的公告，公司增资扩股的相关工商变更登记已经完成，注册资本由 1.8 亿元增至 5.143 亿元。新的股权结构为：浙江蚂蚁小微金融服务集团股份有限公司（简称蚂蚁金服）持有天弘基金股权比例为 51%，天津信托有限责任公司、乌海市君正能源化工有限责任公司（现内蒙古君正能源化工集团股份有限公司）、芜湖高新的持股比例分别为 16.8%、15.6% 和 5.6%。此外，员工持股比例合计为 11%。

（1）浙江蚂蚁小微金融服务集团股份有限公司

蚂蚁金服是一家旨在为世界带来普惠金融服务的科技企业。蚂蚁金服起步于 2004 年成立的支付宝。2014年10月，蚂蚁金服正式成立，力图通过科技创新能力，搭建一个开放、共享的信用体系和金融服务平台。

（2）天津信托有限责任公司

天津信托有限责任公司注册资本15亿元，自有资产和受托管理的资产总规模为130余亿元。曾参股易方达与宝盈两家基金管理公司。有多年"创业基金"管理经验，业绩优良，年均分红率为19.5%。

（3）乌海市君正能源化工有限责任公司

乌海市君正能源化工有限责任公司注册资本5.2亿元。业务涉足煤炭、石灰石开采加工、发电、特色冶炼、化工、物资流通等领域，通过打造独具特色的循环经济产业链条，使资源得以最充分的利用，逐步形成盈利能力强且环境友好的循环经济产业基地。

3. 品牌发展

从2014年年末的5898亿元，到2015年年末的6739亿元，再到2016年年末的8450亿元，天弘基金在不断刷新国内公募基金公司规模的历史纪录的同时，也实现了连续三年排名第一。天弘基金投研团队无论是在产品表现、人才培养还是在技术支持方面，都成长迅速。权益类产品天弘永定价值成长混合勇夺偏股型混基2016年度冠军。2017年4月8日，第14届中国基金业金牛奖正式揭晓，天弘基金凭借实力荣获2016年度"十大金牛基金公司"，天弘永定价值成长混合荣获"三年期开放式混合型持续优胜金牛基金"。这是天弘基金连续四年斩获金牛奖。

截至2017年6月30日，全国已发公募产品的基金管理公司达117家，公募基金数量4355只，资产规模总计10.07万亿元，资产规模较2016年年末增加9070亿元，增幅9.89%，而天弘基金以1.5186万亿元继续蝉联公募资产规模首位。

第五节 人民币合格境外机构投资者

一、人民币合格境外机构投资者概述

1. 人民币合格境外机构投资者的定义

人民币合格境外机构投资者（RMB Qualified Foreign Institutional Investors，RQFII）是指经主管部门审批的境内基金管理公司、证券公司的香港子公司，可以运用在香港募集的人民币资金开展境内证券市场投资业务的相关主体。

2. 主要特点与实施意义

在跨境贸易人民币结算范围不断扩大、人民币跨境直接投资业务和香港离岸人民币业务不断发展深化的前提下，为进一步增加人民币资金回流渠道、鼓励香港中资证券经营机构拓宽业务渠道，RQFII业务作为又一项资本市场开放的试点制度应运而生。RQFII试点业务借鉴了合格境外机构投资者（QFII）制度的经验，但又有几点变化：一是募集的投资资金是人民币而不是外汇；二是RQFII机构限定为境内基金管理公司和证券公司的香港子公司；三是投资的范围由交易所市场的人民币金融工具扩展到银行间债券市场；四是在完善统计监测的前提下，尽可能地简化和便利对RQFII的投资额度及跨境资金收支管理。

为积极落实 RQFII 试点相关工作,中国证监会、中国人民银行和国家外汇管理局根据《基金管理公司、证券公司人民币合格境外机构投资者境内证券投资试点办法》配套出台实施细则,明确了相关的管理要求。截至 2012 年 1 月 2 日,首批共计 200 亿元人民币的 RQFII 投资额度分配完毕,共有 21 家符合条件的试点机构获得了首批试点资格,并在香港开展资金募集和产品发行工作。RQFII 制度的实施,有利于促进跨境人民币业务的开展,拓宽境外人民币持有人的投资渠道,直接推动香港离岸人民币市场的发展;有利于发挥香港中资证券类机构熟悉内地市场的优势,为香港投资者和香港中资证券类机构提供参与境内证券市场投资的机会;对促进中国资本市场的多层次、多角度对外开放也具有积极的意义。

二、相关实训

1. 查找正规的人民币合格境外机构投资者

登录中国证监会网站(http：//www.csrc.gov.cn),单击"监管对象",得到如图 2-18 所示的页面。单击"人民币合格境外机构投资者名录",得到如图 2-19 所示的页面。

图 2-18 进入"监管对象"页面

图 2-19 人民币合格境外机构投资者名录

表 2-5 是截至 2019 年 3 月的人民币合格境外机构投资者名录。

表 2-5　人民币合格境外机构投资者目录（截至 2019 年 3 月）

序号	中文名称	注册地	批准日期
1	南方东英资产管理有限公司	中国香港	2011.12.21
2	易方达资产管理（香港）有限公司	中国香港	2011.12.21
3	嘉实国际资产管理有限公司	中国香港	2011.12.21
4	华夏基金（香港）有限公司	中国香港	2011.12.21
5	大成国际资产管理有限公司	中国香港	2011.12.21
6	汇添富资产管理（香港）有限公司	中国香港	2011.12.21
7	博时基金（国际）有限公司	中国香港	2011.12.21
8	海富通资产管理（香港）有限公司	中国香港	2011.12.21
9	华安资产管理（香港）有限公司	中国香港	2011.12.21
10	中国国际金融（香港）有限公司	中国香港	2011.12.22
11	国信证券（香港）金融控股有限公司	中国香港	2011.12.22
12	光大证券金融控股有限公司	中国香港	2011.12.22
13	华泰金融控股（香港）有限公司	中国香港	2011.12.22
14	国泰君安金融控股有限公司	中国香港	2011.12.22
15	海通国际控股有限公司	中国香港	2011.12.22
16	广发控股（香港）有限公司	中国香港	2011.12.22
17	招商证券国际有限公司	中国香港	2011.12.22
18	申万宏源（国际）集团有限公司	中国香港	2011.12.22
19	中信证券国际有限公司	中国香港	2011.12.22
20	安信国际金融控股有限公司	中国香港	2011.12.22
21	国元证券（香港）有限公司	中国香港	2011.12.22
22	工银瑞信资产管理（国际）有限公司	中国香港	2012.08.07
23	广发国际资产管理有限公司	中国香港	2012.08.07
24	上投摩根资产管理（香港）有限公司	中国香港	2012.10.26
25	国投瑞银资产管理（香港）有限公司	中国香港	2012.12.17
26	富国资产管理（香港）有限公司	中国香港	2012.12.17
27	诺安基金（香港）有限公司	中国香港	2013.02.22
28	泰康资产管理（香港）有限公司	中国香港	2013.03.14
29	建银国际资产管理有限公司	中国香港	2013.03.25
30	兴证（香港）金融控股有限公司	中国香港	2013.04.25
31	中国人寿富兰克林资产管理有限公司	中国香港	2013.05.15
32	农银国际资产管理有限公司	中国香港	2013.05.15
33	中投证券（香港）金融控股有限公司	中国香港	2013.05.16
34	东方金融控股（香港）有限公司	中国香港	2013.05.23
35	工银亚洲投资管理有限公司	中国香港	2013.06.04
36	恒生投资管理有限公司	中国香港	2013.06.04
37	太平资产管理（香港）有限公司	中国香港	2013.06.19
38	中银香港资产管理有限公司	中国香港	2013.07.15
39	横华国际资产管理有限公司	中国香港	2013.07.15

（续）

序号	中文名称	注册地	批准日期
40	长江证券控股（香港）有限公司	中国香港	2013.07.15
41	中国平安资产管理（香港）有限公司	中国香港	2013.07.19
42	信达国际资产管理有限公司	中国香港	2013.07.19
43	弘收投资管理（香港）有限公司	中国香港	2013.07.19
44	汇丰环球投资管理（香港）有限公司	中国香港	2013.07.19
45	东亚银行有限公司	中国香港	2013.08.15
46	永丰金资产管理（亚洲）有限公司	中国香港	2013.08.15
47	交银国际资产管理有限公司	中国香港	2013.08.20
48	中国东方国际资产管理有限公司	中国香港	2013.08.20
49	惠理基金管理香港有限公司	中国香港	2013.08.20
50	柏瑞投资香港有限公司	中国香港	2013.09.26
51	创兴银行有限公司	中国香港	2013.09.26
52	JF资产管理有限公司	中国香港	2013.10.30
53	未来资产环球投资（香港）有限公司	中国香港	2013.10.30
54	中国香港沪光国际投资管理有限公司	中国香港	2013.10.30
55	中国光大资产管理有限公司	中国香港	2013.10.30
56	中信建投（国际）金融控股有限公司	中国香港	2013.10.30
57	国金证券（香港）有限公司	中国香港	2013.12.06
58	中国银河国际金融控股有限公司	中国香港	2013.12.11
59	安石投资管理有限公司	英国	2013.12.17
60	瑞银资产管理（香港）有限公司	中国香港	2013.12.19
61	永隆资产管理有限公司	中国香港	2013.12.30
62	景林资产管理香港有限公司	中国香港	2014.01.10
63	华宝资产管理（香港）有限公司	中国香港	2014.01.20
64	易亚投资管理有限公司	中国香港	2014.01.27
65	麦格理基金管理（香港）有限公司	中国香港	2014.01.27
66	道富环球投资管理亚洲有限公司	中国香港	2014.01.27
67	嘉理资产管理有限公司	中国香港	2014.03.06
68	施罗德投资管理（香港）有限公司	中国香港	2014.03.06
69	贝莱德资产管理北亚有限公司	中国香港	2014.03.11
70	交银施罗德资产管理（香港）有限公司	中国香港	2014.03.12
71	越秀资产管理有限公司	中国香港	2014.03.26
72	润晖投资管理香港有限公司	中国香港	2014.03.27
73	赤子之心资本亚洲有限公司	中国香港	2014.04.15
74	招商资产（香港）有限公司	中国香港	2014.05.21
75	富达基金（香港）有限公司	中国香港	2014.05.21
76	日兴资产管理亚洲有限公司	新加坡	2014.05.21
77	毕盛资产管理有限公司	新加坡	2014.05.21
78	富敦资金管理有限公司	新加坡	2014.05.21
79	辉立资本管理（香港）有限公司	中国香港	2014.06.03
80	长盛基金（香港）有限公司	中国香港	2014.06.12

(续)

序号	中文名称	注 册 地	批准日期
81	贝莱德顾问（英国）有限公司	英国	2014.06.13
82	汇丰环球资产管理（英国）有限公司	英国	2014.06.16
83	齐鲁国际控股有限公司	中国香港	2014.06.27
84	三星资产运用（香港）有限公司	中国香港	2014.06.30
85	新思路投资有限公司	新加坡	2014.07.24
86	新华资产管理（香港）有限公司	中国香港	2014.07.24
87	元富证券（香港）有限公司	中国香港	2014.07.28
88	国泰君安基金管理有限公司	中国香港	2014.08.11
89	联博香港有限公司	中国香港	2014.08.12
90	财通国际资产管理有限公司	中国香港	2014.08.12
91	元大宝来证券（香港）有限公司	中国香港	2014.08.15
92	安本亚洲资产管理有限公司	新加坡	2014.08.15
93	法国巴黎投资管理	法国	2014.08.27
94	天达资产管理有限公司	英国	2014.08.28
95	凯敏雅克资产管理公司	法国	2014.09.19
96	星展银行有限公司	新加坡	2014.09.22
97	利安资金管理公司	新加坡	2014.09.23
98	融通国际资产管理有限公司	中国香港	2014.10.8
99	新韩法国巴黎资产运用株式会社	韩国	2014.10.13
100	上海商业银行有限公司	中国香港	2014.10.13
101	法国巴黎投资管理亚洲有限公司	中国香港	2014.10.13
102	中诚国际资本有限公司	中国香港	2014.10.31
103	百达资产管理有限公司	英国	2014.11.6
104	亨茂资产管理有限公司	中国香港	2014.11.19
105	赛德堡资本（英国）有限公司	英国	2014.11.19
106	霸菱资产管理（亚洲）有限公司	中国香港	2014.11.25
107	信安环球投资（香港）有限公司	中国香港	2014.11.25
108	施罗德投资管理（新加坡）有限公司	新加坡	2014.12.1
109	未来资产环球投资有限公司	韩国	2014.12.4
110	威灵顿投资管理国际有限公司	英国	2014.12.10
111	加拿大丰业亚洲有限公司	新加坡	2014.12.12
112	摩根资产管理（新加坡）有限公司	新加坡	2014.12.24
113	东洋资产运用（株）	韩国	2014.12.24
114	NH-AMUNDI 资产管理有限公司	韩国	2014.12.26
115	富舜资产管理（香港）有限公司	中国香港	2014.12.26
116	东部资产运用株式会社	韩国	2014.12.26
117	韩亚金融投资株式会社	韩国	2014.12.29
118	瑞银韩亚资产运用株式会社	韩国	2015.1.5
119	CSAM 资产管理有限公司	新加坡	2015.1.5
120	东亚联丰投资管理有限公司	中国香港	2015.1.5
121	新加坡政府投资有限公司	新加坡	2015.1.22

(续)

序号	中文名称	注册地	批准日期
122	路伯迈新加坡有限公司	新加坡	2015.1.22
123	TRUSTON 资产管理有限公司	韩国	2015.1.22
124	大信资产运用株式会社	韩国	2015.1.22
125	三星资产运用株式会社	韩国	2015.1.22
126	韩国投资信托运用株式会社	韩国	2015.1.22
127	景顺投资管理有限公司	中国香港	2015.2.6
128	MY Asset 投资管理有限公司	韩国	2015.2.6
129	德意志资产及财富管理投资有限公司	德国	2015.2.6
130	新韩金融投资公司	韩国	2015.2.16
131	凯思博投资管理（香港）有限公司	中国香港	2015.2.16
132	兴国资产管理公司	韩国	2015.2.16
133	英杰华投资亚洲私人有限公司	新加坡	2015.2.17
134	中国建设银行（伦敦）有限公司	英国	2015.2.17
135	达杰资金管理有限公司	新加坡	2015.2.27
136	KKR 新加坡有限公司	新加坡	2015.3.2
137	领航投资澳洲有限公司	澳大利亚	2015.3.2
138	兴元投资管理有限公司	英国	2015.3.6
139	大华资产管理有限公司	新加坡	2015.3.6
140	苏尔斯英国服务有限公司	英国	2015.3.25
141	领先资产管理	法国	2015.3.25
142	未来资产大宇株式会社	韩国	2015.3.25
143	信诚资产管理（新加坡）有限公司	新加坡	2015.3.31
144	三星生命保险（株）	韩国	2015.3.31
145	教保安盛资产运用（株）	韩国	2015.4.2
146	迈睿思资产管理有限公司	韩国	2015.4.8
147	安联环球投资新加坡有限公司	新加坡	2015.4.8
148	方圆投资管理（香港）有限公司	中国香港	2015.4.8
149	三星证券株式会社	韩国	2015.4.17
150	GAM 国际管理有限公司	英国	2015.4.17
151	华宜资产运用株式会社	韩国	2015.5.6
152	华侨银行有限公司	新加坡	2015.5.6
153	嘉实国际资产管理（英国）有限公司	英国	2015.5.6
154	东方汇理资产管理香港有限公司	中国香港	2015.5.20
155	瑞士再保险股份有限公司	瑞士	2015.6.2
156	蓝海资产管理公司	英国	2015.6.26
157	爱斯普乐基金管理公司	韩国	2015.6.29
158	KB 资产运用有限公司	韩国	2015.6.29
159	韩国产业银行	韩国	2015.6.29
160	瑞银资产管理（新加坡）有限公司	新加坡	2015.6.29
161	CI 投资管理公司	加拿大	2015.6.29
162	元大证券株式会社	韩国	2015.7.28

（续）

序号	中文名称	注册地	批准日期
163	UBI 资产管理公司	法国	2015.7.28
164	韩华资产运用株式会社	韩国	2015.7.28
165	大信证券（株）	韩国	2015.7.28
166	韩国投资证券株式会社	韩国	2015.8.10
167	IBK 投资证券株式会社	韩国	2015.8.10
168	三星火灾海上保险公司	韩国	2015.8.31
169	东方汇理资产管理新加坡有限公司	新加坡	2015.8.31
170	Multi Asset 基金管理公司	韩国	2015.8.31
171	东方汇理资产管理	法国	2015.9.17
172	Kiwoom 投资资产管理有限公司	韩国	2015.9.23
173	现代投资公司（株）	韩国	2015.10.9
174	中国工商银行（欧洲）有限公司	卢森堡	2015.11.2
175	中国银行（卢森堡）有限公司	卢森堡	2015.11.3
176	广发国际资产管理（英国）有限公司	英国	2015.12.10
177	安大略退休金管理委员会	加拿大	2015.12.21
178	加拿大年金计划投资委员会	加拿大	2015.12.21
179	保宁资产有限公司	英国	2016.1.13
180	贝莱德（新加坡）有限公司	新加坡	2016.1.25
181	野村资产管理德国有限公司	德国	2016.2.1
182	太平洋投资管理公司亚洲私营有限公司	新加坡	2016.2.15
183	忠利投资卢森堡有限公司	卢森堡	2016.2.22
184	法国工商信贷银行有限公司	法国	2016.2.22
185	OCTO 资产管理公司	法国	2016.2.26
186	Avanda 投资管理私人有限公司	新加坡	2016.3.15
187	瀚亚投资（新加坡）有限公司	新加坡	2016.3.17
188	安盛投资管理有限公司（巴黎）	法国	2016.4.1
189	广发金融交易（英国）有限公司	英国	2016.4.1
190	高盛国际资产管理公司	英国	2016.4.15
191	安联环球投资有限公司	德国	2016.4.26
192	辉立资金管理有限公司	新加坡	2016.4.26
193	迈达思基金管理有限公司	韩国	2016.5.6
194	富达投资管理（新加坡）有限公司	新加坡	2016.6.6
195	荷宝卢森堡股份有限公司	卢森堡	2016.6.8
196	爱德蒙得洛希尔资产管理（法国）有限公司	法国	2016.6.8
197	新加坡科技资产管理有限公司	新加坡	2016.6.24
198	海汇通资产管理有限公司	新加坡	2016.7.19
199	有进投资证券公司	韩国	2016.8.12
200	株式会社新韩银行	韩国	2016.8.22
201	凯恩国际基金管理股份有限公司	卢森堡	2016.9.9
202	开泰基金管理有限公司	泰国	2016.9.9
203	罗素投资管理（澳大利亚）有限公司	澳大利亚	2016.10.27

(续)

序号	中文名称	注册地	批准日期
204	贝莱德基金顾问公司	美国	2016.11.25
205	Lemanik 资产管理股份有限公司	卢森堡	2016.11.25
206	锋裕资产管理公司	卢森堡	2016.12.20
207	联昌信安资产管理有限公司	马来西亚	2017.1.18
208	范达投资有限公司	澳大利亚	2017.2.23
209	首域投资管理（英国）有限公司	英国	2017.5.31
210	申万宏源新加坡私人有限公司	新加坡	2017.7.27
211	Acadian 资产管理有限责任公司	美国	2017.7.27
212	新盟投资管理公司	新加坡	2017.8.18
213	贝莱德机构信托公司	美国	2017.9.1
214	霸菱资产管理有限公司	英国	2017.9.26
215	WisdomTree 资产管理	美国	2017.10.16
216	海克利尔国际投资有限责任公司	英国	2018.1.8
217	中加国际资产管理有限公司	中国香港	2018.5.2
218	美国桥水投资公司	美国	2018.5.25
219	道富环球投资信托公司	美国	2018.5.31
220	道富环球投资资产管理有限公司	美国	2018.5.31
221	道富环球投资有限公司	英国	2018.5.31
222	道富环球投资爱尔兰有限公司	爱尔兰	2018.5.31
223	富善国际资产管理（香港）有限公司	中国香港	2018.7.16
224	WisdomTree 管理有限公司	爱尔兰	2018.8.15
225	耀之国际资产管理有限公司	中国香港	2018.9.6
226	三井住友银行股份有限公司	日本	2018.9.30
227	银华国际资本管理公司	中国香港	2018.10.8
228	中国人保香港资产管理有限公司	中国香港	2018.10.12
229	中邮国际（英国）有限公司	中国香港	2018.10.23
230	瑞士嘉盛银行有限公司	瑞士	2018.11.20
231	东吴中新资产管理（亚洲）有限公司	新加坡	2018.12.3
232	FMR 有限公司	美国	2018.12.18
233	盘谷资产管理有限公司	泰国	2019.2.15
234	柏瑞投资爱尔兰有限公司	爱尔兰	2019.2.26
235	思达资本（香港）有限公司	中国香港	2019.2.27

2. 了解具体的人民币合格境外机构投资者

通过中国证监会的网站，了解到易方达资产管理（香港）有限公司是一家正规的人民币合格境外机构投资者，就可以通过搜索引擎查找该公司的官网了解该公司的情况。

例如，通过百度（www.baidu.com）查找易方达资产管理（香港）有限公司，如图 2-20 所示。单击易方达资产管理（香港）有限公司的官方网站，得到如图 2-21 所示的页面。

图 2-20　查找易方达资产管理（香港）有限公司

图 2-21　易方达资产管理（香港）有限公司官网

 小资料

易方达资产管理（香港）有限公司

易方达资产管理（香港）有限公司（以下简称"易方达香港"）成立于2008年，获得香港证监会核准，从事第一类（证券交易）、第四类（就证券提供意见）及第九类（提

供资产管理）受规管活动⊖。易方达香港作为易方达基金管理有限公司（以下简称"易方达基金"）的国际业务平台，在香港布局多年，为全球投资者提供包括权益、固定收益及另类投资等类别的双向及跨境资产管理服务，并在香港本地以及欧美布局了多只公募、私募及ETF产品。公司旗下产品多次被包括Morningstar、Lipper、AsianInvestor、Benchmark在内的权威机构授予殊荣，所获成绩在同行业中遥遥领先。

易方达香港的母公司是易方达基金，它成立于2001年，总部位于广州，旗下设有北京、广州、上海等分公司和易方达国际控股有限公司（下设有易方达香港）、易方达资产管理有限公司等多个子公司。截至2018年12月31日，易方达总资产管理规模约1.2万亿元人民币（含香港和内地子公司），是中国规模最大的综合性资产管理机构之一。易方达拥有公募、社保、年金、特定客户资产管理、合格境内机构投资者（QDII）、QFII、RQFII、基本养老保险基金投资等业务资格，是中国基金行业为数不多的"全牌照"公司之一。2014年8月，易方达基金通过了全球投资业绩标准（GIPS）的独立验证，在投资业绩上的评估已达到国际标准，在国际化的道路上又迈出了坚实一步。

除了共享易方达基金的丰富资源外，易方达香港自身也拥有一支经验丰富的一体化国际投资研发团队，涵盖权益、固定收益及另类投资板块。同时，公司还拥有一支强大的跨境运营团队，能够同时满足注册在中国香港、英国开曼群岛、欧洲和美国等不同国家和地区产品的高效运作。结合易方达基金的全球战略目标，易方达香港致力于提供专业化的资产管理服务，让全球投资者能够分享中国经济发展的成果，并通过搭建国际资产配置平台，满足国内投资者对全球金融资产的配置需求。

⊖ 就第一类受规管活动而言，持牌人只可经营集体投资计划交易的业务。"集体投资计划"及"交易"是指中国香港《证券及期货条例》所界定的含义。

第二章

软件下载与安装

本章指引：

在这一章里，我们将集中向投资者介绍通过互联网方式进行证券投资的有关知识和基本操作，其中包括：证券交易系统是怎样构建的，如何进行软件的下载、安装和使用等。

第一节　证券网上交易

一、证券交易方式的更新

互联网发展到今天，"网上交易"已不再陌生，正悄悄地走进千家万户。网上银行、网上购物等依托于互联网的交易，早已被一些走在潮流前面的人所使用。目前，中国进行证券投资的人不在少数，特别是"投资者"是一个很庞大的投资群体，而网络发展又给股票的网上交易提供了良好的平台，因此，证券的网上业务迅速壮大起来。

谈到证券网上交易的发展，就不得不谈网络的发展。正是因为互联网有了现在的规模，才带来了网上经济的进步。现在 Internet 已经成为不懂英文的人也知道的单词。因此证券的交易方式正在逐渐发生转变，很多原先在证券公司现场交易的客户已经将交易系统挪到了家中，开始了网上交易。

回顾这二十几年来证券市场的发展，老投资者们都深有感触。当年做股票真不容易，很多操作都是手工完成的。比如买卖证券是由客户自己填写交易申请单，交给柜台人员后，再由券商的工作人员打电话到沪、深证券交易所"报单"，才能完成一笔委托。这样的交易效率是很低的。而现在，投资者只需坐在办公室或家中，轻点鼠标，瞬间就可完成证券买卖，而在这个瞬间里，股票交易信息已通过线缆和卫星传输到沪、深证券交易所又传了回来。同样，存取款也可在附近的银行完成，并且通过资金划转系统进行转入或转出操作。由此可见，科技的发展带来了交易方式的变革，网上交易已经成为今后的发展趋势。

二、证券网上交易的优势

对比在证券公司的"现场交易"和"网上交易"，不难看出网上交易的优势。

网上交易软件开发商在设计软件时考虑了大众化的需求，程序编制得非常简单，易于操作。而且由于 Windows 的操作本身就很简单，因此网上系统比原来在证券公司交易现场客户使用的 DOS 系统分析软件操作起来快捷直观，鼠标操作比通过键盘操作易于掌握。

客户在全球任何国家、任何地区，只要能够联到互联网，就可以进行网上交易。例如，在外地使用"电话委托"方式是需要打长途电话的，而网上交易是通过本地拨号或其他方式上网，因此对于异地交易，网上交易的成本明显低于"电话委托"。

随着我国网上交易的飞速发展，很多券商为客户提供了很好的服务。例如在网上交易软件中嵌入了专家在线的模块，投资者可以在看行情做交易的同时向本公司的投资分析师提问，并得到解答。除此之外，券商还会将一些需提示投资者关注的信息通过电子邮件或手机短信发给客户。通过这些功能，网上交易客户享有了与现场客户同样的服务。

科技在发展，电子商务在发展，证券的网上交易也在发展。网上交易已不再是什么新鲜事了，证券的网上委托已成为众多交易方式中主要的交易手段。

第二节　网上行情查询与软件下载

一、证券网站

伴随着互联网的发展，国内证券公司基本上都开设了自己的网站，用于宣传本公司业务，并为客户提供软件下载和咨询服务。一般证券公司的网站提供财经新闻、上市公司信息、当日交易提示、专家在线解答以及本券商对于证券市场走势的研究成果。此外，券商还提供了行情的实时走势以及软件的免费下载。这样，客户既可以通过网站以 Web 方式查询行情，进行证券买卖委托，也可以把免费的软件下载到本地计算机中，安装程序并通过网络查看行情以及委托交易。

二、网上证券分析（交易）系统

投资者在开通网上交易时都会在证券营业部取得一套网上证券委托系统。网上证券分析（交易）系统应该功能齐全、操作简单、界面友好，具体有以下几个特点：

（1）集股市行情分析、银证转账与委托下单功能于一身。与传统交易分析系统一样，网上证券分析（交易）系统提供股市动态行情、技术分析、各种灵活动态排名、详尽的历史数据、即时准确的资讯信息等，提供保证金账户和股票账户管理、资金和成交流水查询、银证资金双向即时划转等功能。

（2）能够提供更为简单方便的操作使用性能。例如兼顾大多数现有投资者，采用大家非常熟悉的仿钱龙界面和热键功能，真正实现键盘、鼠标全部兼容。

（3）支持证券名称拼音简缩输入法。在多种证券选择方法（如证券代码输入、证券列表选择等）的基础上，特别考虑到大多数投资者更为熟悉证券简称的情况，特别支持证券名称拼音简缩输入法。即使忘记了证券代码，也可以方便地指定证券名称。例如深圳A股的"浦发银行"，既可以输入证券代码"600000"，又可以输入证券名称汉语拼音首字符"PFYH"来指定证券。

（4）支持证券历史数据的离线访问。这种功能用于不能随时或经常上网的投资者，以及不需要在线访问的时候（如晚上、休息日等）来浏览大盘和证券历史数据，分析走势和查阅各种证券背景资料和资讯。

(5) 能够为投资者保证所有交易信息的保密性与安全性。提供快速的证券委托、资金及证券查询、历史流水数据查询和银证转账。

(6) 尽可能减少投资者的操作程序。在设计上充分考虑了系统的灵活性、扩充性、易于维护性和其他一些自动化及方便的特性（如服务器端动态配置），尽量降低投资者的手工干预（如主站增加、选择），减少投资者升级的概率。例如，主站动态均衡调配，保证投资者能够自动连接到负载较小的主站上去；又如，主站扩容、增加服务器时，投资者不需要任何操作，自动就能享受到更加快捷顺畅的服务。目前许多券商及证券专业资讯网站采用的网上证券分析（交易）系统基本能够具备上述功能，不同的证券营业部提供不同的软件系统，投资者可根据自己熟悉的操作系统按实际情况做出选择。

下面分别介绍通过 Web 方式查询行情并进行交易以及通过将软件下载到计算机进行交易的方法。

三、通过 Web 方式查询行情并进行交易

选择这种委托方式无须另外安装任何软件，投资者在证券营业部办理了网上交易相关开通手续后，如同平时上网的方式，通过访问证券公司的网址，在证券公司网站提供网上交易服务的地方直接下单委托即可。例如，访问国泰君安证券网站，你只要在国泰君安证券下属的证券营业部开户并且开通网上交易，就可以在该网站中的网上交易栏目登录进行网上交易。无论你身在世界任何地方，只要有一台与互联网相连的电脑终端，通过访问证券公司网站的网上委托系统，你都可以进行股票的买卖委托、查询操作，同时还能够查询大盘、个股行情，获得丰富的专业财经资讯及专家的在线咨询等理财服务。

值得注意的是，通过浏览器委托的方式安全性较实用专业版软件委托方式差，因此，建议客户使用这种方式委托后修改密码。

首选登录证券公司网站，在 Internet Explorer 的"地址"栏中输入需要登录的券商网站的域名或在搜索网站输入券商的中文名（以在百度输入"东北证券"为例，见图 3-1）。

图 3-1　在百度输入"东北证券"

进入东北证券官网,找到"网上营业厅",如图3-2所示。

图3-2 "东北证券"主页

单击"网上营业厅",找到"业务办理",如图3-3所示。

图3-3 进入"网上营业厅"页面

单击"业务办理",就可以输入账号密码进行交易了,如图3-4所示。

图 3-4 进入"业务办理"页面

四、通过将软件下载到计算机进行交易

投资者在证券营业部开户网上交易时,证券营业部给开户客户免费提供一套安装在电脑里的、用于进行证券委托交易的软件。客户只要将委托系统软件安装在自己的电脑中,即可接通开户的证券营业部进行网上的委托交易、行情分析。这种网上交易方式将行情分析和委托交易结合为一体,即可以在接收行情、进行行情分析的同时,下单委托。该系统与在证券营业部投资者利用电脑下单相似,操作简便。大部分证券公司提供这样的网上委托方式。

这种方式应用较为普遍,操作起来简单、界面直观,比较符合投资者传统买卖股票、分析行情的习惯,其行情分析系统功能强大,并可将数据下载到本地来进行离线浏览。功能较Web方式全面,因此,后面主要介绍以这种方式进行证券投资的操作方法。

首先,登录券商的公开网站。一般而言,券商网站均会把软件下载放在较为醒目的位置上,方便投资者查找,如图3-5所示。

图 3-5 东北证券网站

单击图 3-5 中的"软件下载"即可进入软件下载页面，如图 3-6 所示，可以选择适合自己的一款行情交易软件。单击图 3-6 中的"联通下载"或"电信下载"，即可进行软件下载。

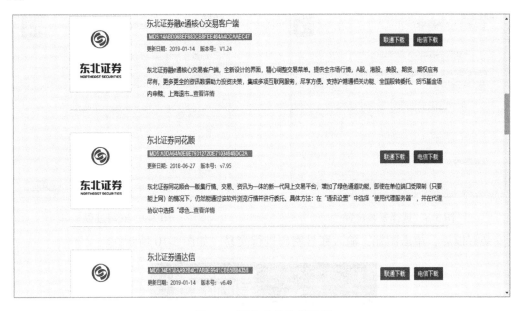

图 3-6　网上交易软件下载

需要注意的是，由于交易系统的不断升级，券商的网上交易软件也会不断进行版本的更新，并在网站中标明当前软件的版本及更新日期。因此，客户应下载当前最新的版本。

第三节　网上交易软件的安装与使用

一、交易软件的安装

下载软件的安装文件一般为 *.exe 文件，将此文件保存在计算机存储器的某一位置，并双击此文件进行安装，如图 3-7 所示（以同花顺免费版为例）。

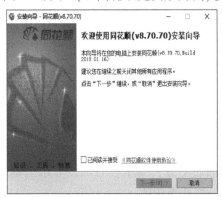

图 3-7　双击图标进行安装

在安装过程中，计算机会提示选择安装位置，客户可根据自己的习惯将程序安装在默认的位置或者自定义的位置，如图3-8、图3-9所示。

图3-8　选择安装位置

图3-9　安装过程

安装好以后，单击图标，输入账号密码进行交易，如图3-10所示。

图3-10　输入账号密码进行交易

二、交易系统的使用

1. 终端界面介绍

打开同花顺免费软件，界面如图3-11所示，由菜单栏、标题栏、工具栏、功能树、主窗口、指数条和左右信息栏和应用中心等组成。

（1）菜单栏位于终端界面左上方，包括系统、报价、分析、扩展行情、委托、智能、工具、资讯、帮助等多个栏目。

（2）工具栏位于菜单栏和标题栏之下、主窗口之上的位置，单击右键可选择隐藏，包含学习园地、修正键、买入卖出、模拟炒股等功能。

（3）标题栏位于终端界面右上方，菜单栏右侧，显示当前页面名称、金币数量、金币充值、用户名，并提供资讯、委托等功能。

（4）功能树在界面左侧，包括应用、分时图、K线图、个股资料、自选股、综合排名

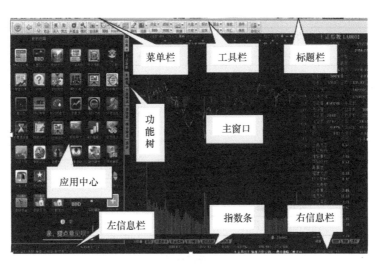

图 3-11　同花顺界面

以及更多等快捷标签。其中单击更多会有子菜单出现，包括成交明细、价量分布和财务图示年报等。

（5）主窗口是系统默认显示的行情窗口，主要由分时图、K 线图、表格行情列表、组合页面等组成。

（6）指数条默认显示上证指数、深证指数、创业板指数以及自定义行情指数，包括涨跌和成交金额。其中创业板指数可以单击右键切换成沪深 300 或者中小企业板指数，而自定义指数则可以通过单击右侧的扳手图标进行指数的调整。

（7）左信息栏显示连接信息，包含解盘、论股堂、股灵通以及留言、客服等功能。

（8）右信息栏为一搜索框，可在此输入代码查询个股，方便进行个股查询。

（9）应用中心提供丰富的软件功能，可将常用的功能放置于此。

2. 主要快捷键使用说明

快捷键又叫热键，在利用行情软件时，使用快捷键可以非常方便地获得自己需要的信息。下面以"同花顺"软件为例介绍各种快捷键的功能，见表 3-1 ~ 表 3-6。

表 3-1　常用快捷键

热　　键	功能、含义	热　　键	功能、含义
F1	成交明细	F11	基本资料
F2	价量分布	F12	委托下单
F3（03）	上证大盘	Delete	删除自选股
F4（04）	深证大盘	Enter	切换类型（列表、分时、K 线）
F5（05）	切换分时、K 线	Esc	返回上一画面
F6（06）	看自选股	. +1	卖一价买入
F7	个股全景	. +2	卖二价买入
F8	分析周期	. +3	卖三价买入
F9	牛叉诊股	. +4	卖四价买入
F10（10）	看公司资讯	. +5	卖五价买入

(续)

热 键	功能、含义	热 键	功能、含义
Ctrl + 4	四股分时/K 线同列	Ctrl + L	两股对比
Ctrl + 6	十六股分时/K 线同列	Ctrl + R	查看所属板块
Ctrl + 9	九股分时/K 线同列	Ctrl + T	分笔走势
Ctrl + F6	大字报价	Ctrl + Z	缩放右侧单元表
Ctrl + F8	多周期图	Insert	加入自选股
Ctrl + F11	财务图示	. – 1	买一价卖出
Ctrl + F12	期货下单（或港股下单）	. – 2	买二价卖出
Ctrl + D	大盘对照	. – 3	买三价卖出
Ctrl + F	公式管理器	. – 4	买四价卖出
Ctrl + H	查看港股关联代码	. – 5	买五价卖出

表 3-2　行情报价快捷键

热 键	功能、含义	热 键	功能、含义
00 + Enter	沪深领先指数	80 + Enter	沪深 A 股综合排名
03 + Enter 或 F3	上证领先	81 + Enter	上海 A 股综合排名
04 + Enter 或 F4	深证领先	82 + Enter	上海 B 股综合排名
1 + Enter	上海 A 股行情报价	83 + Enter	深圳 A 股综合排名
2 + Enter	上海 B 股行情报价	84 + Enter	深圳 B 股综合排名
3 + Enter	深圳 A 股行情报价	802 + Enter	中小板综合排名
4 + Enter	深圳 B 股行情报价	803 + Enter	创业板综合排名
5 + Enter	上海债券行情报价	06 + Enter 或 F6	自选报价
6 + Enter	深圳债券行情报价	006 + Enter	自选同列
7 + Enter	上海基金行情报价	51 ~ 58 + Enter	自定义板块 51 ~ 58 报价
8 + Enter	深圳基金行情报价	Ctrl + F6	大字报价
9 + Enter	香港证券行情报价	90 + Enter	多窗看盘
002 + Enter	中小板行情报价	91 + Enter	主力大单
300 + Enter	创业板行情报价	92 + Enter	阶段统计
60 + Enter	沪深 A 股涨幅排名	93 + Enter	强弱分析
61 + Enter	上海 A 股涨幅排名	94 + Enter	板块分析
62 + Enter	上海 B 股涨幅排名	95 + Enter	指标排行
63 + Enter	深圳 A 股涨幅排名	41 + Enter	股本结构
64 + Enter	深圳 B 股涨幅排名	42 + Enter	财务数据
602 + Enter	中小板涨幅排名	43 + Enter	财务指标
603 + Enter	创业板涨幅排名	44 + Enter	基金周报
71 + Enter	上证新闻	45 + Enter	股东变化
72 + Enter	深证新闻	666 + Enter	沪深指数报价
73 + Enter	券商信息	700 + Enter	期货行情报价
KFSJJ	开放式基金	800 + Enter	外汇行情报价
LOF	LOF 基金	888 + Enter	股指期货报价
ETF	ETF50 分析	999 + Enter	重要指数
XKT + Enter	星空图	22 + Enter	竞价分析

表3-3 K线页面快捷键

热　　键	功能、含义	热　　键	功能、含义
Enter	［K线页面］切换键	33 + Enter	15 分钟 K 线
Ctrl + Enter	历史分时（在 K 线窗口）	34 + Enter	30 分钟 K 线
双击左键	历史分时（在 K 线窗口）	35 + Enter	60 分钟 K 线
05 + Enter 或 F5	分时走势	36 + Enter	日 K 线
01 + Enter 或 F1	历史成交	37 + Enter	周 K 线
07 + Enter 或 F7	个股全景	38 + Enter	月 K 线
08 + Enter 或 F8	切换分析周期	39 + Enter	季 K 线
10 + Enter 或 F10	公司资讯	310 + Enter	年 K 线
11 + Enter（F11）	基本资料	SPACE	鼠标当前位置信息地雷内容
Ctrl + Q	向前复权	↓	缩小 K 线
Ctrl + B	向后复权	↑	放大 K 线
Alt + 1	一图组合	Ctrl + →	光标快速右移 10 个周期
Alt + 2	二图组合	Ctrl + ←	光标快速左移 10 个周期
Alt + 3	三图组合	Ctrl + Alt + →	光标快速右移 30 个周期
Alt + 4	四图组合	Ctrl + PageUP	向上翻页时向主站重新请求数据
Alt + 5	五图组合	Ctrl + PageDown	向下翻页时向主站重新请求数据
Alt + 6	六图组合	Home、End	定位光标到 K 线窗口最左、最右
Alt + 9	九图组合	右键选择区域	区间统计（与 K 线放大）
31 + Enter	1 分钟 K 线	32 + Enter	5 分钟 K 线

表3-4 分时页面快捷键

热　　键	功能、含义	热　　键	功能、含义
05 + Enter 或 F5	技术分析	SPACE	鼠标当前位置信息地雷内容
01 + Enter 或 F1	成交明细	↓	增加连续多日分时
02 + Enter 或 F2	价量分布	↑	减少连续多日分时
07 + Enter 或 F7	个股全景	Home、End	定位光标到分时窗口最左、最右
10 + Enter 或 F10	公司资讯	右键选择区域	区间统计（与 K 线放大）
11 + Enter 或 F11	基本资料	Enter（双击）	技术分析

表3-5 列表页面快捷键

热　　键	功能、含义	热　　键	功能、含义
Enter（双击）	［列表页面］切换键	01 + Enter 或 F1	成交明细
Ctrl + 4	四股分时同列	02 + Enter 或 F2	价量分布
Ctrl + 9	九股分时同列	07 + Enter 或 F7	个股全景
Ctrl + 6	十六股分时同列	10 + Enter 或 F10	公司资讯
→	向右移动列	11 + Enter 或 F11	基本资料
←	向左移动列	—	

表3-6 其他快捷键

热　　键	功能、含义	热　　键	功能、含义
Esc	返回上一画面	Ctrl + N	新建
Backspace	返回上一画面	Ctrl + S	保存页面
Insert	加入自选股	Ctrl + W	全屏显示
Delete	从自选股中删除	空格键	调出信息地雷内容
Ctrl + A	自动翻页	Scroll Lock	锁定主图光标时间轴
Ctrl + G	股灵通	Alt + Z	快速隐藏（默认）
Ctrl + X 或 HX	画线	Shift + F1	这是什么？（跟随帮助）
Ctrl + K	查看快捷键列表	Alt + F4	退出程序
Ctrl + M	输出到图片	Tab	显示/隐藏K线页均线

小资料

同花顺（炒股软件）

同花顺是一款功能非常强大的免费网上股票证券交易分析软件，是投资者炒股的必备工具。同花顺股票软件是一个提供行情显示、行情分析和行情交易的股票软件，它分为免费电脑产品、付费电脑产品、平板电脑产品、手机产品等适用性强的多个版本。同花顺股票软件注重各大证券机构、广大股民的需求和使用习惯，其全新版免注册，新增了强大功能：自主研发的搜牛财经及自定义选股，以及通达信模式。

1. 公司概况

浙江核新同花顺（300033）网络信息股份有限公司前身为上海核新软件技术有限公司，成立于2001年8月24日。为使公司有更好的发展环境，于2007年5月迁址到杭州高新区。公司由易峥等四个自然人和上海凯士奥投资咨询有限公司共同投资组建。公司在北京、上海、深圳、成都、西安、哈尔滨设立了六家分支机构，并拥有一家全资子公司——杭州核新软件技术有限公司（成立于1994年）。公司股本13448万元，从业人员500余人，其中研发人员和技术服务人员占65%以上。公司是专业从事互联网炒股软件的开发、提供炒股数据和财经信息服务的高新技术企业，旗下拥有同花顺金融服务网（后更名为同花顺财经）、同花顺爱基金投资网，并推出了一系列形式丰富、独具特色的创新增值服务，深受广大证券公司、股民的欢迎。

经过多年的发展，公司已成长为国内领先的财经信息服务商。根据国际权威的全球网站流量统计网站Alexa的统计，同花顺金融服务网在国内财经类网站排名一直稳居前10位；公司取得了国内第一张基于PKI体系X.509的SSL安全代理系统证书，是国家密码管理局指定的密码定点生产单位和密码销售单位。

根据国内著名专业中介机构赛迪咨询评估，公司是国内产品类别最全面的互联网财经信息服务商之一，是唯一与中国移动、中国联通、中国电信三大移动运营商同时合作提供手机金融信息的服务商。公司与上交所、深交所、香港联合交易所和多家金融资产交易所已经建立了紧密的合作关系，是上海证券交易所指定的 22 家 Level-2 的数据发布商之一。公司向深圳证券交易所提供了股票模拟交易系统、投资者教育平台等系统。

公司成功运用"免费经济学"（Free Economics），形成了一套具有公司特色的创新业务模式。公司以证券网上行情交易系统为核心，以网上行情交易客户端为平台，专业化经营，多样化服务，为证券公司提供安全、可靠的证券网上证券交易综合解决方案和服务，为投资者提供专业、及时的数据和个性化的资讯服务，以及其他辅助决策工具。公司以免费的网上行情交易客户端和网站为平台，进行业务的横向拓展和纵向深入，提供形式多样的增值功能，持续为客户创造价值，客户缴纳一定费用后，可享受软件的增值功能。

浙江核新同花顺网络信息股份有限公司全资子公司杭州核新软件技术有限公司于 2004 年推出并运营同花顺金融服务网。同花顺金融服务网是一个综合性的金融信息门户网站，致力于为中国资本市场提供全面的金融资讯服务，内容涵盖了财经、证券、期货、外汇、基金、债券、理财、论坛、博客等。公司于 2009 年 12 月 25 日成功登录创业板，成为 A 股市场首家中国互联网金融信息服务企业。

2. 公司业务

公司的主要业务主要分为三类：证券信息服务软件、手机证券软件和交易系统软件销售及维护。

（1）证券信息服务软件。证券信息服务软件，具体来说，是指涵盖大量信息和数据，股民可以利用其通过互联网炒股的软件。同花顺软件全部可以通过公司网站和其他网站下载方式免费获取，基本行情数据也是免费向广大投资者提供，并通过提供增值证券服务收取费用。公司注册用户数已经超过 7200 多万人，每日使用同花顺网上行情免费终端的客户约 300 多万人。

（2）手机证券软件。手机证券软件最典型的产品就是手机炒股软件。手机移动通信和互联网经过几年的高速发展，均已经积累了庞大的客户群。手机财经信息服务已成为网上交易之后的最重要的服务方式之一，也成为公司业绩增长的主要动力。同花顺拥有 400 万的手机财经用户，每天通过移动网络，向手机用户提供数据、信息、行情和交易通道服务。公司与中国移动、中国联通和中国电信合作推出的手机炒股，真正实现了无空间地域限制，让投资者可以随时随地进行行情交易，获得了高端商务人群的高度认同。同花顺的手机炒股是国内最大、支持手机型号最多、支持运营商最完善的服务提供商之一，市场占有率达 60%。

（3）交易系统软件的销售和维护。交易系统软件的销售和维护是公司的传统业务，主要向券商等机构提供证券交易平台等系统，以及收取相应的维护费。同花顺网上交易系统已广泛应用于全国 107 家证券公司中的 97 家的 2600 多家营业部中，覆盖率达到了 90.5% 以上。公司拥有遍布全国的信息分发网络，在全国范围内托管了 1500 台以上的服务器，能同时为 500 万投资人提供并发送行情、资讯和信息服务。

3. 软件优势

(1) 官方授权，永久免费使用。

(2) 操作简单，使用快捷，3min上手，无须专业知识。

(3) 免费提供智能选股、技术选股服务。

(4) 拥有庞大的股票互动交流社区，免费推荐和解析股票。

(5) 提供基本面分析型F10，资讯及时、丰富、全面。

(6) 国内90%的券商支持并定点生产，用户知名度全国第一。

4. 功能详解

(1) 资讯全面，形式多样。同花顺是一个强大的资讯平台，能为投资者提供文本、超文本标记语言（HTML）、信息地雷、财务图示、紧急公告、滚动信息等多种形式的资讯信息，能同时提供多种不同的资讯产品（如港澳资讯、巨灵资讯等），能与券商网站紧密衔接，向用户提供券商网站的各种资讯。而且个股资料、交易所新闻等资讯都经过预处理，让用户轻松浏览、快速查找。丰富的资讯信息与股票的行情走势密切地结合，使用户能方便、及时、全面地享受到券商全方位的资讯服务。

(2) 指标丰富，我编我用。系统预置了近200个经典技术指标，并且为了满足一些高级用户的需求，还提供指标、公式编辑器，即随意编写、修改各种公式、指标、选股条件及预警条件。

(3) 页面组合，全面观察。同花顺提供了大量的组合页面，将行情、资讯、图表、技术分析与财务数据有机组合，让用户多角度、全方位地观察、分析，捕捉最佳交易时机。

(4) 财务图示，一目了然。同花顺将各种复杂的财务数据通过图形和表格的形式表达出来，使上市公司的经营绩效清晰地展示在用户面前，并可以在上市公司之间、板块之间做各种比较、计算，还配以丰富的说明，让以前没有财务分析经验的投资者轻松地掌握这种新的强大的工具。

(5) 个性复权，简单方便。不仅提供向前、向后两种复权方式，还有"个性复权"，只要输入一个时间，就可以以这一天的价格为基准对前后历次除权做复权。另外，还可以选择时间段复权，即仅对某段时间内的除权做复权。

(6) 智能选股，一显身手。有简单易用的"智能选股"，用户只需在需要的被选条件前面打钩即可轻松选股。还有"选股平台"，让用户利用所有的100多个选股条件和200个技术指标，轻松编制各种选股条件组合，从而在1000多只股票中选择出自己需要的股票。

(7) 区间统计，尽收眼底。在K线图里根据统计区间内的涨跌、振幅、换手等数据，能帮助用户迅速地统计出一只股票在一段时间内的各项数据。而且还提供阶段统计表格，这样就能在一个时间段内对不同股票进行排序、比较。

(8) 个人理财，轻松自如。在"个人理财中心"里用户可以轻松地对自己的财务状况做出统计分析，轻松掌握每只股票的持仓成本、股票资金的比例、每次交易的盈亏、总盈亏、账户内股票资金总额的变动状况等个人财务资料。

(9) 报表分析，丰富全面。同花顺为用户提供了"阶段统计""强弱分析""板块分析""指标排行"等多种报表分析的功能。让用户在不同股票、板块、指标之间比较的时候有更多、更丰富的项目和依据。

(10) 键盘精灵，智能检索。"键盘精灵"可以让用户通过字母、数字，甚至汉字来检索自己感兴趣的股票、技术指标等，不管用户输入的字符出现在股票代码的什么位置，都能一网打尽；甚至可以用通配符来进行模糊查找。

(11) 风格定制，个性张扬。同花顺是一个多用户的系统，在多个用户使用同一个程序时，可为不同的用户保留其个性化设置（如自选股、程序风格等）。同花顺允许用户修改显示风格，包括程序中几乎所有的页面、字体、颜色、背景色等，给用户一个尽情展示个性的空间。

(12) 人性设计，用过方知。同花顺充分为各种用户考虑，增加了很多人性化设计：打印功能，数据、图片输出功能，监视剪贴板功能，快速隐藏功能，大字报价功能，高级复权功能，访问上市公司网站功能等。

第四章

行情分析方法与操作

 **本章指引：**

在这一章里，我们将集中向大家介绍行情分析方面的有关内容。从大盘分析、股价走势分析、分类报价到进行个股分析的方法、盘面功能的介绍等，都离不开网上实际操作。借助于计算机和互联网边学边练，是非常必要的。

第一节　大盘分析

一、行情分析系统的主要功能

进入网上行情分析系统后，即可看到用于投资分析的各级菜单及界面。网上行情分析系统的主要功能与目前在证券商客户室使用的投资分析软件基本相同，包括大盘分析、报价分析以及个股分析等，同时也可针对沪、深各指数的走势以及个股的走势进行技术分析。以同花顺为例，其行情分析主界面如图 4-1 所示。

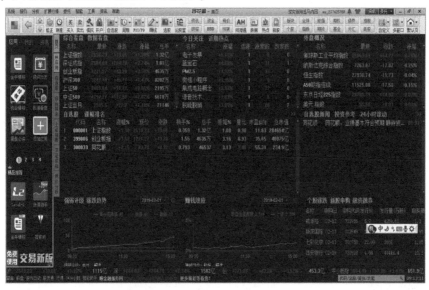

图 4-1　同花顺行情分析主界面

二、有关指数及大盘分析

大盘分析由反映股市价格变动和走势的各种指数组成。各种指数可分为反映整个市场走势的综合性指数和反映某一行业或某一类股票价格走势的分类指数。从图4-1中可以看到，非常重要的指数有上证指数、深证成指、创业板指数、沪深300指数、上证50指数、中证500指数。股价指数的计算方法有算术平均法和加权平均法两种，我国现有各种指数的计算都是采用加权平均法。

三、分时走势图（即时走势图）

分时走势图是把股票市场的交易信息实时地用曲线在坐标图上加以显示的技术图形。坐标的横轴是开市的时间，纵轴的上半部分是股价或指数，下半部分显示的是成交量。分时走势图是股市现场交易的即时资料。分时走势图分为指数分时走势图和个股分时走势图。图4-2为上证指数分时走势图。

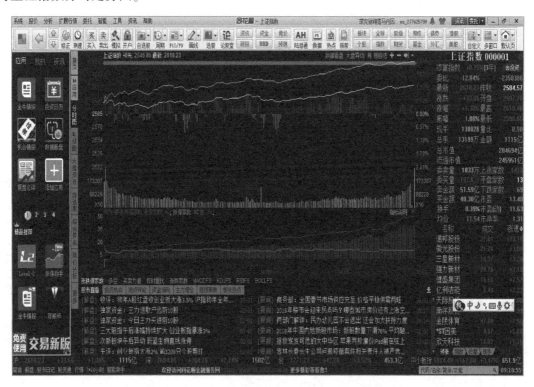

图4-2　上证指数分时走势图（2019年2月3日）

第二节　股价指数及走势分析

股价指数是运用统计学中的指数方法编制而成的，是反映股市总体价格或某类股价变动和走势的指标。根据股价指数反映的价格走势所涵盖的范围，可以将股价指数划分为反映整个市场走势的综合性指数和反映某一行业或某一类股票价格走势的分类指数。

一、综合指数与成分股指数

按照编制股价指数时纳入指数计算范围的股票样本数量,可以将股价指数划分为全部上市股票价格指数(即综合指数)和成分股指数。

综合指数是指将指数所反映出的价格走势涉及的全部股票都纳入指数计算范围。例如,深交所发布的深证综合指数,就是把全部上市股票的价格变化都纳入计算范围;深交所行业分类指数中的农林牧渔指数、采掘业指数、制造业指数、信息技术指数等则分别把全部的所属行业类上市股票纳入各自的指数计算范围。

成分股指数是指从指数所涵盖的全部股票中选取一部分较有代表性的股票作为指数样本,称为指数的成分股,计算时只把所选取的成分股纳入指数计算范围。例如,深证成分股指数,就是从深交所全部上市股票中选取 40 种,计算得出的一个综合性指数。这个指数可以近似地反映出全部上市股票的价格走势。

二、上证 50 指数走势

上证 50 指数是根据科学客观的方法,挑选上海证券市场规模大、流动性好的最具代表性的 50 只股票组成样本股,以便综合反映上海证券市场最具市场影响力的一批龙头企业的整体状况。上证 50 指数自 2004 年 1 月 2 日起正式发布。其目标是建立一个成交活跃、规模较大、主要作为衍生金融工具基础的投资指数。上证 50 指数简称为上证 50,指数代码为 000016,基日为 2003 年 12 月 31 日,基点为 1000 点。上证 50 分时走势图如图 4-3 所示。

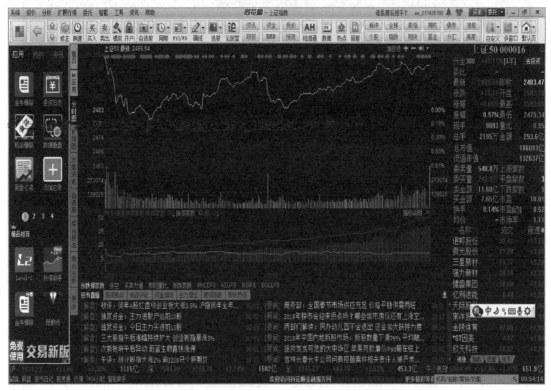

图 4-3　上证 50 分时走势图

从 2019 年 2 月 1 日起，50 只成分股包括：

浦发银行（600000） 民生银行（600016） 宝钢股份（600019）
中国石化（600028） 南方航空（600029） 中信证券（600030）
招商银行（600036） 保利地产（600048） 中国联通（600050）
上汽集团（600104） 复星医药（600196） 恒瑞医药（600276）
万花化学（600309） 华夏幸福（600340） 贵州茅台（600519）
山东黄金（600547） 海螺水泥（600585） 绿地控股（600606）
青岛海尔（600690） 三安光电（600703） 伊利股份（600887）
大秦铁路（601006） 中国神华（601088） 工业富联（601138）
兴业银行（601166） 北京银行（601169） 中国铁建（601186）
国泰君安（601211） 上海银行（601229） 农业银行（601288）
中国平安（601318） 交通银行（601328） 新华保险（601336）
三六零　　（601360） 中国中铁（601390） 工商银行（601398）
中国太保（601601） 中国人寿（601628） 中国建筑（601668）
华泰证券（601688） 中国中车（601766） 中国交建（601800）
光大银行（601818） 中国石油（601857） 中国国旅（601888）
建设银行（601939） 中国银行（601988） 中国重工（601989）
药明康德（603259） 洛阳钼业（603993）

三、上证 180 指数走势

上证 180 指数是上证指数系列之一，是在所有已上市 A 股股票中抽取最具有市场代表性的 180 只作为样本股编制发布的股份指数。上证 180 指数以 2002 年 6 月 28 日上证 30 指数的收盘点数为基点，从 2002 年 7 月 1 日起正式发布。上证 180 指数的样本股根据市场情况，由专家委员会按照样本稳定与动态跟踪相结合的原则适时调整。

上证 180 指数的编制方案是由国际著名指数公司的专家、著名指数产品投资专家、国内专家学者组成的专家委员会审核论证后确定的。与原上证 30 指数相比，上证 180 指数在扩大样本股范围和规模的同时，将指数加权方式由原来的流通股加权调整为国际通用的自由流通量加权方式，更加客观地综合反映了上市公司的经济规模和流通规模，降低国有股等非流通股上市对指数的影响。

上证 180 样本股选择的标准是行业内有代表性、有足够的规模、有较好的流动性。首次公布的 180 个样本股中，比例最高的为金属、非金属类股票，约占总样本的 10.26%，其后依次为综合类、机械设备仪表类、信息技术业类等。宝钢股份、上汽集团等国企大盘股，以及用友网络等优质民营高科技上市企业榜上有名。上证成分股指数依据样本稳定性和动态跟踪相结合的原则，每半年调整一次成分股，每次调整比例一般不超过 10%。特殊情况时也可能对样本进行临时调整。上证 180 分时走势图如图 4-4 所示。

从 2019 年 2 月 1 日起，180 只成分股包括：

浦发银行（600000） 白云机场（600004） 首创股份（600008）
上海机场（600009） 包钢股份（600010） 华能国际（600011）
华夏银行（600015） 民生银行（600016） 上港集团（600018）

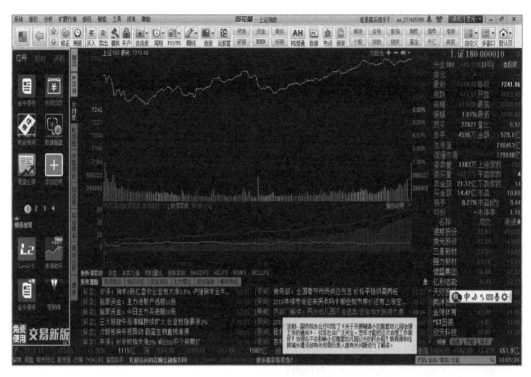

图 4-4　上证 180 分时走势图

宝钢股份（600019）　浙能电力（600023）　华能水电（600025）
中国石化（600028）　南方航空（600029）　中信证券（600030）
三一重工（600031）　招商银行（600036）　中直股份（600038）
保利地产（600048）　中国联通（600050）　海信电器（600060）
国投资本（600061）　宇通客车（600066）　葛洲坝　　（600068）
人福医药（600079）　同仁堂　　（600085）　特变电工（600089）
上汽集团（600104）　国金证券（600109）　北方稀土（600111）
东方航空（600115）　中国卫星（600118）　建发股份（600153）
中体产业（600158）　中国巨石（600176）　雅戈尔　　（600177）
复星医药（600196）　新湖中宝（600208）　北京城建（600266）
航天信息（600271）　恒瑞医药（600276）　西水股份（600291）
广汇汽车（600297）　安琪酵母（600298）　万华化学（600309）
白云山　　（600332）　华夏幸福（600340）　浙江龙盛（600352）
江西铜业（600362）　中文传媒（600373）　金地集团（600383）
海澜之家（600398）　国电南瑞（600406）　北方导航（600435）
片仔癀　　（600436）　通威股份（600438）　蓝光发展（600466）
中国动力（600482）　中金黄金（600489）　驰宏锌锗（600497）
方大炭素（600516）　康美药业（600518）　贵州茅台（600519）
中天科技（600522）　中铁工业（600528）　天士力　　（600535）

山东黄金（600547）厦门钨业（600549）恒生电子（600570）
海螺水泥（600585）用友网络（600588）北大荒　　（600598）
青岛啤酒（600600）绿地控股（600606）东方明珠（600637）
爱建集团（600643）福耀玻璃（600660）上海石化（600688）
青岛海尔（600690）均胜电子（600699）三安光电（600703）
中航资本（600705）中粮糖业（600737）华域汽车（600741）
中航沈飞（600760）国电电力（600795）鹏博士　　（600804）
山西汾酒（600809）安信信托（600816）海通证券（600837）
通化东宝（600867）杉杉股份（600884）国投电力（600886）
伊利股份（600887）航发动力（600893）长江电力（600900）
江苏租赁（600901）华安证券（600909）江苏银行（600919）
杭州银行（600926）东方证券（600958）中国电影（600977）
招商证券（600999）大秦铁路（601006）南京银行（601009）
隆基股份（601012）中信建投（601066）中国神华（601088）
太平洋　　（601099）财通证券（601108）中国国航（601111）
中国化学（601117）工业富联（601138）新城控股（601155）
兴业银行（601166）北京银行（601169）中国铁建（601186）
东兴证券（601198）国泰君安（601211）陕西煤业（601225）
广州港　　（601228）上海银行（601229）桐昆股份（601233）
广汽集团（601238）农业银行（601288）中国平安（601318）
交通银行（601328）新华保险（601336）三六零　　（601360）
中原证券（601375）兴业证券（601377）中国中铁（601390）
工商银行（601398）东吴证券（601555）中国铝业（601600）
中国太保（601601）上海医药（601607）中国中冶（601618）
中国人寿（601628）长城汽车（601633）中国建筑（601668）
中国电建（601669）华泰证券（601688）潞安环能（601699）
上海电气（601727）中国中车（601766）光大证券（601788）
中国交建（601800）光大银行（601818）美凯龙　　（601828）
成都银行（601838）中国石油（601857）正泰电器（601877）
浙商证券（601878）中国银河（601881）中国国旅（601888）
紫金矿业（601899）方正证券（601901）中远海控（601919）
永辉超市（601933）建设银行（601939）中国核电（601985）
中国银行（601988）中国重工（601989）南京证券（601990）
金隅集团（601992）贵阳银行（601997）中信银行（601998）
中科曙光（603019）养元饮品（603156）汇顶科技（603160）
药明康德（603259）合盛硅业（603260）海天味业（603288）
科沃斯　　（603486）口子窖　　（603589）璞泰来　　（603659）
华友钴业（603799）步长制药（603858）洛阳钼业（603993）

四、上证指数走势

"上证指数"全称为"上海证券交易所综合股价指数",是国内外普遍采用的反映上海股市总体走势的统计指标。上证指数K线图如图4-5所示。上证指数以1990年12月19日为基日,以该日所有股票的市价总值为基期,基期指数定为100点。自1991年7月15日起正式发布。综合指数是以全部股票报告期的股本数作为权数加权计算的。

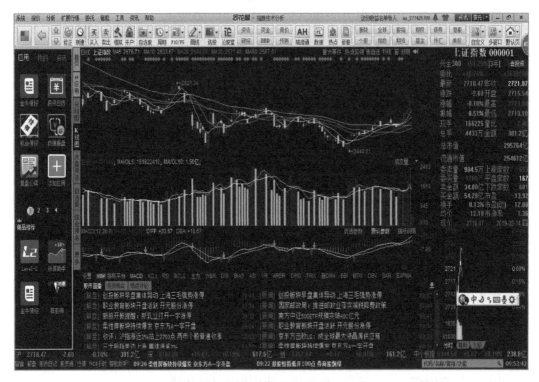

图4-5 上证指数K线图

随着上海股票市场的不断发展,于1992年2月21日增设上证A股指数与上证B股指数,以反映不同股票(A股、B股)的各自走势。1993年6月1日,又增设了上证分类指数,即工业类指数、商业类指数、地产业类指数、公用事业类指数、综合业类指数,以反映不同行业股票的各自走势。目前,上证指数已发展成为包括综合股价指数、A股指数、B股指数、分类指数在内的股价指数系列。

五、深证100走势

深证100指数成分股由在深交所上市的100只A股组成,其指数的编制借鉴了国际惯例,吸取了深证成分股指数的编制经验,成分股选取主要考察A股上市公司流通市值和成交金额份额两项重要指标。深证100指数以2002年12月31日为基准日,基日指数定为1000点,从2003年第一个交易日开始编制和发布。其成分股一览表(部分)如图4-6所示,也可登录http://index.cninfo.com.cn等相关网站进行浏览。根据市场动态跟踪和成分股稳定性的原则,深证100指数每半年调整一次成分股。

第四章　行情分析方法与操作

图 4-6　深证 100 指数成分股一览表（部分）

六、深证综指走势

深证综合指数简称深证综指，指的是深交所编制的，以深交所挂牌上市的全部股票为计算范围，以发行量为权数的加权综合股价指数。深证综指由深交所从 1991 年 4 月 3 日开始编制并公开发表，该指数规定 1991 年 4 月 3 日为基期，基期指数为 100 点。深证综指 K 线图如图 4-7 所示。

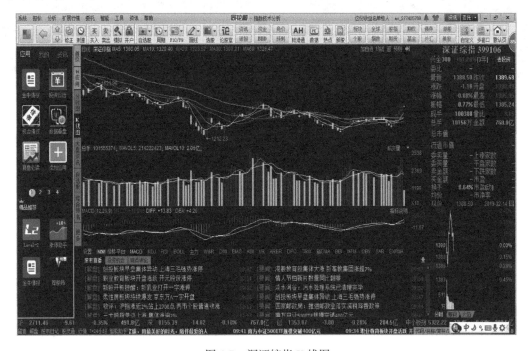

图 4-7　深证综指 K 线图

七、中小企业板走势

中小企业板（简称中小板）市场汇聚了中国众多优秀、具有活力的中小企业，这一板块已经发展成为中国多层次资本市场体系中特色鲜明、不可替代的独立组成部分。中小板指数（简称中小板指）作为中小板市场的核心指数，兼具价值尺度与投资标的功能。通过指数化投资有利于分散中小板上市公司的非系统性风险，帮助投资者分享板块市场的高成长性和高收益性。中小板指 K 线图如图 4-8 所示。

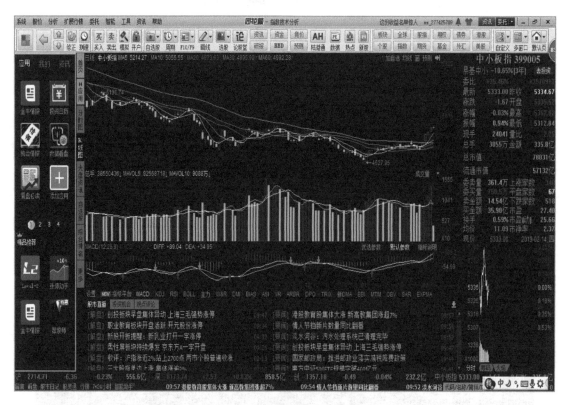

图 4-8　中小板指 K 线图

为反映深圳市场不同规模特征股票的整体表现，向市场提供更丰富的分析工具和业绩基准，深证中小创新指数选取深证 1000 指数样本股中，剔除深证成指样本股之后的 500 只股票构成指数样本，是刻画深圳市场中小创新企业运行特点的良好标尺。当深证成指、深证 1000 指数调整样本股时，中小创新指数随之进行相应的样本调整。中小创新指数 K 线图如图 4-9 所示。

八、创业板走势

创业板指数（简称创业板指）是深交所多层次资本市场的核心指数之一，由最具代表性的 100 家创业板上市企业股票组成，反映创业板市场层次的运行情况。创业板指数中，新兴产业、高新技术企业占比高，成长性突出，兼具价值尺度与投资标的的功能。创业板指 K 线图如图 4-10 所示。

第四章 行情分析方法与操作

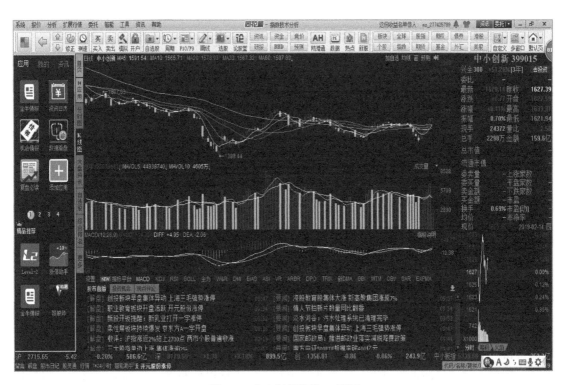

图 4-9 中小创新指数 K 线图

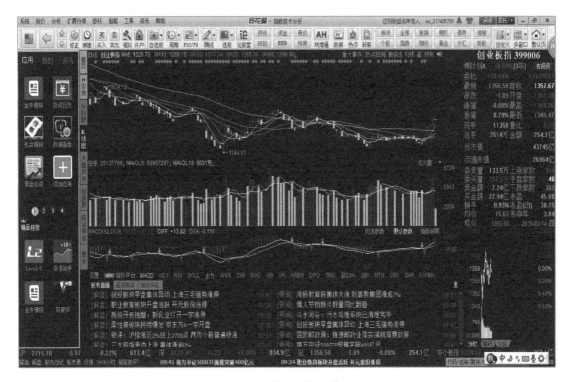

图 4-10 创业板指 K 线图

第三节　证券行情分类报价

一、报价内容

报价分析是行情提示的一种常用方式，内容大致如下：

（1）证券（股票）代码。证券（股票）代码是指证券（股票）交易中用来代表上市交易证券（股票）名称的数码。

（2）证券（股票）简称。证券（股票）简称是指在证券市场中用来代表证券（股票）的简明称号，一般由三或四个中文字组成。

（3）价位。价位是指买卖价格的升降单位。价位的高低随股票的每股市价的不同而异。

（4）开盘。开盘即开盘价，每个交易日开市后，每只证券的第一笔成交价为该证券的开盘价。

（5）收盘。收盘即收盘价，通常是指某种证券在证券交易所每个交易日里的最后一笔买卖成交价格。当日无成交的，以前一交易日收盘价为该交易日的收盘价。

（6）最高价。最高价是指某种证券在每个交易日从开市到收市的交易过程中所产生的最高价格。如果当日该种证券成交价格没有发生变化，最高价就是即时价；若当日该种证券停牌，则最高价就是前市收盘价。如果证券市场实施了涨停板制度或涨幅限制制度，则最高价不得超过前市收盘价×（1＋最大允许涨幅比率）。

（7）最低价。最低价是指某种证券在每个交易日从开市到收市的交易过程中所产生的最低价格。如果当日该种证券成交价格没有发生变化，最低价就是即时价；若当日该种证券停牌，则最低价就是前市收盘价。如果证券市场实施了跌停板制度或跌幅限制制度，则最低价不得超过前市收盘价×（1－最大允许跌幅比率）。

（8）成交。成交即成交价，是指某种证券在交易日从开市到收市的交易过程中即时产生的成交价格，成交价的行情揭示不停变动。直到当日该种证券收盘后，成交价格也就是收盘价。成交价是股票的成交价格，它是按如下原则确立的：

1）最高的买入申报与最低的卖出申报相同。

2）在连续竞价状态，高于卖出价位的买入申报以卖出价成交。

3）低于买入价的卖出申报以买入价位成交。

（9）成交量。成交量是指股票成交的数量。其中总手为到目前为止此股票成交的总数量，现手为刚刚成交的那一笔股票数量。单位为股或手。

（10）成交金额。成交金额是指已成交证券（股票）的价值，是用货币表示的成交量，单位为元或万元。

（11）涨跌。当日股票最新价与前一日收盘价格（或前一日收盘指数）相比的百分比幅度，正值为涨，负值为跌，否则为持平。目前，我国证券市场实行涨、跌停板制度，其中涨停板是指股价在一天中相对前一日收盘价的最大涨幅，不能超过此限。我国现规定涨停升幅（ST类股票除外）为10%。跌停板是指股价在一天中相对前一日收盘价的最大跌幅，不能超过此限。我国现规定跌停降幅（ST类股票除外）为10%。

（12）幅度。幅度是指股票最新价相对前一交易日收盘价的升降程度。

（13）委买手数。委买手数是指买一、买二、买三、买四、买五所有委托买入手数相加的总和。

（14）委卖手数。委卖手数是指卖一、卖二、卖三、卖四、买五所有委托卖出手数相加的总和。

（15）成交笔数。成交笔数即成交次数。成交笔数分析是依据成交笔数的多少，了解人气的聚集与疏散，进而研判股价因人气的强、弱势变化所产生的可能走势。

二、分类报价的使用

分类报价即按不同类别分别显示上证 A 股、上证 B 股、深证 A 股、深证 B 股、上证债券、深证债券、中小盘股、开放式基金的报价情况。图 4-11 所示为上证 A 股部分报价。

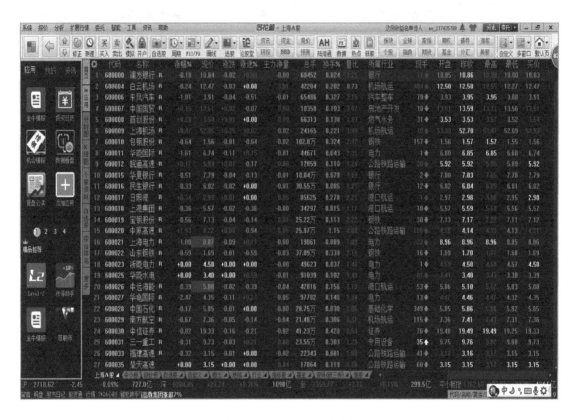

图 4-11　上证 A 股部分报价

第四节　个　股　分　析

一、个股分析的基本操作

在图 4-12 右下方空白文本框处输入股票代码或股票名称的拼音简称或股票名称的中文汉字按〈Enter〉键。以浦发银行（600000）为例，其分时走势图如图 4-12 所示。

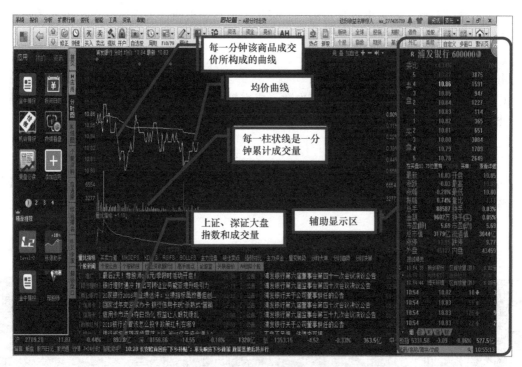

图 4-12　浦发银行分时走势图

二、辅助显示区的功能说明

图 4-12 的右侧为辅助显示区。

在这个区域显示股票名称及代码、卖盘、买盘、最新（价）、开盘（价）、涨跌、最高（价）、涨（跌）幅、最低（价）、振幅、量比、总手、换手等信息。

1. 委比

委比是用以衡量一段时间内买卖盘相对强度的指标。其计算公式为

$$委比 = \frac{委买手数 - 委卖手数}{委买手数 + 委卖手数} \times 100\%$$

其中，委买手数是指现在所有个股委托买入下五档的总数量，委卖手数是指现在所有个股委托卖出上五档的总数量。

委比值变化范围为 +100% 至 -100%。当委比值为正值并且委比数大，说明市场买盘强劲；当委比值为负值并且负值绝对值大，说明市场抛盘较强。委比从 -100% 至 +100%，说明买盘逐渐增强，卖盘逐渐减弱；相反，从 +100% 至 -100%，说明买盘逐渐减弱，卖盘逐渐增强。

2. 成交价与成交量

在成交价与成交量的分析中，以下概念是进行分析的基本要素：

（1）均价：从开始到当前全部交易的平均成交价。

（2）涨跌：如果当前价 - 昨收盘价大于 0，则以红色表示；如果小于 0，则以绿色表示。

(3) 幅度：(当前价 – 昨收盘价) /昨收盘价。

(4) 开盘：当天的开盘价，一般通过集合竞价产生。

(5) 总手：从开市到当前的总成交量，以手为单位，一手等于100股。

(6) 量比：是衡量相对成交量的指标。它是开市后每分钟的平均成交量与过去5个交易日每分钟平均成交量之比。其计算公式为

$$量比 = \frac{现成交总手}{过去5个交易日平均每分钟成交量 \times 当日累计开市时间(分钟)}$$

当量比大于1时，说明当日每分钟的平均成交量大于过去5日的平均数值，交易比过去5日火爆；当量比小于1时，说明现在的成交比不上过去5日的平均水平。

3. 外盘与内盘

委托以卖方成交的纳入外盘，委托以买方成交的纳入内盘。外盘和内盘相加为成交量。

分析时，由于卖方成交的委托纳入外盘，如外盘很大，则意味着多数卖出价位都有人来接，显示买势强劲；而以买方成交的纳入内盘，如内盘过大，则意味着大多数的买入价都有人愿意卖，显示卖方力量较大。如内盘和外盘大体相近，则买卖力量相当。以"用友网络"股票为例，行情揭示如下：

委买价（元/股）　　委托数量（手）　　委卖价（元/股）　　委托数量（手）
25.0　　　　　　　727　　　　　　　25.17　　　　　　　562

由于买入委托价和卖出委托价此时无法撮合成交，"用友软件"此刻在等待成交，买与卖处于僵持状态。这时，如果场内买盘较积极，突然报出一个买入价25.17元/股的单子，则股票会在25.17元/股的价位成交，这笔成交被划入外盘。或者，这时如果场内抛盘较重，股价下跌至25.10元/股，突然报出一个卖出价25.07元/股的单子，则股票会在25.07元/股的价位成交，这笔以买成交的单子被划入内盘。

小资料

证券投资的经验之谈

一、"小散"的典型心态

"小散"的典型心态如图4-13所示。

二、如何避免"一买就跌"

(1) 避免购入前期涨幅过大的品种。要打开K线观察股票的走势从什么价格起步，经历多长时间了。做股票需要有大局观，不要把眼光局限于某一区间。

(2) 不要追涨短期涨幅过快的股票。股票价格脱离5日均线，高高在上，在均线和价格之间形成很大的空间，短线不要买，一买就将面临短线回调。

(3) 股票开始走下降通道，在达到一定跌幅之后，在某一价格区间开始盘整。很多股票在上涨之前，主力往往会来一次能量宣泄，短时间内急速暴跌，杀出最后一次浮动筹码。所以这样的股票也不要碰。

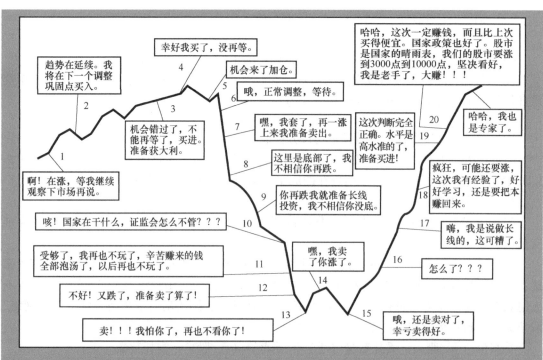

图 4-13 "小散"的典型心态

三、如何避免"一卖就涨"

（1）股票长期连续下跌，成交量开始出现持续放大的迹象，不要轻易抛出，反弹行情在酝酿之中，随时都可能爆发。

（2）股票走势稳健，量价配合适度，不要想当然认为股票涨不动了，此时应该耐心持股，让利润充分增长。

（3）股票处于上涨通道之中，在相对高位出现横盘整理态势，往往是技术性的休整，之后会上涨。

（4）股票短期内跌幅凶悍，此时虽然形势很恶劣，但技术上随时会出现反弹。不要低位杀跌。

（5）股票长期下跌，近期再度出现暴跌，此时不必害怕，这是股票上涨的前兆，不要抛出。

（6）大盘暴跌，所有股票都出现非理性大幅下跌，此时不要急于抛出股票，更不能非理性恐慌抛出所有股票。

四、操作中的忌讳与技巧

（1）操作股票切忌不分春夏秋冬、阴晴圆缺，天天进场。

（2）挑选自己熟悉的股票进行操作，不要见一个爱一个。

（3）股票无绩优绩差股之分，只有强势弱势股之分。决定要理性，进出股票切忌冲动。

（4）要保持独立思考，不可盲从。真理不一定站在多数人一边。大家都知道的利空，就不再是利空。

(5) 买卖股票的五项要诀是：忍、等、稳、准、狠。切忌频繁换股，犹豫不定时勿采取行动。

(6) 不要把精挑细选的股票在开始上涨时就轻易卖出。

(7) 见好就收。股市就像流水席一样，任你吃喝，来者不拒。但天下没有不散的筵席，刹那间大门关上，被逮住的人就要把前面吃喝的人所欠的账全部还清。

(8) 暴跌是大赚的开始，大涨是大赔的开始。

(9) 不要相信多头市场末期的好消息，不要相信空头市场末期的坏消息。

(10) 天价不买，地价不卖。不要企图满利。抓到最高价和最低价的中间一段就已经很好了。

五、股票买入的有效原则

(1) 趋势原则。买入股票之前，首先应对大盘有个明确的判断。

(2) 分批原则。在没有十足把握的情况下，投资者可分批买入和分散买入。

(3) 底部原则。中长线买入股票的最佳时机应在底部区域或股价刚突破底部上涨的初期。

(4) 风险原则。充分考虑要买入的股票是上升空间大还是下跌空间大、上档的阻力位与下档的支撑位在哪里、买进的理由是什么，买入后假如不涨反跌怎么办。

(5) 强势原则。"强者恒强，弱者恒弱"，这是股票投资市场的一条重要规律。

(6) 题材原则。要想在股市中特别是较短时间内获得更多的收益，关注市场题材的炒作和题材的转换是非常重要的。

(7) 止损是短线操作的法宝。在买入股票时就应设立好止损位并坚决执行。短线止损位在5%左右，中长线投资的止损位可设在10%左右。

六、如何捕捉强势股

在9：30开市前提前观察大盘。通过集合竞价开盘时，提前几分钟时间浏览大盘和个股。具体方法如下：

(1) 在开盘前，将通过各种渠道得来的可能涨的个股设置为自选股，进行严密监视。

(2) 在开盘价出来后，判断大盘当日的走势，如果没问题，就可以选个股了。

(3) 快速浏览个股，从中选出首笔量大、量比大（越大越好）的个股，并记下代码。

(4) 快速看这些个股的日（周）K线等技术指标，做出评价，再复选技术上支持上涨的个股。

(5) 开盘成交时，紧盯以上有潜力的个股，如果成交量连续放大，量比也大，观察卖一、卖二、卖三挂出的单子都是三四位数的大单。

(6) 如果该股连续大单上攻，应立即打入比卖三的价格更高的价买进（有优先买入权，且通常以比自己出的价格低的价格成交）。

(7) 通常股价开盘上冲10多分钟后都有回档的时候，此时看准个股买入，能弥补刚开盘时踏空的损失。

(8) 如果经验不足，那么在开盘30分钟后，综合各种因素，买入具备以上条件的个股更安全。

第五章

基本分析方法与应用

本章指引：

在按照第三章的内容进行实际训练的基础上，我们已经开始了网上证券分析，但仅限于此是远远不够的。证券投资分析是证券投资活动中的重要内容，是证券投资成败的关键环节。在实际进行投资分析时，要将证券投资的基本分析方法和技术分析方法有机地结合起来，才能提高分析的准确性。

第一节　基本分析概述

一、基本分析的概念及意义

1. 基本分析的概念

基本分析又称基本面分析，是指证券投资分析人员根据经济学、金融学、财务管理学及投资学的基本原理，通过对决定证券投资价值及价格的基本要素，如宏观经济指标、经济政策走势、行业发展状况、区域发展状况、板块发展状况、公司竞争能力和财务状况等的分析，评估证券的投资价值，判断证券的合理价位，并提出相应投资建议的一种分析方法。

2. 基本分析的意义

（1）提高决策的科学性，减少投资的盲目性。每一种证券的风险性、收益性、流动性和时间性是不同的。投资者因其资金拥有量及其他条件不同而对投资对象的风险容忍度、投资收益率和投资持有周期的态度不同，在投资时就要选择在风险性、收益性、流动性和时间性等方面同自己的要求相一致的合适的投资对象。因此就需要采用各种专业的分析方法和手段进行投资决策分析，提高投资决策的科学性，减少投资的盲目性。

（2）降低投资风险，提高投资效益。投资净效用（投资收益的正效用和投资收益的负效用之和）的最大化是证券投资的目标。预期投资收益越大，投资风险越大。预期投资收益越小，投资风险越小。每一种证券都有自己的风险与收益特性及其不同的影响因素，应用证券投资分析方法能够对影响收益和风险的诸因素进行客观、全面和系统的分析，按规律运作，就能保证在降低风险的同时取得较高的投资收益率。

二、基本分析的信息来源和主要内容

1. 基本分析的信息来源

（1）历史信息资料。历史信息资料是指过去通过各种渠道取得的现在能够影响证券市场或对证券投资分析有借鉴意义的信息资料。历史信息资料包括宏观信息、行业信息、区域信息和公司信息。

（2）媒体信息资料。媒体信息资料是指通过各种书籍、报纸、杂志、其他公开出版物，以及电视、广播、互联网等媒体获得的公开发布的信息资料。因媒体资料内容繁多，数量庞大，直接使用多有不便，所以某些商业机构组织专门人员对此资料进行收集、整理、分析并撰写研究报告对外提供有偿服务。

（3）实地访查资料。实地访查资料是指证券投资分析人员直接到有关的上市公司、交易所、政府部门等机构实地了解和掌握对证券投资分析有用的信息资料。这类信息资料具有针对性强、真实性高、成本高、耗时长等特点。

（4）交易信息资料。交易信息资料是指在证券市场交易过程中产生的各种信息资料。这类信息资料主要来源于证券主管机构、证券交易所以及券商。交易信息资料主要有股票价格指数、市盈率、成交量等市场指标和证券交易所提供的资料和发布的信息，以及券商公布的资料和提供的信息等。

（5）上市公司信息资料。上市公司信息资料是指有关上市公司概况、组织系统、资本结构、负债情况、经营状况、财务状况、公司收购与合并、新股发售、股票拆细等内容的信息资料。这类信息资料主要来源于上市公司的招股说明书、公司章程、上市公告书、定期报告等。上市公司信息是影响股价变动的最直接的信息。

（6）宏观经济信息资料。宏观经济信息资料是指有关国家货币政策、财政收支状况、税收政策、经济发展阶段的改革方向，金融市场上信贷规模政策引起的银行利率、汇率的变动，以及通货膨胀的水平等信息资料。这类信息资料主要来源于报纸杂志、书籍、电视、电台等大众传播媒介，对证券市场有着较为直接的影响。

2. 基本分析的主要内容

（1）宏观分析。宏观分析主要是研究经济指标和经济政策对证券价格的影响。经济指标包括先行性指标、同步性指标和滞后性指标。经济政策主要有货币政策、财政政策和汇率政策等。

（2）中观分析。中观分析即介于宏观经济分析与公司分析之间的证券投资分析，主要包括行业分析、区域分析和板块分析。行业分析主要是分析产业属于什么样的市场类型、处于什么样的生命周期以及具有什么样的经营业绩，它们分别对证券价格的影响是什么。区域分析主要是分析区域经济因素对证券价格的影响。板块分析主要是分析板块因素对证券价格的影响。

（3）公司分析。公司分析是基本分析的最终归结点，因为无论什么样的分析报告最终都要落实到某个具体公司的证券价格走势上来。公司分析的重点主要有公司的法人治理结构、竞争能力、盈利能力、经营管理能力、财务状况、经营业绩、发展潜力，以及潜在的风险等对证券的影响。

三、基本分析的方法

1. 总量分析法

总量分析法是指对宏观经济运行总量指标的影响因素及其变动规律进行分析，进而说明整个经济状态和全貌的一种分析方法。总量指标包括个量的总和及平均量或比例量两类，如国民生产总值、总投资额、总消费额和物价水平等指标。总量分析法侧重于对总量指标速度的考察，即侧重于经济运行的动态过程分析。

2. 结构分析法

结构分析法是指对经济系统中各组成部分及其对比关系的变动规律进行分析的一种方法。例如国民生产总值中的产业结构分析、消费和投资结构分析、影响经济增长的各因素结构分析等。结构分析法侧重于对一定时期内经济系统中各组成部分变动规律的研究，即侧重于经济现象相对静止状态的分析。

第二节 宏观分析

一、宏观分析的基本变量

1. GDP 与经济增长率

国内生产总值（GDP）是指一定时期内（一般按年统计）在一国国内新创造的产品和劳务的价值总额。经济增长率也称经济增长速度，它是反映一定时期经济发展水平变化程度的动态指标，也是反映一个国家经济是否具有活力的基本指标。

2. 货币供应量

货币供应量是指单位和居民个人在银行的各项存款和手持现金之和。其变化反映着中央银行货币政策的变化对企业生产经营、金融市场，尤其是证券市场的运行和居民个人的投资行为有重大影响。

3. 失业率

失业率是指劳动力中失业人数所占的百分比。劳动力是指年龄在 16 岁以上具有劳动能力的人的全体。

4. 通货膨胀率

通货膨胀是指用某种价格指数衡量的一般价格水平的持续上涨。通货膨胀率是指物价指数总水平与国民生产总值实际增长率之差。即

$$通货膨胀率 = 物价指数总水平 - 国民生产总值实际增长率$$

5. 利率

利率或称利息率，是指在借贷期内所形成的利息额与所贷资金额的比率。利率直接反映的是信用关系中债务人使用资金的代价，也是债权人出让资金使用权的报酬。

6. 汇率

汇率是外汇市场上一国货币与他国货币相互交换的比率。

7. 财政收支

财政收支包括财政收入和财政支出两个方面。财政收入是国家为了保证实现政府职能的

需要，通过税收等渠道集中的公共性资金收入；财政支出则是为满足政府执行职能需要而使用的财政资金。核算财政收支总额是为了进行财政收支状况的对比。收大于支是盈余，收不抵支就会形成赤字。

8. 国际收支

国际收支一般是一国居民在一定时期内与非居民在政治、经济、军事、文化及其他往来中所产生的全部交易的系统记录。这里的"居民"是指在国内居住一年以上的自然人和法人。

9. 固定资产投资规模

固定资产投资规模是指一定时期在国民经济各部门、各行业固定资产再生产中投入资金的数量。

二、经济运行对证券市场的影响

1. 宏观经济对证券市场的影响

（1）公司的经营效益。无论是从长远看还是短期看，宏观经济环境都是影响公司生存、发展的最基本因素。公司的经营效益会随着宏观经济运行周期、市场环境、宏观经济政策、利率水平和物价水平等宏观经济因素而变动。例如，当公司经营随宏观经济的趋好而改善时，盈利水平会提高，其股价自然上涨；当政府采取强有力的宏观调控政策，紧缩银根时，公司的投资和经营就会受到影响，盈利下降，证券市场也会遭受重创。

（2）居民的收入水平。在经济周期处于上升阶段或在提高居民收入政策的情况下，居民的收入水平提高，将不仅促进消费，改善企业的经营环境，而且直接增加证券市场的需求，促使证券价格上涨。

（3）投资心理预期。投资者对股价的预期，也就是投资者的信心，即"人气指标"，是宏观经济影响证券市场走势的重要途径。当宏观经济趋好时，投资者预期公司效益和自身的收入水平会上升，证券市场自然人气旺盛，从而推动证券价格上扬。

（4）资金成本变化。当国家经济政策发生变化时，如采取调整利率水平、实施消费信贷政策、征收利息税等政策，居民、单位的资金持有成本随之变化，促使资金流向改变，影响证券市场的需求，从而影响证券市场的走向。

2. GDP 对证券市场的影响

在 GDP 持续、稳定、高速增长的情况下，社会总需求与总供给协调增长，经济结构逐步合理，趋于平衡，经济增长来源于需求刺激并使得闲置的或利用率不高的资源得以更充分的利用，从而表明经济发展的势头良好，这时证券市场将基于下述原因而呈现上升走势：①伴随总体经济成长，上市公司利润持续上升，股息和红利不断增长，企业经营环境不断改善，产销两旺，投资风险也越来越小，从而公司的股票和债券全面得到升值，促使价格上扬。②人们对经济形势形成了良好的预期，投资积极性得以提高，从而增加了对证券的需求，促使证券价格上涨。③随着 GDP 的持续增长，国民收入和个人收入都不断得到提高，收入增加也将增加证券投资的需求，从而证券价格上涨。

当 GDP 高速增长，总需求大大超过总供给时，将导致高通货膨胀。这无疑是经济形势恶化的征兆，如不采取调控措施，必将导致未来的"滞胀"。相应地，经济中的矛盾会突出地表现出来，企业经营将面临困境，居民实际收入也将降低，因而失衡的经济增长必将导致证券价格下跌。

当GDP呈失衡的高速增长时，政府可能采用宏观调控措施以维持经济的稳定增长，这样必然减缓GDP的增长速度。如果调控目标得以顺利实现，GDP仍以适当的速度增长而未导致GDP的负增长或低增长，则说明宏观调控措施十分有效，经济矛盾逐步得以缓解，为进一步增长创造了有利条件。这时证券市场亦将反映这种好的形势而呈平稳渐升的态势。

如果GDP一定时期以来呈负增长，当负增长速度逐渐减缓并呈现向正增长转变的趋势时，表明恶化的经济环境逐步得到改善，证券市场走势也将由下跌转为上升。当GDP由低速增长转向高速增长时，表明低速增长中经济结构得到调整，经济的"瓶颈"制约得以改善，新一轮经济高速增长已经来临，证券价格也将随之表现出明显的上涨之势。

3. 经济周期对证券市场的影响

经济周期包括衰退、危机、复苏和繁荣四个阶段。一般说来，在经济衰退时期，股票价格会逐渐下跌；到危机时期，股价跌至最低点；而经济复苏开始时，股价又会逐步上升；到繁荣时，股价则上涨至最高点。

这种变动的具体原因是，当经济开始衰退之后，企业的产品滞销，利润相应减少，促使企业减少产量，从而导致股息、红利也随之不断减少，持股的股东因股票收益不佳而纷纷抛售，使股票价格下跌。当经济从衰退阶段转向危机阶段时，整个经济生活处于非常低迷的状态，大量的企业倒闭，股票持有者由于对形势持悲观态度而纷纷卖出手中的股票，从而使整个股市价格趋跌，市场处于萧条和混乱之中。经济周期经过低谷之后出现缓慢复苏的势头，企业开始出现转机，股东慢慢觉得持股有利可图，于是纷纷购买，使股价缓缓回升。当经济由复苏达到繁荣阶段时，企业的产品生产能力与产量大增，产品销售状况良好，企业开始大量盈利，股息、红利相应增多，股票价格上涨至最高点。

经济周期对股价变动具有影响，但两者的变动周期并不完全同步。通常的情况是，不管在经济周期的哪一阶段，股价变动总是比实际的经济周期变动要领先一步。即在衰退以前，股价已开始下跌，而在复苏之前，股价已经回升；经济周期未步入高峰阶段时，股价已经见顶；经济仍处于衰退期间，股市已开始从谷底回升。这是因为股市股价的涨落包含着投资者对经济走势变动的预期和投资者的心理反应等因素。

三、两大政策对证券市场的影响

1. 货币政策对证券市场的影响

所谓货币政策，是指政府为实现一定的宏观经济目标所制定的关于货币供应和货币流通组织管理的基本方针和基本准则。

货币政策的运作主要是指中央银行根据客观经济形势采取适当的政策措施调控货币供应量和信用规模，使之达到预定的货币政策目标，并以此影响整体经济的运行。通常，将货币政策的运作分为紧的货币政策和松的货币政策。总的来说，在经济衰退时，总需求不足，采取松的货币政策；在经济扩张时，总需求过大，采取紧的货币政策。但这只是一个方面的问题，政府必须根据现实情况对松紧程度做科学合理的把握，还必须根据政策工具本身的利弊及实施条件和效果选择适当的政策工具。

中央银行的货币政策对证券市场的影响主要表现为：

（1）中央银行通过调整基准利率对证券价格产生影响。一般来说，利率下降时，股票价格会上升，而利率上升时，股票价格会下降。利率对股票价格的影响一般比较明显，市场反应也比较迅速。因此要把握住股票价格的走势，首先要对利率的变化趋势进行全面掌握。有必要指出的是，利率政策本身是中央银行货币政策的一个组成内容，但利率的变动同时也受到其他货币政策因素的影响。如果货币供应量增加、中央银行贴现率降低、中央银行所要求的银行存款准备金比率下降，就表明中央银行在放松银根，利率将呈下降趋势；反之，则表示利率总的趋势在上升。

（2）中央银行的公开市场业务对证券价格产生影响。当政府倾向于实施较为宽松的货币政策时，中央银行就会大量购进有价证券，从而使市场上货币供给量增加。这会推动利率下调，资金成本降低，从而企业和个人的投资和消费热情高涨，生产扩张，利润增加，这又会推动股票价格上涨；反之，股票价格将下跌。我们之所以特别强调公开市场业务对证券市场的影响，还在于中央银行的公开市场业务的运作是直接以国债为操作对象，从而直接关系到国债市场的供求变动，影响到国债行市的波动。

2. 财政政策对证券市场的影响

财政政策是指政府变动税收和支出以便影响总需求进而影响就业和国民收入的政策。它是国家干预经济的主要政策之一，为促进就业水平提高，减轻经济波动，防止通货膨胀，实现稳定增长而对政府支出、税收和借债水平所进行的选择，或对政府收入和支出水平所做的决策。

财政政策可以分为：①扩张性财政政策。这种政策通过财政分配活动来增加和刺激社会总需求，主要措施有：减少国债、降低税率、提高政府购买和转移支付。②紧缩性财政政策。这种政策通过财政分配活动来减少和抑制总需求，主要措施有：增加国债、提高税率、减少政府购买和转移支付。

不同的财政政策对证券市场有不同的影响：

（1）减少税收。降低税率、扩大减免税范围、扩大财政支出、增加财政补贴可以增加上市公司的收入，降低经营风险，直接引起证券市场价格上涨；另外，也可以增加居民收入，拉动社会总需求，从而促进证券市场价格上涨。

（2）增加税收。提高税率、缩小减免税范围、减少财政支出和财政补贴将会降低上市公司的收入，增加经营风险，直接引起证券市场价格下降；另外，也会减少居民收入，抑制社会总需求，不利于证券市场价格上涨。

第三节　中　观　分　析

一、沪市和深市上市公司行业划分概述

1. 行业划分

（1）道琼斯分类法。道琼斯分类法将上市股票分为三类：

1）工业：采掘业、制造业、商业（30家公司）。

2）运输业：航空、铁路、汽车运输（20家公司）。

3）公用事业：电话公司、煤气公司、电力公司（6家公司）。

（2）国际标准行业分类。根据联合国经济和社会事务部《全部经济活动国际标准行业分

类》(简称《国际标准行业分类》)的建议,各国把国民经济划分为10个门类,每个门类再划分大类、中类、小类。各类目都进行编码:第一位字母表示该小类所属门类;第一位和第二位数字合起来表示所属大类;接下来的三位数字表示所属中类;最后四位数字表示某小类本身。

(3) 我国的行业分类。在我国,国民经济的行业分类以三大产业进行划分。

第一产业:农业,包括林业、牧业、渔业等。

第二产业:工业,包括采矿业,制造业,电力、热力、燃气及水生产和供应业,建筑业等。

第三产业:第一、二产业以外的各行业,主要是服务性行业,包括交通运输邮电业、批发和零售业、住宿和餐饮业、旅游业、金融业、科技、教育等。

依据我国《上市公司行业分类指引》,借鉴联合国《国际标准行业分类》、北美行业分类体系有关内容,我国上市公司分为19个门类、90个大类。19个门类如下:

A 农、林、牧、渔业

B 采矿业

C 制造业

D 电力、热力、燃气及水的生产和供应业

E 建筑业

F 批发和零售业

G 交通运输、仓储和邮政业

H 住宿和餐饮业

I 信息传输、软件和信息技术服务业

J 金融业

K 房地产业

L 租赁和商务服务业

M 科学研究和技术服务业

N 水利、环境和公共设施管理业

O 居民服务、修理和其他服务业

P 教育

Q 卫生和社会工作业

R 文化、体育和娱乐业

S 综合

2. 行业分析的基本内容

(1) 结构分析。行业的经济结构随该行业中企业的数量、产品的性质、价格的制定和其他一些因素的变化而变化。根据经济结构的不同,行业基本上可以分为四种市场类型:完全竞争、不完全竞争、寡头垄断、完全垄断。

1) 完全竞争。完全竞争是指许多企业生产同质产品的市场情形。完全竞争是一个理论性很强的市场类型,其根本特点在于所有的企业都无法控制市场的价格和使产品差异化。在现实经济中完全竞争的市场类型是少见的,初级产品的市场类型较相似于完全竞争。

2) 不完全竞争。不完全竞争是指许多生产者生产同种但不同质产品的市场情形。由于产品差异性的存在,生产者可以树立自己产品的信誉,而对其产品的价格有一定的控制能力。在国民经济各产业中,制成品的市场一般都属于这种类型。

3）寡头垄断。寡头垄断是指相对少量的生产者在某种产品的生产中占据很大市场份额的情形。在这个市场上，通常存在着一个起领导作用的企业，其他企业随该企业定价与经营方式的变化而相应地进行某些调整。资本密集型、技术密集型产品，如钢铁、汽车等，以及少数储量集中的矿产品，如石油等的市场多属于这种类型。

4）完全垄断。完全垄断是指独家企业生产某种特质产品的情形。特质产品是指那些没有或缺少相近的替代品的产品。完全垄断分为两种类型：政府完全垄断，如国有铁路、邮电等部门；私人完全垄断，如根据政府授予的特许专营或根据专利生产的独家经营，以及由于资本雄厚、技术先进而建立的排他性的私人垄断经营。

（2）周期分析。通常，每个行业都要经历一个由成长到衰退的发展演变过程。这个过程便称为行业的生命周期。一般地，行业的生命周期可以分为四个阶段，即初创阶段、成长阶段、成熟阶段和衰退阶段。

1）初创阶段（幼稚期）。在这一阶段，由于创立投资和产品的研究、开发费用较高，而产品市场需求狭小，因此这些创业企业财务上普遍亏损。企业可能因财务困难而引发破产的危险。

2）成长阶段（成长期）。在成长阶段，新行业的产品经过广泛宣传和消费者的试用，逐渐以其自身的特点赢得了大众的欢迎或偏好，新行业也随之繁荣起来。在成长阶段，虽然行业仍在增长，但这时的增长具有可测性。成长阶段的行业的波动较小，此时投资者蒙受经营失败而导致投资损失的可能性大大降低，但由于此时行业内竞争日趋激烈，公司投资价值良莠不齐，不能认为所有朝阳行业内的公司都值得投资，只有那些资本实力和技术力量雄厚、市场份额不断扩大的优势企业才值得重点关注。

3）成熟阶段（成熟期）。行业的成熟阶段是一个相对较长的时期。在这一时期里，在竞争中生存下来的少数大厂商垄断了整个行业的市场。在行业成熟阶段，行业利润稳定但增长率不高，整体风险也会维持在一个较低的水平。由于丧失其资本的增长，行业的发展很难保持与国民生产总值同步增长。

4）衰退阶段。这一时期出现在较长的成熟阶段后。由于新产品和大量替代品的出现，原行业的市场需求开始逐渐减少，某些厂商开始向其他更有利可图的行业转移资金，因而原行业出现了厂商数量减少、利润下降的萧条景象。一般而言，投资者应避开衰退阶段的行业，然而从我国股票市场角度看，夕阳行业的上市公司中又往往有资产重组的可能，投资者可对这些上市公司谨慎关注。

二、沪市和深市上市公司区域划分

1. 区域格局

（1）传统的划分方法

1）东部。东部地区背靠大陆，面临海洋，地势平缓，有良好的农业生成条件，水产品、石油、铁矿、盐等资源丰富，这一地区由于开发历史悠久，地理位置优越，劳动者的文化素质较高，技术力量较强，工农业基础雄厚，在整个经济发展中发挥着龙头作用。

2）中部。中部地区位于内陆，北有高原，南有丘陵，众多平原分布其中，属粮食生产基地。能源和各种金属、非金属矿产资源丰富，占有全国80%的煤炭储量，重工业基础较好，地理上承东启西。

3）西部。西部地区幅员辽阔，地势较高，地形复杂，高原、盆地、沙漠、草原相间，大部分地区高寒、缺水，不利于农作物生长。因开发历史较晚，经济发展和技术管理水平与东、中部差距较大，但面积大，矿产资源丰富，具有很大的开发潜力。

（2）新的划分方法

1）东北综合经济区：包括辽宁、吉林、黑龙江三省。这一地区自然条件和资源结构相近，历史上相互联系比较紧密。目前，这一地区面临的共同问题多，如资源枯竭问题、产业结构升级换代问题等。东北综合经济区定位为重型装备和设备制造业基地、能源原材料制造业基地、全国性的专业化农产品生产基地。

2）北部沿海综合经济区：包括北京、天津、河北、山东二市两省。这一地区地理位置优越，交通便捷，科技教育文化事业发达，在对外开放中成绩显著。北部沿海综合经济区定位为最有实力的高新技术研发和制造中心之一。

3）东部沿海综合经济区：包括上海、江苏、浙江一市两省。这一地区现代化起步早，历史上对外经济联系密切，在改革开放的许多领域先行一步，人力资本丰富，发展优势明显。东部沿海综合经济区定位为最具影响力的多功能的制造业中心，是最具竞争力的经济区之一。

4）南部沿海经济区：包括福建、广东、海南三省。这一地区面临港、澳、台，境外社会资源丰富，对外开放程度高。南部沿海经济区定位为最重要的外向型经济发展的基地、消化国外先进技术的基地、高档耐用消费品和非耐用消费品生产基地、高新技术产品制造中心。

5）黄河中游综合经济区：包括陕西、山西、河南、内蒙古三省一区。这一地区自然资源尤其是煤炭和天然气资源丰富，地处内陆，战略地位重要，对外开放不足，结构调整任务艰巨。黄河中游综合经济区定位为最大的煤炭开采和煤炭深加工基地、天然气和水能开发基地、钢铁工业基地、有色金属工业基地、奶业基地。

6）长江中游综合经济区：包括湖北、湖南、江西、安徽四省。这一地区农业生产条件优良，人口稠密，对外开放程度低，产业转型压力大。长江中游综合经济区定位为以水稻和棉花为主的农业地区专业化生产基地及相关深加工工业生产基地、以钢铁和有色冶金为主的原材料基地、光电子信息产业基地（武汉"光谷"）和汽车生产基地。

7）大西南综合经济区：包括云南、贵州、四川、重庆、广西三省一市一区。这一地区地处偏远，土地贫瘠，贫困人口多，对南亚开放有着较好的条件。大西南综合经济区定位为以重庆为中心的重化工业和以成都为中心的轻纺工业两大组团、以旅游开发为龙头的"旅游业—服务业—旅游用品生产"基地。

8）大西北综合经济区：包括甘肃、青海、宁夏、西藏、新疆两省三区。这一地区自然条件恶劣，地广人稀，市场狭小，向西开放有着一定的条件。大西北综合经济区定位为重要的能源战略接替基地，最大的综合性优质棉、果、粮、畜产品深加工基地，向西开放的前沿阵地和中亚地区经济基地和特色旅游基地。

2. 区域分析内容

我国国内资金的流向一直有从北向南和从西向东的趋势，国内的大部分资金都集中在以上海为中心的东部和以深圳为中心的南部地区，如此明显的流向对证券市场当然有着重要的影响。以下重点分析上市公司的区域格局。

上海、深圳两家证券交易所的上市公司分布于东、中、西三大经济区的31个省、市、自治区，其中以上海、广东（含深圳）、四川和重庆、东北、江浙、北京等地的上市公司数量最多。我国上市公司的区域分布，呈现出"东多西少、南多北少、富多贫少、深沪多其他地区少"的特点，即上市公司的数量东部地区比西部地区多，南部地区比北部地区多，富裕地区比贫困地区多，深圳与上海两个城市比其他省、市、区多。上市公司较多地集中在深沪及东南部经济发达地区。

三、板块分析

1. 重组板块

资产重组作为我国证券市场一道最亮丽的风景线，已引起业内外人士的广泛关注，有重组题材的上市公司成为证券公司、公众投资者和其他上市公司密切注意的对象。资产重组实际上就是上市公司将其所拥有的资产（包括相关的产权、管理等要素）重新组合，从而实现股东权益最大化的行为。

2. 信息网络板块

信息网络产业包括计算机软硬件和各种网络通信设备制造业、电信及各类网络信息服务和传输业。当今世界，信息化浪潮正以不可遏制之势席卷全球，信息产业已经成为经济增长的发动机和推动器。随着知识经济的到来，一个国家经济发展或一个企业的壮大主要不是取决于劳动力的数量、自然资源的占有量和资产规模，而是取决于以信息高速路为通信手段，以高科技产业为主体的知识资源占有、配置与生产的良性循环状况。

3. 文化教育板块

我国国民当前对教育的潜在需求仍十分巨大。随着我国经济市场化改革的深入，全球经济竞争中知识经济的逼近，受教育程度与将来的收益程度相关，个人愿意在人力资本上投资，接受高等教育的年限与质量直接关系到其预期收入。教育是知识创造和传播的一个重要领域，其本身作为一门新兴产业的条件日益成熟。

4. 物联网板块

物联网把所有物品通过射频识别等信息传感设备与互联网连接起来，实现智能化识别和管理。物联网是继计算机、互联网与移动通信网之后的又一次信息产业浪潮。物联网用途广泛，可运用于城市公共安全、工业安全生产、环境监控、智能交通、智能家居、公共卫生、健康监测等多个领域。为物联网服务的上市公司组成的板块就是物联网板块。这些公司可能在物联网的发展中获取更大的收益，股票的价值将有所提升。

5. 低碳经济板块

发展低碳经济是一场涉及生产模式、生活方式、价值观念和国家权益的全球性革命。具有低碳概念的上市公司组成的板块就是低碳经济板块，具体包括与环保行业、节能行业、减排、清洁能源相关的上市公司。这些公司属于朝阳产业，发展潜力巨大，未来股票的价值将会上涨。

第四节 公司分析

一、公司基本素质分析

1. 治理结构分析

衡量一个公司治理结构的标准应该是如何使公司最有效地运行，如何保证各方面的公司参与人的利益得到维护和满足。因此，科学的公司决策不仅是公司的核心，同时也是公司治理的核心。公司治理不仅需要一套完备有效的公司治理结构，更需要若干具体的超越结构的治理机制。公司的有效运行和决策科学不仅需要通过股东大会、董事会和监事会发挥作用的内部监控机制，而且需要一系列通过证券市场、产品市场和经理市场来发挥作用的外部治理机制，如公司法、证券法、信息披露、会计准则、社会审计和社会舆论等。

2. 竞争地位分析

上市公司在本行业中的竞争地位是进行公司基本素质分析的首要内容。其中包括以下五个方面的内容：技术水平和科技开发创新能力，经营理念及经济管理方式，市场开拓能力和市场占有率，资本状况及融资能力，重点产品及产品生命周期。

3. 盈利能力及增长性分析

公司的价值取决于其盈利能力同资本成本的比较。盈利能力越高，资本成本越低，公司的净值就增长得越快，因而这个公司的价值就越大，投资者愿意为之付出的就越高。当一个公司的资本成本由资本市场决定时，公司的获利能力就取决于它的两个战略选择：其一是公司选择开展主业的行业，及进行的行业选择；其二是公司在既定的行业中具有的竞争优势和竞争定位。衡量公司盈利能力的主要指标有资产利润率、销售利润率及每股收益率。

4. 经营管理能力分析

公司经营管理能力分析主要包括：公司行政管理人员的素质和能力分析，公司管理风格及经营理念分析，维持本公司竞争地位的能力分析，运用现代管理手段和方法的能力分析。

二、公司财务分析

1. 财务分析的依据

公司财务分析的主要依据是公司的财务报表。财务报表是公司按统一规定的财务制度或有关的法律要求，根据日常财务核算资料定期编制的一整套财务资料报表的总称。公司财务报表的种类很多。在证券投资分析中，经常使用的主要是资产负债表、损益表（或利润表、利润及利润分配表）、现金流量表。

（1）资产负债表。资产负债表是反映公司在某一特定时点（年末或季末）财务状况的静态报告。资产、负债和股东权益的关系是：资产＝负债＋股东权益。分析它可以了解公司的财务状况，如偿债能力、资本结构合理性、流动资金充足性等。

（2）损益表。损益表是一定时期内（通常是一年或一季内）经营成果的反映，是关于收益和损耗情况的动态报告。分析它可以了解公司的盈利能力、盈利状况、经营效率等，对公司在行业中的竞争地位、持续发展能力做出判断。

（3）现金流量表。现金流量表是反映资产负债表上现金项目从期初到期末具体变化过程的报告。其目的是为会计报表使用者提供公司在一定会计期间内现金和现金等价物流入和流出的信息，以便报表使用者了解和评价公司获取现金和现金等价物的能力，并据以判断公司的支付能力和偿债能力以及公司对外部资金的需求情况，预测公司未来的发展前景。

（4）会计报表附注。会计报表附注是为了便于投资者理解会计报表的内容而对会计报表的编制基础、编制依据、编制原则和方法及主要项目所做的解释。它是对会计报表的补充说明，主要对会计报表不能包括的内容或者披露不详尽的内容做进一步的解释。通过阅读和分析会计报表附注，投资者可以深入地理解和使用财务信息，从而了解企业存在的问题和未来发展的潜力，进而做出投资决策。

2. 财务分析的方法

（1）财务比率分析。对本公司一个财务年度内的财务报表各项目之间进行比较，计算比率，据以判断年度内的偿债能力、资本结构、经营效率、盈利能力等情况。

（2）不同时期的比较分析。将本公司不同财务年度的财务报表进行纵向比较，计算比例，以对公司持续经营能力、财务状况变动趋势和盈利能力等做出动态分析。

（3）同行业之间的比较分析。将同一财务年度的本公司财务报表与其他公司的财务报表进行横向比较，计算比例，以了解该公司在行业中的地位和具有的优势与不足。

在选择分析方法时，要合理地把握全面性原则和个性原则，不能简单地直接比较。

第五节　相　关　实　训

一、宏观分析

登录东方财富网（http：//stock.eastmoney.com），如图 5-1 所示。

图 5-1　东方财富网

单击"股票"，得到如图 5-2 所示的页面。
单击"研报"，得到如图 5-3 所示的页面。

图 5-2　进入"股票"页面

图 5-3　进入"研报"页面

单击"宏观研究",得到如图 5-4 所示的页面。

假设投资者对"宏观流动性双周报第 32 期:一季度经济开局良好,政策表述有所微调"一文产生兴趣,单击该文,得到如图 5-5 所示的页面。

第五章　基本分析方法与应用

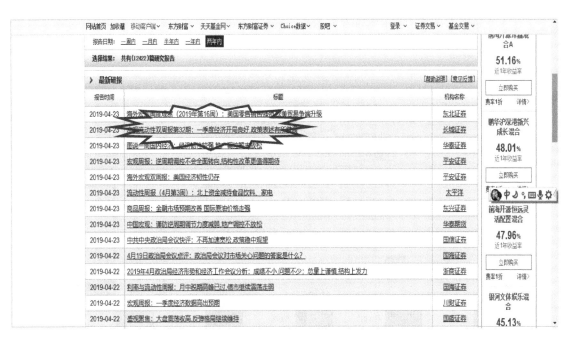

图 5-4　进入"宏观研究"页面

图 5-5　查看"宏观研究"

二、中观分析

登录东方财富网（http：//stock.eastmoney.com），单击图 5-3 中的"行业研究"，得到如图 5-6 所示的页面。

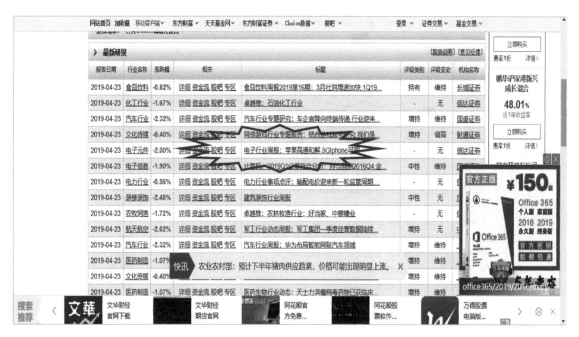

图 5-6 进入"行业研究"页面

假设投资者对"电子行业周报：苹果高通和解，5GIphone 可期"一文产生兴趣，单击该文，得到如图 5-7 所示的页面。

图 5-7 查看"行业研究"

三、公司分析

登录东方财富网（http：//stock.eastmoney.com），单击图 5-3 中的"公司研究"，得到如图 5-8 所示的页面。

图 5-8 进入"公司研究"页面

假设投资者对"安井食品：收入利润稳健增长，成本控制优势凸显"一文产生兴趣，单击该文，得到如图 5-9 所示的页面。

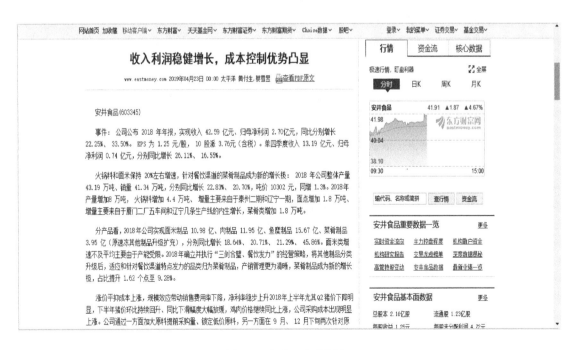

图 5-9 查看"公司研究"

小资料

东方财富（300059.SZ）传媒/互联网传媒（2019年3月24日节选）

新时代证券田杰华（分析师，分析师证书编号：S0280517050001）

1. 快速崛起的互联网金融巨头

公司是互联网金融龙头企业，形成了围绕投资者的资讯、社交、理财、交易、决策五位一体的全方位业务布局。公司成立至今主要可划分为门户网站导流阶段和流量变现阶段。在门户网站导流阶段，公司坐拥东方财富网、天天基金网两大门户网站，通过将财经网站社交化，积累大量高黏性用户。在流量变现阶段，公司通过获得基金代销牌照和证券牌照进入金融行业，导流平台累计的用户，为其提供证券和基金交易服务，收入快速增长并体现出高弹性。

2. 用户为王，牌照为盾，研发为矛，协同效应为核心

流量来源于用户体验，公司站在用户的角度出发，在发展历程中，始终贯彻落实"用户为王"的理念。证券、基金代销牌照是确保流量变现的关键，公司为目前唯一一家获得证券牌照的非传统互联网券商。因此，公司的竞争优势体现在对潜在竞争对手有牌照优势，对存量竞争对手有技术优势。目前，公司坐拥门户网站、天天基金、证券公司三大流量入口，并以投放广告的形式互相导流，复用流量，充分盘活存量用户。

3. "用户"变"客户"，开启财富管理新篇章

公司成功转型带来高业绩弹性，但收入与二级市场交易活跃度有较大关联性。对标嘉信理财，公司未来发展方向为一站式综合金融服务平台，将现有平台"用户"转化为公司存量"客户"，通过由存量资产管理规模（AUM）驱动的净利息收入和资产管理服务费收入，在一定程度上降低牛熊周期的波动性。

4. 市场交易量拐点已现，提升评级至"强烈推荐"

我们对公司的各项业务进行拆分，分别对公司的高弹性业务做收入测算。结果表明，二级市场交易活跃度若有较大幅度的回升，公司业绩将有望大幅增长。2019年年初至今市场交易量出现明显拐点，我们看好公司证券业务、基金代销业务可能释放的高弹性。从中长期看，公司在金融各领域的布局进一步完善，财富管理之路有望进一步拓宽。我们根据最新市场活跃度情况调整公司盈利预测，预计公司2019—2021年营业收入分别为41.94亿元、49.68亿元、57.39亿元（+6.15%、+10.47%、+12.27%），EPS分别为0.27元、0.35元、0.42元，上调至"强烈推荐"评级。

5. 风险提示

（1）用户导流进度不及预期。

（2）行业竞争加剧。

（3）市场景气度不及预期。

第六章

技术分析方法与应用

本章指引：

技术分析是对证券市场大势和个股的未来发展趋势进行研判的重要方法，也是相关从业人员需要掌握的技术和需要培养的基本能力。把书本上的知识转变为实际分析能力需要一个过程，最好的办法就是加强实际训练。不要被各种技术指标所吓倒，当你真正掌握了技术分析的要领与技巧时，你就会去粗取精、去伪存真，将技术分析做得得心应手。

第一节 技术分析的基本原理

技术分析是以价格为中心，以市场的供求关系为基础，依据"供过于求"时股票价格就会下跌、"供不应求"时股票价格就会上涨的基本原理，选择正确的投资时机和投资对象。

一、技术分析的三大假设

1. 市场行为反映一切

这是技术分析的基础。技术分析者认为，市场的投资者在决定交易行为时，已经充分考虑了影响市场价格的各种因素。因此，只要研究市场交易行为就能了解市场状况，而无须关心背后的影响因素。

2. 价格沿趋势移动

这是进行技术分析最根本、最核心的因素。"趋势"概念是技术分析的核心。根据物理学中的动力法则，趋势的运行将会继续，直到有反转的现象产生为止。事实上价格虽然上下波动，但终究是朝一定的方向前进的，这当然也是牛顿惯性定律的应用，因此技术分析希望利用图形或指标分析，尽早确定价格趋势并发现反转的信号，以抓住时机进行交易从而获利。

3. 历史会重演

这是从人的心理因素方面考虑的。投资无非是一个追求的行为，不论昨天、今天或明天，这个动机都不会改变。因此，在这种心理状态下，投资者的交易行为将趋于一定的模式而导致历史重演。所以，过去价格的变动方式，在未来可能不断发生，值得投资者研究，并且利用统计分析的方法，从中发现一些有规律的图形，整理一套有效的操作原则。

从理论上讲，技术分析既可以用于短期的行情预测，也可以用于长期的行情预测。但用于长期的行情预测必须同基本分析相结合，这是应用技术分析应该注意的问题。同时，技术分析所得到的结论只具有建议的性质,并总是以概率的形式出现。

二、技术分析的特点

当然,技术分析作为投资分析的方法之一,不是万试万灵的。在技术分析过程中,往往受各种主客观因素影响而产生偏差。因此要站在一个高的起点运用技术分析,而不是受技术分析的局限产生错误引导。市场的规律总在不断变化,技术分析的方式方法也在不断变换,当大多数人都发现了市场的规律或技术分析的方法时,这个市场往往会发生逆转。在分析过程中,也不可忽略基本面分析而只进行单纯的技术分析。技术分析往往只有短期的效果,表面性较强。而基本面分析发掘的是上市公司内在的潜质,具有中长期阶段性的指导意义。与此同时,避免用单一技术指标进行分析,每一个技术指标都有自己的优缺点。在进行技术分析时,要考虑多项技术指标的走势,同时结合短期走势进行分析。

第二节 K 线理论分析

一、K 线的形状及应用

K 线又称阴阳线、棒线、红黑线或蜡烛线,起源于日本德川幕府时代(1603—1867 年)的米市交易,经过 200 多年的演进,形成了现在具有完整形式和分析理论的一种技术分析方法。

1. 光头光脚大阳线

这种 K 线没有上影线和下影线,当收盘价大于开盘价、收盘价等于最高价、开盘价等于最低价时,就会出现这种 K 线。光头光脚大阳线表示多方势力强劲,多方处于优势的位置,如图 6-1 所示。

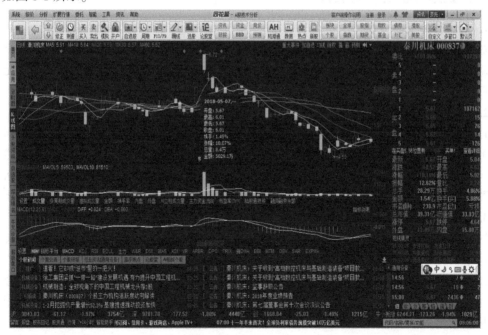

图 6-1 光头光脚大阳线

2. 光头光脚大阴线

这种 K 线没有上影线和下影线，当收盘价小于开盘价、收盘价等于最低价、开盘价等于最高价时，就会出现这种 K 线。光头光脚大阴线表示空方势力强劲，空方处于优势的位置，如图 6-2 所示。

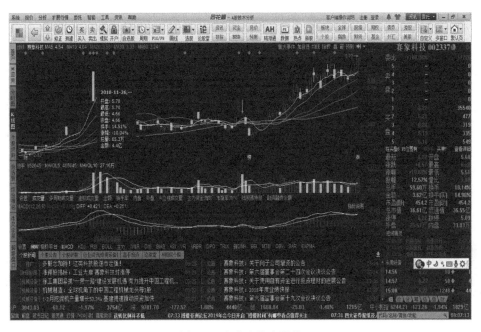

图 6-2　光头光脚大阴线

3. 光头阳线

这种 K 线没有上影线有下影线，当收盘价大于开盘价、收盘价等于最高价时，就会出现这种 K 线。光头阳线表示先跌后涨，多方处于优势位置，如图 6-3 所示。

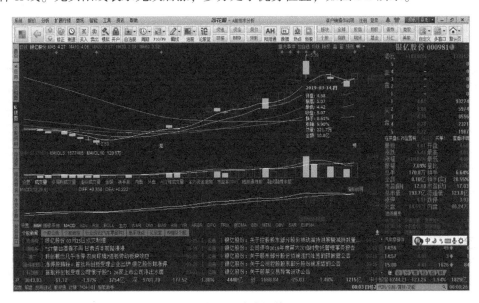

图 6-3　光头阳线

4. 光头阴线

这种 K 线没有上影线有下影线，当收盘价小于开盘价、开盘价等于最高价时，就会出现这种 K 线。光头阴线表示下跌受到抵抗，空方处于优势位置，如图 6-4 所示。

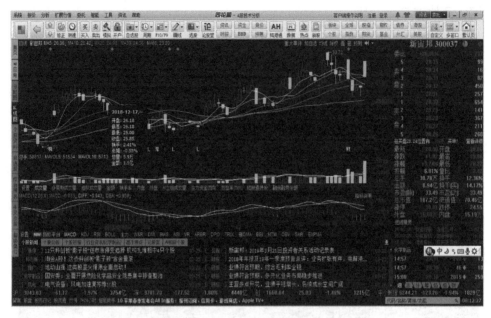

图 6-4　光头阴线

5. 光脚阳线

这种 K 线有上影线没有下影线，当收盘价大于开盘价、开盘价等于最低价时，就会出现这种 K 线。光脚阳线表示上升受到抵抗，多方处于优势位置，如图 6-5 所示。

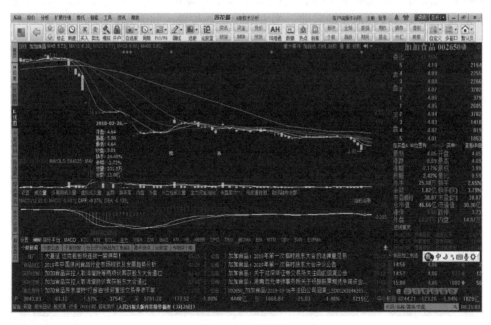

图 6-5　光脚阳线

6. 光脚阴线

这种 K 线有上影线没有下影线，当收盘价小于开盘价、收盘价等于最低价时，就会出现这种 K 线。光脚阴线表示先涨后跌，空方处于优势位置，如图 6-6 所示。

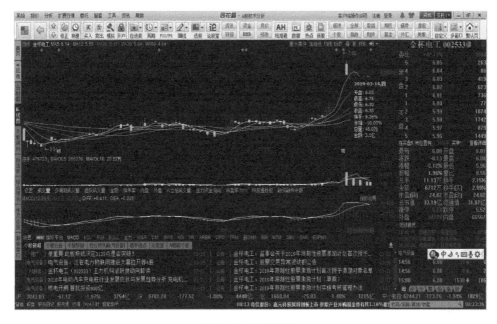

图 6-6　光脚阴线

7. 一般阳线

这种 K 线既有上影线又有下影线，当收盘价大于开盘价时，就会出现这种 K 线。一般阳线表示多空双方争夺激烈，多头略有优势，如图 6-7 所示。

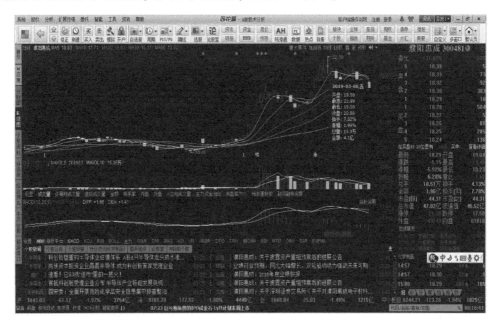

图 6-7　一般阳线

8. 一般阴线

这种 K 线既有上影线又有下影线，当收盘价小于开盘价时，就会出现这种 K 线。一般阴线表示多空双方争夺激烈，空头略有优势，如图 6-8 所示。

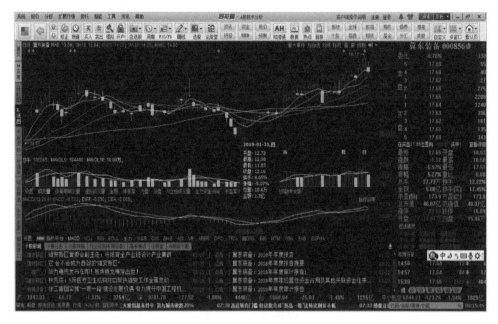

图 6-8　一般阴线

9. 十字星线

这种 K 线只有上影线下影线，没有实体，当收盘价基本等于开盘价时，就会出现这种 K 线。十字星线表示多空双方争夺激烈，实力相当，如图 6-9 所示。

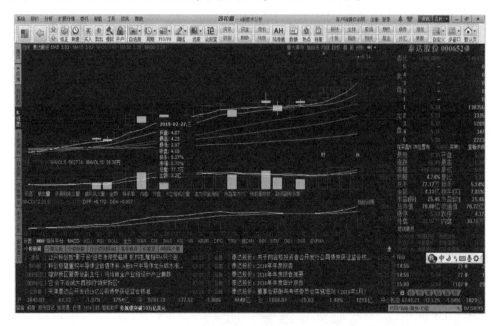

图 6-9　十字星线

10. 一字线

这种 K 线没有上影线下影线，没有实体，当收盘价、开盘价、最高价和最低价相等时，就会出现这种 K 线。一字线表示多空双方实力悬殊，或者一字涨停或者跌停，如图 6-10 所示。

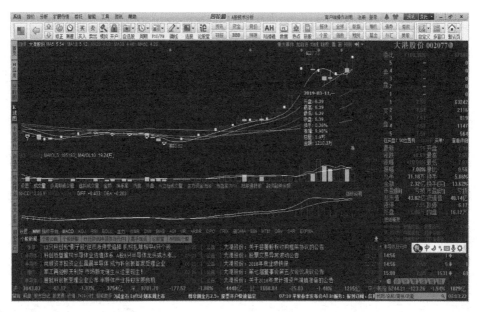

图 6-10　一字线

11. T 字线

这种 K 线只有下影线，没有实体和上影线，当收盘价、开盘价和最高价相等时，就会出现这种 K 线。T 字线表示多空经过激烈争夺，多方取得优势，如图 6-11 所示。

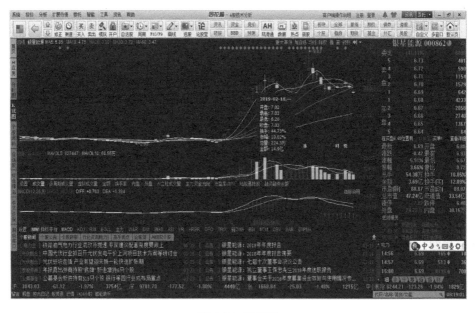

图 6-11　T 字线

12. 倒 T 字线

这种 K 线只有上影线，没有实体和下影线，当收盘价、开盘价和最低价相等时，就会出现这种 K 线。倒 T 字线表示多空经过激烈争夺，空方取得优势，如图 6-12 所示。

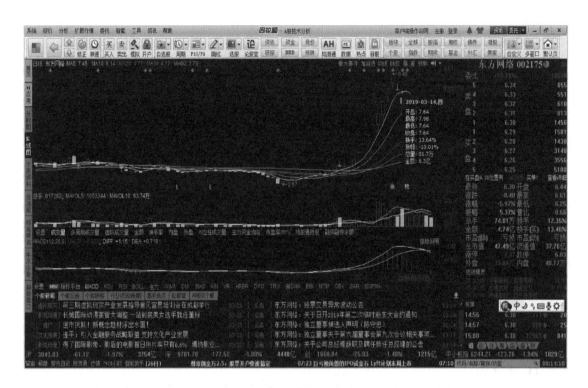

图 6-12　倒 T 字线

二、K 线的组合及应用

一些典型的 K 线或 K 线组合，会不断地重复出现，如果掌握了这些规律，投资者将在很大程度上提高投资决策的质量。K 线组合方式多种多样，实战价值最高的有早晨之星、黄昏之星、三白兵、三乌鸦、塔形顶、塔形底等经典组合。下面结合实战案例进行讲解，增强投资者的盘感，提升洞察盘面、捕捉交易信号的能力。

1. 早晨之星

早晨之星又称黎明之星、希望之星，是中阴线、止跌线和中阳线三根 K 线的组合，显示跌势向涨势变化，多方获得优势，如图 6-13 所示。

2. 黄昏之星

黄昏之星是中阳线、止涨线和中阴线三根 K 线的组合，显示涨势向跌势变化，空方获得优势，如图 6-14 所示。

3. 三白兵

三白兵又称红三兵，是三根阳线依次上升形成的 K 线组合，显示后势看涨，如图 6-15 所示。

第六章　技术分析方法与应用

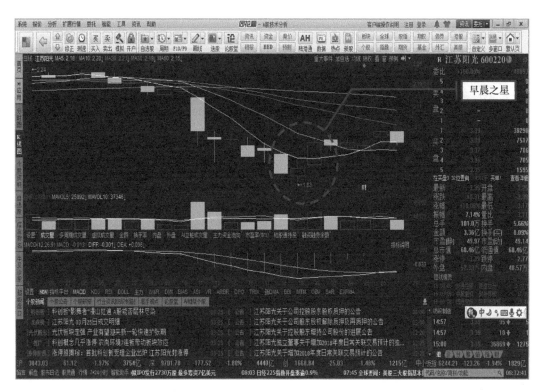

图 6-13　早晨之星

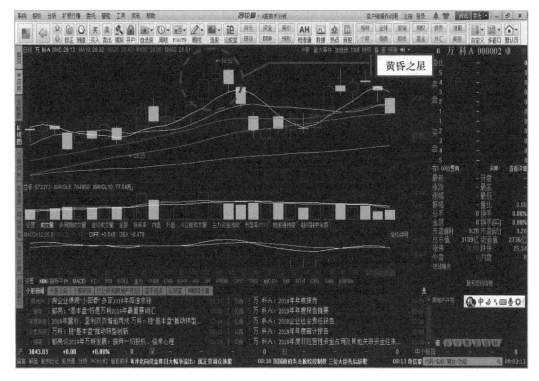

图 6-14　黄昏之星

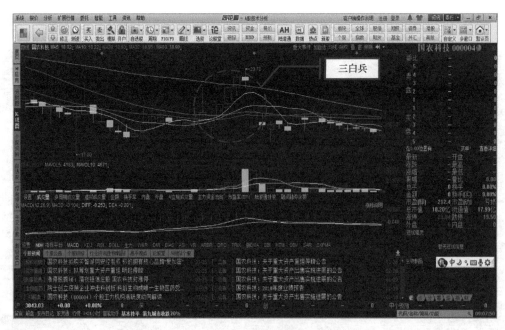

图 6-15 三白兵

4. 三乌鸦

三乌鸦是三根阴线依次下跌形成的 K 线组合，显示后势看跌，如图 6-16 所示。

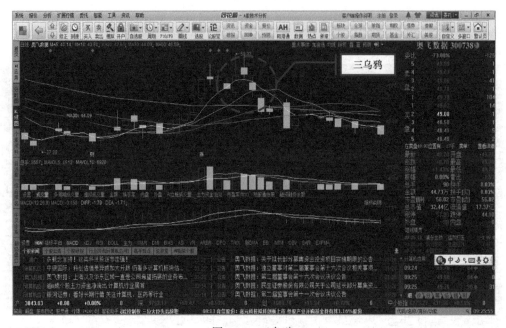

图 6-16 三乌鸦

5. 塔形顶

塔形顶是先大阳（中阳）线，后为一连串小阳小阴线，最后大阴（中阴）线的 K 线组合。塔形顶往往出现在上涨过程中，是见顶信号，后市看跌，如图 6-17 所示。

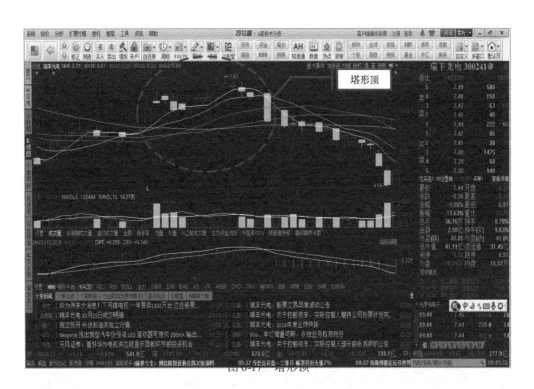

图6-17 塔形顶

6. 塔形底

塔形底是先大阴（中阴）线，后为一连串小阳小阴线，最后大阳（中阳）线的K线组合。塔形底往往出现在下跌过程中，是见底信号，后市看涨，如图6-18所示。

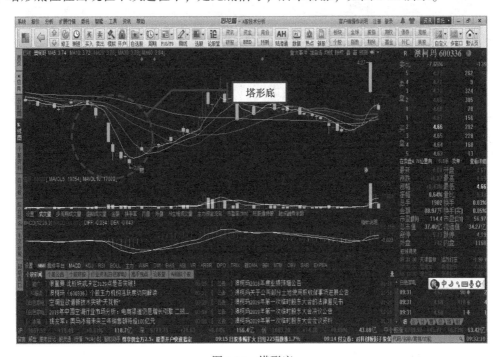

图6-18 塔形底

第三节 移动成本分析

一、移动成本分布状态分析

股票的流通盘是固定的,无论流通筹码在股票中怎样分布,其累计量必然等于流通盘。股票的持仓成本就是流通盘不同价位的股票数量的体现。对股票进行持仓成本分析能帮助广大股民有效地判断股票的行情性质和行情趋势,判断成交密集的筹码分布和变化,识别庄家建仓和派发的全过程,有效地判断行情发展中重要的支撑位和阻力位。通过对移动成本分布状态的分析,投资人可以非常容易地了解到不同时期的持仓成本分布状况。

"移动成本分布云"的显示,方便了投资人进行投资成本分布状态的分析,如图6-19所示。

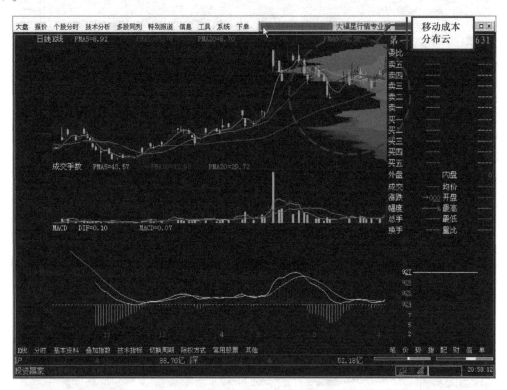

图6-19 移动成本分布云示意图

移动成本分布云的画法,就是从基准日开始往前推算每天的成交量在该天的最高价和最低价之间平均分布叠加,一直叠加到计算天数内的成交量等于成本(即流通量),这样形成的图形就是流通盘在各个价位的分布,把这些天分成五个部分用不同的灰度表示,越靠近基准日的越亮。这样不但可以判断各个时期的成本分布情况,而且可以从各个时期云的大小判断相应时期的换手率大小,云越亮表示近期换手率越高。移动成本分布云根据成本在各个价位的分布变化情况可以判断庄家行为和行情变化,在实战中具有很高的实用价值。移动成本分布云一个显著的特点就是象形性和直观性。它通过横向柱状线与股价K线的叠加形象直观地标明各价位的成本分布量。在日 K 线图上，随着光标的移动，系统在 K 线图的右侧显示若干根水平柱状线。线条的高度表示股价，长度表示持仓成本数量在该价位的比例。也正是由于其象形性，移动成本分布云在测定股票的持仓成本分布时会显示不同的形态特征。这些形态特征正是股票成本结构的直观反映。不同的形态具有不同的形成机理和不同的实战含义。

二、单峰密集

单峰密集是移动成本分布所形成的一个独立的密集峰形，它表明该股票的流通筹码在某一特定的价格区域充分集中。单峰密集对于行情的研判有三个方面的实战意义：

（1）当庄家为买方、股民为卖方时，所形成的单峰密集意味着上攻行情的爆发。
（2）当庄家为卖方、股民为买方时，所形成的单峰密集意味着下跌行情的开始。
（3）当庄家和股民混合买卖时，这种单峰密集将持续到趋势明朗。

正确地研判单峰密集的性质是判明行情性质的关键所在。

根据股价所在的相对位置，单峰密集可分为低位单峰密集和高位单峰密集。

三、多峰密集

股票筹码分布在两个或两个以上价位区域，分别形成了两个或两个以上的密集峰形。上方的密集峰称为上密集峰，下方的密集峰称为下密集峰，中间的密集峰称为中密集峰。根据上下峰形成的时间次序不同，可分为下跌多峰和上涨多峰。

下跌多峰是股票下跌过程中，由上密集峰下行，在下密集峰处获得支撑形成下密集峰，而上密集峰仍然存在。

当股价处于下跌双峰状态时，一般不会立即发动上攻行情。因为如果股价迅速突破上峰，展开上攻行情，就会使市场获利分布不均匀，下峰获利较高，如果市场追涨意愿不高，庄家就会面临下峰的获利抛压和上峰的解套抛售的双压力，给庄家的拉升带来困难。必须指出，峰谷仅对下跌双峰具有意义，只有下跌双峰才会在峰谷处形成二峰合一的单峰密集。

上涨多峰是股票上涨过程中，由下密集峰上行，在上密集峰处横盘震荡整理形成一个以上的上密集峰。对上涨双峰的行情研判主要观察上下峰的变化对比。在上涨双峰中，下峰的意义非常重大，它充分表明庄家现阶段仓底筹码的存有量。如果上峰小于下峰，则行情将继续看涨；反之随着上峰的增大，下峰迅速减小，这是下峰筹码被移至上峰的表现，此时庄家出货的可能性增大。

下跌多峰密集通常最下方的峰为吸筹峰，也称支撑峰；相对于吸筹峰，每一个上峰都是阻力峰。筹码通常经震荡整理在最下峰处形成峰密集。上方的每一个峰将被逐渐消耗。下跌多峰中的上峰通常是庄家派发区域，其峰密集是庄家派发的结果，上峰筹码主要是套牢盘。上涨多峰通常出现在做庄周期跨度较大的股票中，该类股票在长期上涨过程中做间歇整理，形成多峰状态。它表明庄家仍没有完成持仓筹码的派发。

四、成本发散

（1）形态特征：成本分布呈现不均匀松散的分布状态。
（2）形态种类：根据趋势的方向不同可分为向上发散和向下发散。

(3) 形成机理：在一轮行情的拉升或下跌过程中，由于股价的波动速度较快，持仓筹码在每一个价位迅速分布；对于单交易日而言，其筹码换手量增大，但整个价格波动区域呈现筹码分散的状态。

必须指出，成本发散是一个过渡状态，当新的峰密集形成后，成本发散将随着峰密集程度的增大而消失。成本密集是下一阶段行情的孕育过程，成本发散是行情的展开过程。成本分布的密集和发散将投资行为鲜明地分为两个阶段，成本密集时是决策阶段，成本发散时是决策的实施阶段。一旦成本密集，就意味着发生了大规模的成交换手。这种大规模的成交换手意味着行情的性质将发生改变。

第四节 技术指标及其应用

一、常用技术指标

1. MACD 指标

MACD 是根据移动平均线较易掌握趋势变动方向的优点发展出来的。它利用两条不同速度（一条变动的速度快——短期的移动平均线，另一条较慢——长期的移动平均线）的指数平滑移动平均线来计算二者之间的差离状况（DIF），作为研判行情的基础，然后再求取其 DIF 的 9 日平滑移动平均线，即 MACD 线。MACD 实际就是运用快速与慢速移动平均线聚合与分离的征兆，来研判买进与卖出的时机和信号，如图 6-20 所示。

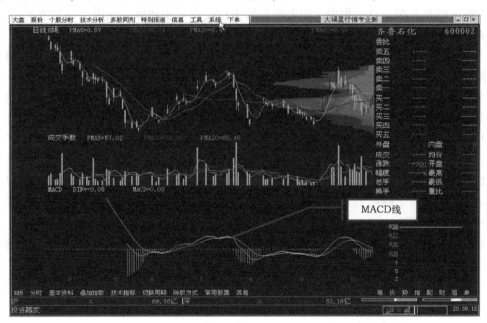

图 6-20 MACD 线示意图

(1) 计算方法。MACD 在应用上，是以 12 日为快速移动平均线（12 日 EMA），以 26 日为慢速移动平均线（26 日 EMA），首先计算出这两条移动平均线的数值，再计算出两个数值间的差离值，即差离值（DIF）= 12 日 EMA − 26 日 EMA。然后根据此差离值，计算 9 日

EMA 值（即为 MACD 值）；将 DIF 与 MACD 值分别绘出线条，再依"交错分析法"分析。

（2）应用法则

1）DIF 和 MACD 在 0 以上，大势属多头市场。DIF 向上突破 MACD 时，可做买；DIF 向下跌破 MACD 时，只可做原单的平仓，不可新卖单进场。

2）DIF 和 MACD 在 0 以下，大势属空头市场。DIF 向下跌破 MACD 时，可做卖；DIF 向上突破 MACD 时，只可做原单的平仓，不可新买单进场。

3）高档二次向下交叉大跌，低档二次向上交叉大涨。

2. KDJ 指标

KDJ 指标由乔治·莱恩（George Lane）所创。它综合了动量观念、强弱指标及移动平均线的优点，早年应用在期货投资方面，功能颇为显著，目前为股市中最常用的指标之一。KDJ 线示意图如图 6-21 所示。

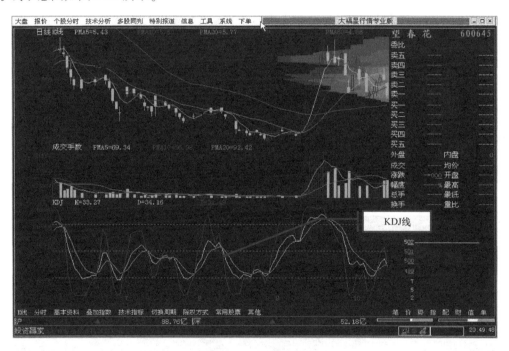

图 6-21　KDJ 线示意图

（1）计算方法。KDJ 指标用 K 线、D 线二条曲线构成的图形关系来分析研判价格走势。这种图形关系主要反映市场的超买超卖现象、走势背驰现象以及 K 线与 D 线相互交叉突破现象，从而预示中、短期走势的到顶与见底过程。

（2）应用法则

1）超买超卖区域的判断。K 值在 80 以上、D 值在 70 以上为超买的一般标准，K 值在 20 以下、D 值在 30 以下，为超卖的一般标准。

2）背驰判断。当股价走势一峰比一峰高时，KDJ 曲线一峰比一峰低，或股价走势一底比一底低时，KDJ 曲线一底比一底高，这种现象被称为背驰。KDJ 与股价走势产生背驰时，一般为转势的信号，表明中期或短期走势已到顶或见底。

3）K 线与 D 线交叉突破判断。当 K 值大于 D 值时，表明当前是一种向上涨升的趋势，因此 K 线从下向上突破 D 线时,是买进的信号;反之,当 D 值大于 K 值,表明当前的趋势向下跌落,因而 K 线从上向下跌破 D 线时,是卖出的信号。K 线与 D 线的交叉突破,在 80 以上或 20 以下较为准确,KD 线与强弱指数的不同之处是,它不仅能够反映市场的超买或超卖程度,还能通过交叉突破发挥出买卖信号的功能,但是,当这种交叉突破在 50 左右发生、走势又陷入盘局时,买卖信号应视为无效。

4) K 线形状判断。当 K 线倾斜度趋于平缓时,是短期转势的警告信号,这种情况在大型热门股及指数中准确度较高,而在冷门股或小型股中准确度则较低。

(3) 注意事项

1) KDJ 指标是一种较短期的敏感指标,分析比较全面。

2) KDJ 指标的典型背驰准确性颇高,看典型背驰区注意 D 线,而 K 线的作用只在发出买卖信号。

3) 在使用中,常有 J 线的指标,即 3 乘以 K 值减去 2 乘以 D 值 (3K−2D=J),其目的是求出 K 值与 D 值的最大乖离程度,以领先 KD 值找出底部和头部。J 大于 100 时为超买,小于 10 时为超卖。

(4) 常用参数:9 天。

3. OBV 指标

OBV 线亦称 OBV 能量潮,是将成交量值予以数量化,制成趋势线,配合股价趋势线,从价格的变动及成交量的增减关系,推测市场气氛,如图 6-22 所示。OBV 的理论基础是市场价格的变动必须有成交量配合,价格升降而成交量不相应升降,则市场价格的变动难以继续。

图 6-22　OBV 线示意图

(1) 计算方法。以某日为基期，逐日累计每日上市股票总成交量。若隔日指数或股票上涨，则基期 OBV 加上本日成交量为本日 OBV；若隔日指数或股票下跌，则基期 OBV 减去本日成交量为本日 OBV。即

$$当日\ OBV = 前一日的\ OBV \pm 今日成交量$$

然后将累计所得的成交量逐日定点连接成线，与股价曲线并列于一图表中，观其变化。

(2) 应用法则

1) 当股价上涨而 OBV 线下降时，表示能量不足，股价可能即将回跌。

2) 当股价下跌而 OBV 线上升时，表示买气旺盛，股价可能即将止跌回升。

3) 当股价上涨而 OBV 线同步缓慢上升时，表示股市继续看好。

4) 当 OBV 线暴升，不论股价是否暴涨或回跌，表示能量即将耗尽，股价可能滞涨反转。

(3) 注意事项

1) OBV 线为股市短期波动的重要判断方法，但运用 OBV 线应配合股价趋势予以研判分析。

2) OBV 线能帮助确定股市突破盘局后的发展方向。

3) OBV 的走势可以局部显示市场内部主要资金的移动方向，显示当期不寻常的超额成交量是徘徊于低价位还是在高价位上产生，可使技术分析者领先一步深入了解市场内部原因。

4) OBV 线对双重顶（M 头）第二个高峰的确定有较为标准的显示。当股价自双重顶第一个高峰下跌又再次回升时，如果 OBV 线能随股价趋势同步上升，价量配合则可能持续多头市场并出现更高峰，但是如果股价再次回升时，OBV 线未能同步配合，却见下降，则可能即将形成第二个峰顶完成双重顶的形态，并进一步导致股价滞涨反转回跌。

5) 必须观察 OBV 线的 N 字形波动。当 OBV 线超越前一次 N 字形高点，即记一个向上的箭号。当 OBV 跌破前一次 N 字形低点，即记一个向下的箭号。累计五个向下或向上的箭号即为短期反转信号；累计九个向下或向上的箭号即为中期反转信号。N 字形波动加大时，须注意行情随时有反转可能。

6) OBV 线的适用范围比较偏向于短期进出，与基本面分析丝毫无关。同时，OBV 线也不能有效反映当期市场的换手情况。

4. VR 指标

VR 指标（成交量比率）是一项通过分析股价上升日成交额（或成交量，下同）与股价下降日成交额的比值，掌握市场买卖气势的中期技术指标。VR 指标主要用于个股分析，其理论基础是"量价同步"及"量须先于价"，以成交量的变化确认低价和高价，从而确定买卖时机，如图 6-23 所示。

(1) 计算方法

$$VR = \frac{N\ 日内上升日成交额总和}{N\ 日内下降日成交额总和} \times 100$$

式中 N——设定参数，一般设为 26 日。

(2) 应用法则。将 VR 值划分下列区域，根据 VR 值大小确定买卖时机：

1) 低价区 40~70 可以买进，安全区 80~150 持有股票，获利区 160~450 根据情况获

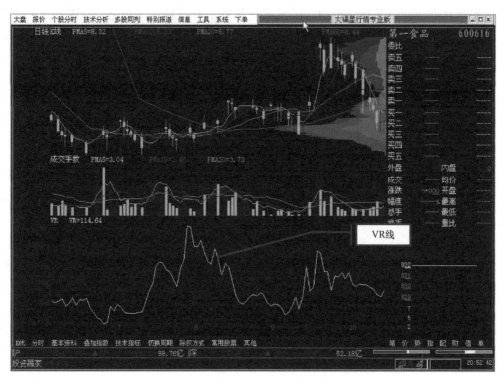

图 6-23　VR 线示意图

利了结,警戒区 450 以上伺机卖出。

2）当成交额经萎缩后放大,而 VR 值也从低区向上递增时,行情可能开始发动,是买进的时机。

3）VR 值在低价区增加,股价牛皮盘整,可考虑伺机买进。

4）VR 值升至安全区内,而股价牛皮盘整时,一般可以持股不卖。

5）VR 值在获利区增加,股价亦不断上涨时,应把握高档出货的时机。

6）一般情况下,VR 值在低价区的买入信号可信度较高,但在获利区的卖出时机要把握好,由于股价涨后可以再涨,在确定卖出之前,应与其他指标一起研判。

(3) 注意事项

1）VR 是须先于价格的指标,在分析低价区时可信度较高,观察高价区宜参考其他指标。也就是说,VR 在寻找底部时较可靠,确认头部时,宜多配合其他指标使用。

2）一般情况下,VR 值不能明确买卖具体信号。

5. DMI 指标

DMI 指标（动向指数）又叫移动方向指数或趋向指数。它是属于趋势判断的技术性指标,其基本原理是通过分析股票价格在上升及下跌过程中供需关系的均衡点,即供需关系受价格变动的影响而发生由均衡到失衡的循环过程,从而提供对趋势判断的依据。DMI 线示意图如图 6-24 所示。

DMI 的计算方法非常复杂,在此不做介绍,感兴趣的读者可以自行查阅相关技术分析书籍。

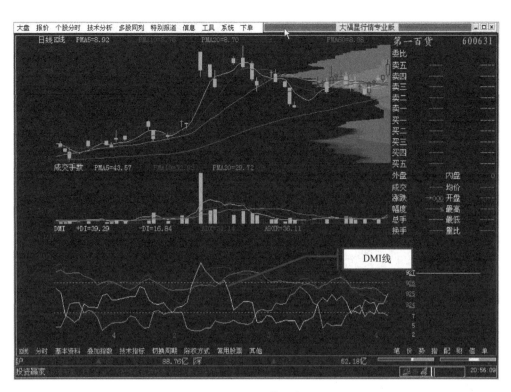

图 6-24 DMI 线示意图

DMI 指标在应用时，主要是分析上升指标 +DI、下降指标 –DI 和平均动向指数 ADX 三条曲线的关系，其中 +DI 和 –DI 两条曲线的走势关系是判断出入市的信号，ADX 则是对行情趋势的判断信号。

上升指标 +DI 和下降指标 –DI 的应用法则如下：

1）股价走势向上发展时，+DI 上升，–DI 下降。因此，当图形上 +DI14 从下向上突破 –DI14 时，显示市场内部有新的多头买家进场，愿意以较高的价格买进，因此为买进信号。

2）股价走势向下发展时，当 +DI14 从上向下突破 –DI14 时，显示市场内部有新的空头卖家出货，愿意以较低的价格卖出，因此为卖出信号。

3）当走势维持某种趋势时，+DI14 和 –DI14 的交叉突破信号相当准确，但走势出现牛皮盘档时，+DI14 和 –DI14 发出的买卖信号视为无效。

4）当 ADX 于 50 以上向下转折时，代表市场趋势终了。当 ADX 滑落至 +DI 之下时，不宜进场交易。

6. BIAS 指标

BIAS（乖离率）是移动平均原理派生的一项技术指标，其功能主要是通过测算股价与移动平均线出现偏离的程度，得出股价在剧烈波动时因偏离移动平均趋势引起回档或反弹的可能性。BIAS 线示意图如图 6-25 所示。

乖离率的测试原理建立在以下基础上：如果股价偏离移动平均线太远，不管股价在移动平均线之上或之下，都有可能趋向平均线。而乖离率则表示股价偏离趋向指标所占的百分比。

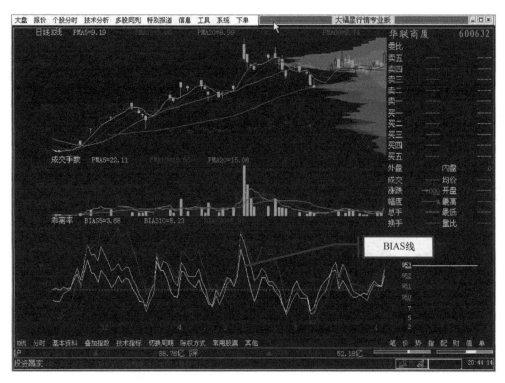

图 6-25 BIAS 线示意图

（1）计算方法

$$\text{BIAS 值} = \frac{\text{当日收盘价} - N \text{日内移动平均收盘价}}{N \text{日内移动平均收盘价}} \times 100$$

式中　N——设立参数，可按自己选用的移动平均线日数设立，一般设定为 6 日、12 日、24 日和 72 日，亦可按 10 日、30 日、75 日设立。

（2）应用法则。乖离率分正乖离率和负乖离率。当股价在移动平均线之上时，其乖离率为正，反之则为负，当股价与移动平均线一致时，乖离率为 0。随着股价走势的强弱和升跌，乖离率周而复始地穿梭于 0 的上方和下方，其值的高低对未来走势有一定的测市功能。一般而言，正乖离率涨至某一百分比时，表示短期间多头获利回吐可能性大，呈卖出信号；负乖离率降到某一百分比时，表示空头回补的可能性大，呈买入信号。由于股价相对于不同日数的移动平均线有不同的乖离率，除去暴涨或暴跌会使乖离率瞬间达到高百分比外，短、中、长线的乖离率一般均有规律可循。下面是国外不同日数移动平均线达到买卖信号要求的参考数据：

1）6 日平均值乖离率：-3% 是买进时机，+3.5% 是卖出时机。
2）12 日平均值乖离率：-4.5% 是买进时机，+5% 是卖出时机。
3）24 日平均值乖离率：-7% 是买进时机，+8% 是卖出时机。
4）72 日平均值乖离率：-11% 是买进时机，+11% 是卖出时机。

7. RSI 指标

RSI 指标（相对强弱指数）是通过比较一定时期内的平均收盘涨数和平均收盘跌数来分

析市场买沽盘的意向和实力,从而得出未来市场的走势。RSI 线示意图如图 6-26 所示。

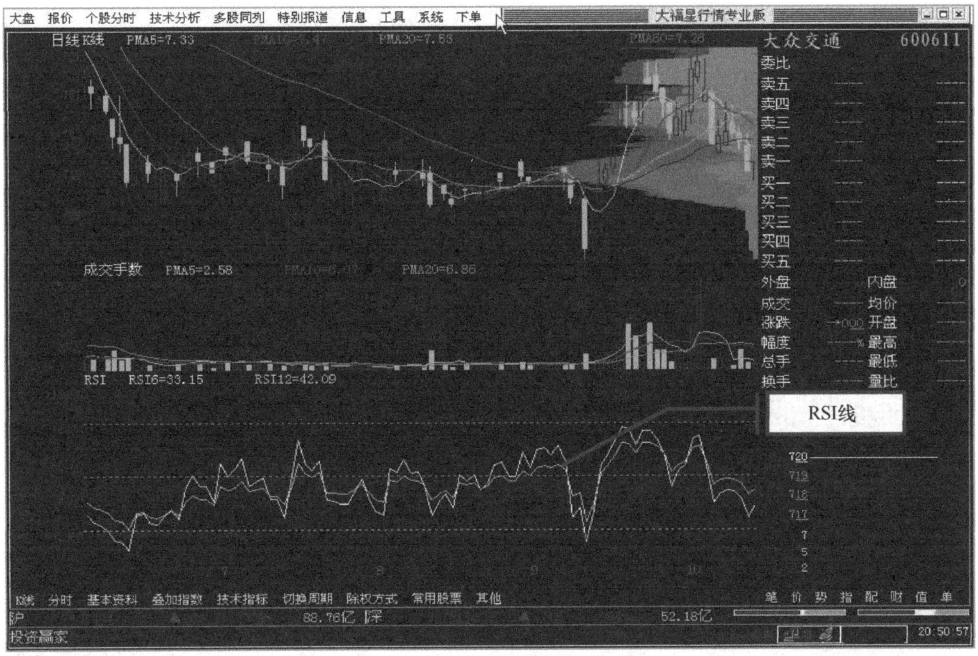

图 6-26　RSI 线示意图

(1) 计算方法

$$RSI = \frac{上涨平均数}{上涨平均数 + 下跌平均数} \times 100$$

(2) 应用法则

1) 受计算公式的限制,不论价位如何变动,RSI 的值均在 0~100。

2) RSI 保持高于 50 表示为强势市场,低于 50 表示为弱势市场。

3) RSI 多在 70 与 30 之间波动。当 6 日指标上升到达 80 时,表示股市已有超买现象,一旦继续上升,超过 90 以上,则表示已到严重超买的警戒区,股价已形成头部,极可能在短期内反转。

4) 当 6 日 RSI 下降至 20 时,表示股市有超卖现象,一旦继续下降至 10 以下,则表示已到严重超卖区,股价极可能有止跌回升的机会。

5) 每种类型股票的超卖超买值是不同的。在牛市时,一线股的 RSI 若是 80,便属超买;若是 30 便属超卖。至于二三线股,RSI 若是 85~90,便属超买;若是 20~25,便属超卖。超买及超卖范围的确定还取决于两个因素:①市场的特性。起伏不大的稳定市场一般可以规定 70 以上为超买,30 以下为超卖;变化比较剧烈的市场可以规定 80 以上为超买,20 以下为超卖。②计算 RSI 时所取的时间参数。

6) RSI 与股价或指数比较时,常会产生先行显示未来行情走势的特性,亦即股价或指数未涨而 RSI 先上升,股价或指数未跌而 RSI 先下降,其特性在股价的高峰与谷底时最明显。

7) 当 RSI 上升股价反而下跌,或是 RSI 下降股价反趋上涨,这种情况称为"背驰"。当 RSI 为 70~80 时,价位破顶而 RSI 不能破顶,就形成了"顶背驰",而当 RSI 为 20~30

时，价位破底而 RSI 不能破底，就形成了"底背驰"。背驰现象通常被认为是市场即将发生重大反转的信号。

8. W%R 指标

W%R 指标（威廉指数）是利用摆动点来量度股市的超买超卖现象，预测循环期内的高点或低点，从而提出有效的投资信号的指标。W%R 线示意图如图 6-27 所示。

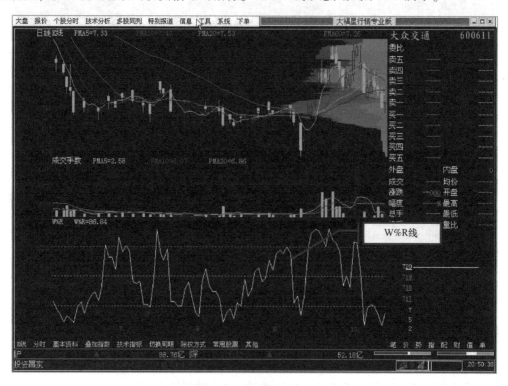

图 6-27 W%R 线示意图

(1) 计算方法

$$W\%R = 100 - \frac{C - L_N}{H_N - L_N} \times 100$$

式中 C——当日收市价；

L_N——N 日内最低价；

H_N——N 日内最高价；

N——选设参数，一般设为 14 日或 20 日。

(2) 实际应用

1) W%R 介于 100 及 0 之间，100 置于底部，0 置于顶部。

2) 在 80 处设一条"超卖线"，价格进入 80~100，而后再度上升至 80 之上时为买入信号。

3) 在 20 设一条"超买线"，价格进入 0~20，而后再度下跌至 20 之下时为卖出信号。

9. PSY 心理线

PSY 心理线是建立在研究投资者心理趋向的基础上，将某段时间内投资者倾向买方还是卖方的心理与事实转化为数值，形成人气指标，作为买卖股票的参数。PSY 心理线示意图如图 6-28 所示。

图 6-28　PSY 心理线示意图

（1）计算方法

$$PSY = \frac{N \text{日内的上涨天数}}{N} \times 100$$

式中　N——设定为 12 日，最大不超过 24 日。

（2）应用法则

1）由心理线公式计算出来的值，超过 75 时为超买，低于 25 时为超卖，值在 25~75 区域内为常态分布。但在涨升行情时，应将卖点提高到 75 之上；在跌落行情时，应将买点降低至 45 以下。具体数值要凭经验和配合其他指标来确定。

2）一段上升行情展开前，通常超卖的低点会出现两次；同样，一段下跌行情展开前，超买的最高点也会出现两次。在出现第二次超卖的低点或超买的高点时，一般是买进或卖出的时机。

3）当值降低至 10 或 10 以下时，是真正的超买，此时是一个短期抢反弹的机会，应立即买进。

4）心理线主要反映市场心理的超买或超卖，因此，当值在常态区域上下移动时，一般应持观望态度。

5）高点密集出现两次为卖出信号，低点密集出现两次为买进信号。

（3）注意事项

1）PSY 心理线和 VR 线配合使用，决定短期买卖点，可以找出每一波的高低点。

2）PSY心理线和逆时针曲线配合使用，可提高准确度，明确指出头部和底部。

10. BRAR 指标

BR 是一种"情绪指标"，套用西方的分析观点，就是以"反市场心理"的立场为基础，当众人一窝蜂地买股票，市场上充斥着大大小小的好消息，报纸杂志纷纷报道经济增长率大幅上扬，刹那间，前途似乎一片光明时，你应该断然离开市场。相反，当众人已经对行情失望，市场一片看坏的声浪时，你应该毅然决然地进场默默承接。无论如何，这一条路是孤独的，你必须忍受寂寞，克服困难走和别人相反的道路。

AR 是一种"潜在动能"。由于开盘价是股民经过一夜冷静思考后，共同默契的一个合理价格，因此，从开盘价向上推升至当日最高价之间，每超越一个价位都会损耗一分能量。当 AR 值升高至一定限度时，代表能量已经消耗殆尽，缺乏推升力道的股价，很快就会面临反转的危机。相反，股价从开盘之后并未向上冲高，自然就减少了能量的损耗，相对也就保存了许多累积能量，这一股无形的潜能，随时都有可能在适当成熟的时机爆发出来。

我们一方面观察 BR 的情绪温度，一方面追踪 AR 能量的消长，以这个角度对待 BRAR 的变化，用"心"体会股价的脉动，这是使用 BRAR 指标的最高境界。BRAR 线示意图如图 6-29 所示。

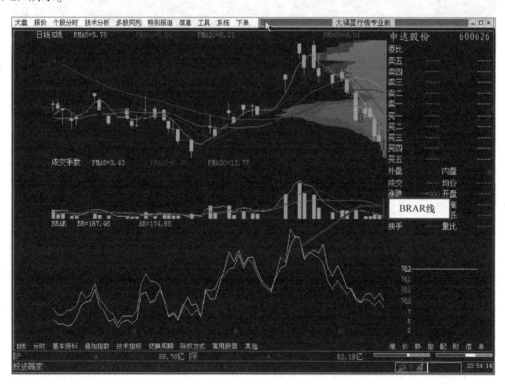

图 6-29　BRAR 线示意图

其应用法则如下：

1）BR = 100，是强弱气势的均衡状态。

2）BR < AR，而 AR < 50 时可买。

3）BR 由高档下跌一半，股价反弹。

4）BR 由低档上涨一半，股价回档。

5）AR＜100 后急剧下跌，致使 AR＜40 时可买进。

11. BOLL 指标

BOLL（布林）指标是一个路径型指标，由上限和下限两条线构成一个带状的路径。股价超越上限时，代表超买；股价超越下限时，代表超卖。布林指标的超买超卖作用只能运用在横向整理的行情，如图 6-30 所示。

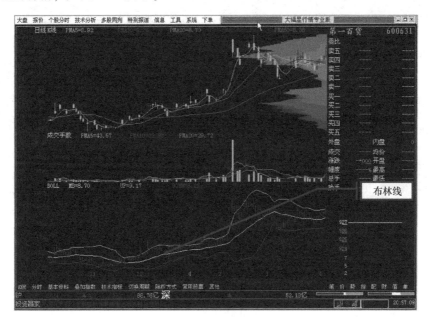

图 6-30　布林线示意图

其应用法则如下：

1）布林线利用波带可以显示其安全的高低价位。

2）当易变性变小而波带变窄时，激烈的价格波动有可能随即产生。

3）高低点穿越波带边线时，立刻又回到波带内，会有回档产生。

4）波带开始移动后，以此方式进入另一个波带，这对于找出投资者的目标值有相当大的帮助。

二、其他技术指标

1. DMA 指标

DMA 指标利用两条不同期间的平均线，计算差值，得出 DMA 线，再以 DMA 除以短期天数，得到 AMA 线。它将短期均线与长期均线进行了协调，也就是说它滤去了短期的随机变化和长期的迟缓滞后，使得其数值能更准确、真实、客观地反映股价趋势。故它是一种反映趋势的指标，如图 6-31 所示。

其应用法则如下：

1）实线（DMA）向上交叉虚线（AMA），买进。

2）实线向下交叉虚线，卖出。

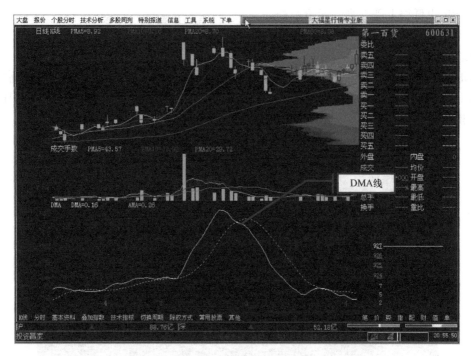

图 6-31　DMA 线示意图

3）也可观察 DMA 与股价的背离情况，以确定买卖信号。

2. EXPMA 指标

EXPMA 中文名称为指数平均数，它可修正移动平均线较股价落后的缺点。该指标随股价波动反应快速，用法与移动平均线相同，如图 6-32 所示。

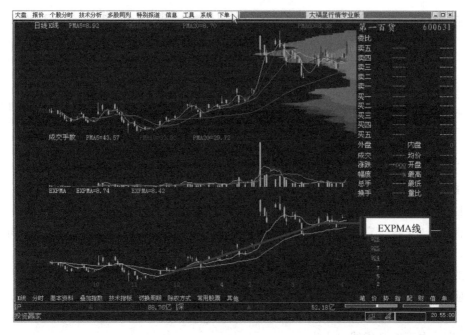

图 6-32　EXPMA 线示意图

3. TRIX 指标

TRIX 的中文名称为三重指数平滑移动平均，长线操作时采用本指标的信号，可以过滤掉一些短期波动的干扰，避免交易次数过于频繁，造成部分无利润的买卖及手续费的损失，如图 6-33 所示。

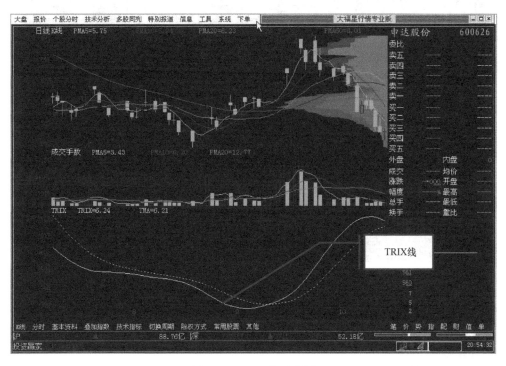

图 6-33　TRIX 线示意图

本指标是一项超长周期的指标，长时间按照本指标信号交易，获利百分比大于损失百分比，利润相当可观。

其应用法则如下：

1) 盘整行情本指标不适用。
2) TRIX 向上交叉其 TMA 线，买进。
3) TRIX 向下交叉其 TMA 线，卖出。
4) TRIX 与股价产生背离时，应注意随时会反转。

4. CR 指标

只比较前一天收盘价与当天收盘价，分析股价的高低及强弱，然后预测明日的股价，是具有重视收盘价倾向的做法。CR 本身配置四条平均线，平均线又较 CR 先行若干天，而平均线之间又相互构筑一个强弱带，被用来对股价进行预测，如图 6-34 所示。

其应用法则如下：

1) CR 平均线从短周期到长周期依次分成 A、B、C、D 四条。
2) 由 C、D 构成的带状称为主带，由 A、B 构成的带状称为副带。
3) CR 由带状之下上升至 160 时，卖出。
4) CR 跌至 40 以下，重回副带，而 A 线由下转上时，买进。

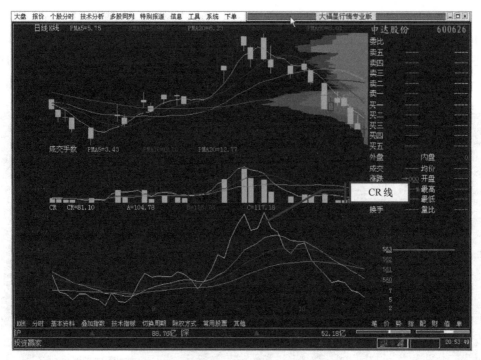

图 6-34　CR 线示意图

5）主带与副带分别代表主要压力支撑区及次要压力支撑区。

6）CR 在 400 以上，渐入高档区，注意 A 线的变化。

5. ASI 指标

ASI 的中文名称为振动升降指标，由威尔斯·威尔德（Welles Wilder）所创。ASI 企图以开盘价、最高价、最低价、收盘价构筑成一条幻想线，以便取代目前的走势，形成最能表现当前市况的真实市场线。威尔德认为，当天的交易价格并不能代表当时真实的市况，真实的市况必须取决于当天的价格和前一天及后一天价格间的关系。他经过无数次的测试之后，决定了 ASI，如图 6-35 所示。

其应用法则如下：

1）股价创新高低，而 ASI 未创新高低，代表对此高低点不确认。

2）股价已突破压力线或支撑线，ASI 未伴随发生，为假突破。

3）ASI 前一次形成的显著高低点，视为 ASI 的停损点。多头时，当 ASI 跌破前一次低点，停损卖出；空头时，当 ASI 向上突破其前一次高点，停损回补。

6. EMV 指标

EMV 的中文名称为简易波动指标。如果较少的成交量便能推动股价较大的上涨，则 EMV 数值会升高；相反，股价较大下跌时仅伴随较少的成交量，则 EMV 数值将降低（绝对值大，但为负值）。倘若价格不涨不跌，或者价格的上涨和下跌都伴随着较大的成交量，则 EMV 的数值会趋近于零。

这个公式原理运用得相当巧妙，股价在下跌的过程当中，由于买气不断地萎靡退缩，成交量逐渐减少，EMV 数值也因而尾随下降，直到股价下跌至某一个合理支撑区，捡便宜货的买单促使成交量再度活跃，EMV 数值于是向上攀升，当 EMV 数值由负值向上趋近于零

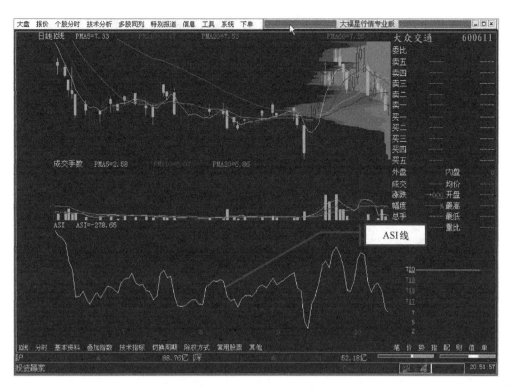

图 6-35 ASI 指标示意图

时，表示部分信心坚定的资金成功地扭转了股价的跌势，行情不但反转上扬，并且形成另一次的买进信号。行情的买进信号发生在 EMV 数值由负值转为正值的一刹那，然而股价随后上涨，成交量并不会很大，一般仅呈缓慢递增。这种适量稳定的成交量促使 EMV 数值向上攀升。由于头部通常是成交量最集中的区域，因此市场人气聚集越来越多，直到出现大交易量时，EMV 数值会提前反应而下降，行情已可确定正式反转，形成新的卖出信号。EMV 运用这种成交量和人气的荣枯，构成一个完整的股价系统循环，EMV 引导股民借此掌握股价流畅的节奏感，遵循买进卖出信号，避免在人气汇集且成交热络的时机买进股票，并且在成交量已逐渐展现无力感，而狂热的群众尚未察觉能量即将用尽时，卖出股票并退出市场。EMV 线示意图如图 6-36 所示。

其应用法则如下：

1) EMV 值上升，代表量跌价增。
2) EMV 值下降，代表量跌价跌。
3) EMV 趋向于 0，代表大成交量。
4) 当 EMV > 0 时，买进。
5) 当 EMV < 0 时，卖出。

7. WVAD 指标

WVAD 指标是一种将成交量加权的量价指标。其主要的理论精髓在于重视一天中从开盘到收盘之间的价位，而将此区域之上的价位视为压力，区域之下的价位视为支撑，求取此区域占当天总波动的百分比，以便测量当天的成交量中，有多少属于此区域，成为实际有意

图 6-36　EMV 线示意图

义的交易量。如果区域之上的压力较大，将促使 WVAD 变成负值，代表卖方的实力强大，此时应该卖出持股。如果区域之下的支撑较大，将促使 WVAD 变成正值，代表买方的实力雄厚，此时应该买进股票。WVAD 正负之间，强弱一线之隔，非常符合我们推广的东方哲学技术理论，由于模拟测试所选用的周期相当长，测试结果也以长周期成绩较佳。WVAD 线示意图如图 6-37 所示。

图 6-37　WVAD 线示意图

其应用法则如下：

1）指标为正值，代表多方的冲力占优势，应买进。

2）指标为负值，代表空方的冲力占优势，应卖出。

3）运用 WVAD 指标，应先将参数设成长期。

8. CCI 指标

CCI 指标中文名称为顺势指标，专门测量股价是否已超出常态分布范围。CCI 指标属于超买超卖类指标中较特殊的一种，波动于正无限大和负无限小之间。但是，又无须要以 0 为中轴线，这一点也和波动于正无限大与负无限小的指标不同。每一种超买超卖指标都有"天线"和"地线"。除了以 50 为中轴的指标，天线和地线分别为 80 和 20 以外，其他超买超卖指标的天线和地线位置都必须视不同的市场、不同的个股特性而有所不同。独独 CCI 指标的天线和地线分别为 +100 和 -100，如图 6-38 所示。

图 6-38　CCI 线示意图

其应用法则如下：

1）CCI 与股价产生背离现象时，是一项明显的警告信号。

2）CCI 正常波动范围在 ±100 之间，+100 以上为超买信号，-100 为超卖信号。

3）CCI 主要测量脱离价格正常范围的变异性。

9. ROC 指标

ROC 指标可以同时监视常态性和极端性两种行情，等于综合了 RSI、W%R、KDJ、CCI 四种指标的特性。ROC 也必须设定天线和地线，但是却拥有三条天线和三条地线（有时候图形上只需画出各一条天地线即可)。和其他超买超卖指标不同,ROC 天地线的位置既不是 80 和 20,也不是 +100 和 -100,是不确定的,如图 6-39 所示。

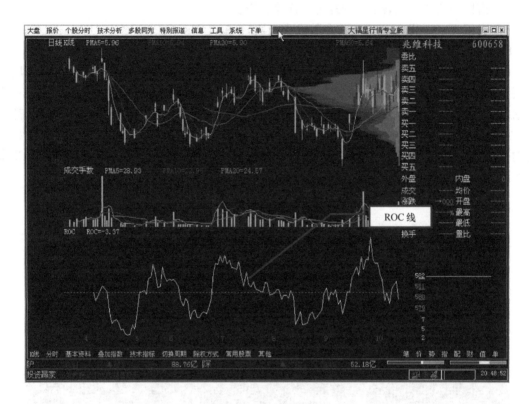

图 6-39 ROC 线示意图

其应用法则如下:
1) ROC 具有超买超卖功能。
2) 个股价格比率不同,其超买超卖范围也略有不同,但一般总是在 -6.5~6.5。
3) ROC 抵达超卖水准时,做买;抵达超买水准时,做卖。
4) ROC 对于股价也能产生背离作用。

10. MIKE 指标

MIKE 指标表示初级、中级及高级支撑,也表示初级、中级及高级压力,如图 6-40 所示。

11. 总持指标

总持是在期货中使用的一种指标,如图 6-41 所示。

12. 宝塔线指标

宝塔线(TWR)是以不同颜色(虚体、实体)的棒线来划分股价的涨跌,及研判其涨跌趋势的一种线路,也是将多空之间拼杀的过程与力量的转变表现在图中,并且显示适当的买进时机与卖出时机。它的特征与点状图类似,并非记载每天或每周的股价变动过程,而是当股价续创新高价(或创新低价),抑或反转上升或下跌时,再予以记录、绘制。宝塔线如图 6-42 所示。

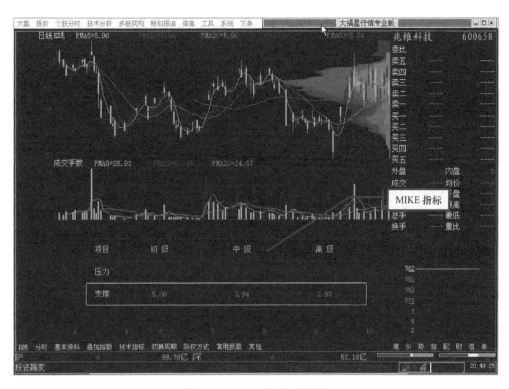

图 6-40　MIKE 指标示意图

图 6-41　总持指标示意图

图 6-42 宝塔线示意图

其应用法则如下:

1) 宝塔线翻红为买进时机,股价将会延伸一段上升行情。

2) 宝塔线翻绿则为卖出时机,股价将会延伸一段下跌行情。

3) 盘局时宝塔线的小翻红或小翻绿可不必理会。

4) 盘局或高档时宝塔线长绿而下,宜立即获利了事;翻绿下跌一段后,突然翻红,可能是假突破,不宜抢进,最好配合 K 线及成交量观察数天后再做决定。

5) 宝塔线适合短线操作之用,但最好配合 K 线、移动平均线及其他指标一并使用,可减少误判的机会,如 10 日移动平均线走平、宝塔线翻绿,即需卖出。

13. 周转率指标

周转率(TURN)也称换手率,是表示市场人气强弱的一种指标,其定义为在一定期间内市场中股票的转手买卖频率。周转率指标示意图如图 6-43 所示。

其应用法则如下:

1) 股票周转率越高,意味着该股股性越活泼,也就是所谓的热门股;周转率低的股票,则是所谓的冷门股。热门股的优点在于进出容易,一般不会出现要进进不到或想卖卖不出的现象。然而,值得注意的是,周转率高的股票,往往也是短线操作的投机者介入的对象,故股价起伏也会较大。

2) 由于每股在外流通筹码不同,看周转率时,应用趋势线的眼光来看是增加或减少,不应局限在数值的高低。

14. 慢速 KD

慢速 KD(SKD,SLOWKD)是随机指标的一种,只是 KD 指标属于较快的随机波动,

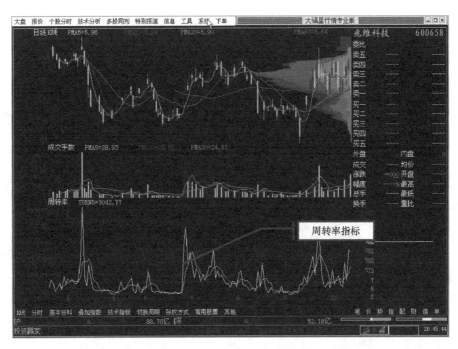

图 6-43 周转率指标示意图

而慢速 KD 指标则属于较慢的随机波动。依股市经验，慢速 KD 较适合于做短线，由于它不易出现抖动的杂讯，买卖点较 KD 明确。慢速 KD 线的 K 值在低档出现，与指数背离时，应做买点，尤其 K 值第二次超越 D 值时。慢速 KD 线示意图如图 6-44 所示。

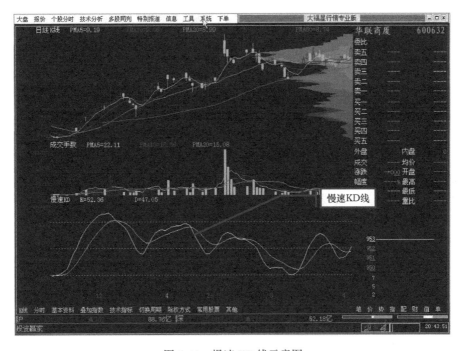

图 6-44 慢速 KD 线示意图

15. DBCD 指标

DBCD（异同离差乖离率）的原理和构造方法与乖离率类似，用法也与乖离率相同。优点是能够保持指标的紧密同步，而且线条光滑，信号明确，能够有效地过滤掉伪信号。DBCD 线示意图如图 6-45 所示。

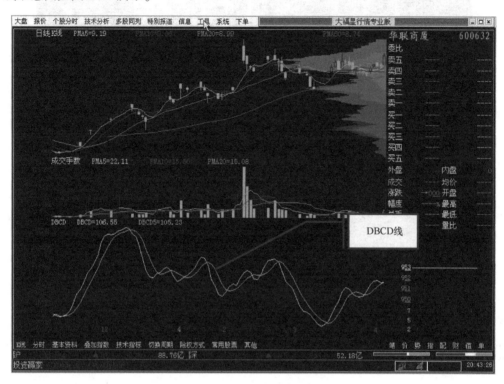

图 6-45　DBCD 线示意图

其计算方法如下：

先计算乖离率 BIAS，然后计算不同日的乖离率之间的离差，最后对离差进行指数移动平滑处理。

16. LW%R 指标

LW%R 指标实际上是 KD 指标的补数，其基本用法如下：

1）LW%R2 < 30，超买；LW%R2 > 70，超卖。
2）线 LW%R1 向下跌破线 LW%R2，是买进信号。
3）线 LW%R1 向上突破线 LW%R2，是卖出信号。
4）线 LW%R1 与线 LW%R2 的交叉发生在 30 以下 70 以上才有效。

LW%R 指标对大盘和热门大盘股准确性极高，不适于发行量小交易不活跃的股票。LW%R 线示意图如图 6-46 所示。

17. 动量指标

动量指标（Momentum Index，MTM 指标）是一种专门研究股价波动的技术分析指标，它以分析股价波动的速度为目的，研究股价在波动过程中各种加速、减速、惯性作用以及股价由静到动或由动转静的现象。

图 6-46　LW%R 线示意图

动量指标的理论基础是价格和供需量的关系。股价的涨幅随着时间日渐缩小，变化的速度慢慢减缓，行情则可反转；反之，下跌亦然。动量指标就是这样通过计算股价波动的速度，得出股价进入强势的高峰和转入弱势的低谷等不同信号，由此成为投资者较喜爱的一种测市工具。股价在波动中的动量变化可通过每日的动量点连成的曲线即动量线反映出来。在动量指标图中，水平线代表时间，垂直线代表动量范围。动量以 0 为中心线，即静速地带，中心线上部是股价上升地带，下部是股价下跌地带，动量指标线根据股价波动情况围绕中心线周期性往返运动，从而反映股价波动的速度，如图 6-47 所示。

（1）计算公式

$$MTM = C - C_N$$

式中　C——当日收盘价；

　　　C_N——N 日前收盘价；

　　　N——设定参数，一般选设 10 日，也可在 6～14 日之间选择。

（2）应用法则

1）一般情况下，MTM 由上向下跌破中心线时为卖出时机；相反，MTM 由下向上突破中心线时为买进时机。

2）在选设 10 日移动平均线的情况下，当 MTM 在中心线以上时，由上向下跌穿平均线为卖出信号；反之，当 MTM 在中心线以下时，由下向上突破平均线为买入信号。

3）股价在上涨行情中创出高点，而 MTM 未能配合上升，出现背驰现象，意味着上涨动力减弱，此时应关注行情，慎防股价反转下跌。

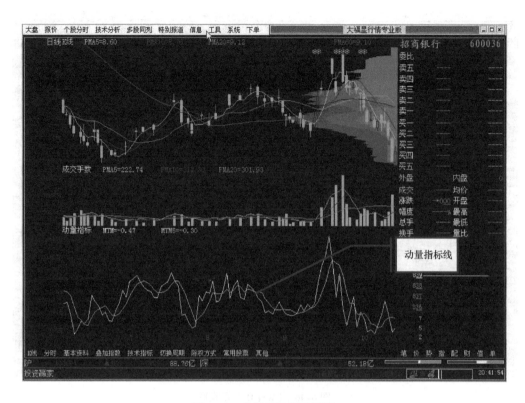

图 6-47 动量指标线示意图

4）股价在下跌行情中走出新低点，而 MTM 未能配合下降，出现背驰，该情况意味着下跌动力减弱，此时应注意逢低承接。

5）若股价与 MTM 在低位同步上升，则显示短期将有反弹行情；若股价与 MTM 在高位同步下降，则显示短期可能出现股价回落。

（3）评价。有时仅用动量值来分析研究，显得过于简单，在实际中再配合一条动量值的移动平均线使用，形成快慢速移动平均线的交叉现象，用以对比、修正动量指标，效果会很好。

18. OSC 指标

OSC（摆动线）指标又称震荡量指标，是从移动平均线原理派生出来的一种分析指标，它反映当前价格与一段时间内平均价格的差离值。OSC 线示意图如图 6-48 所示。

（1）计算公式

$$OSC = 当日收盘价 - 若干天的平均线价$$

（2）应用法则

1）当 OSC 大于 0 且股价趋势仍属上升时，为多头走势；反之当 OSC 小于 0 且股价趋势为下跌时，为空头走势。

2）OSC 可用切线研判涨跌信号。

3）OSC 可用形态学指示进出点。

4）OSC 与价格背离则反转日为时不远。

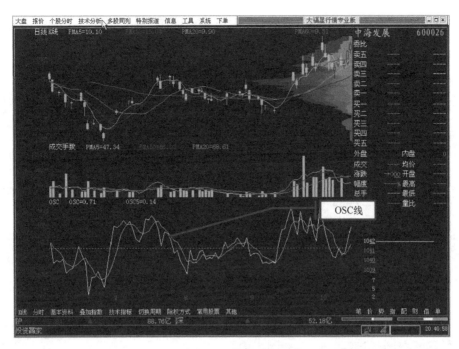

图 6-48 OSC 线示意图

19. PRICE 指标

连接每日的收盘价为一曲线,即价位线(PRICE)。价位线有三条平均线配合,如图 6-49 所示。

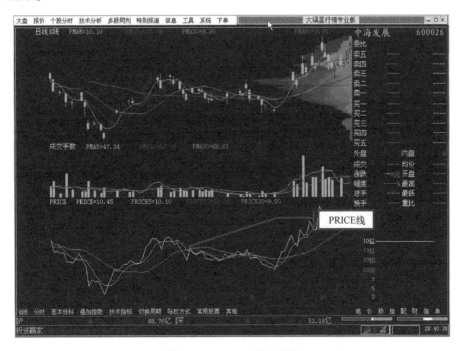

图 6-49 PRICE 线示意图

20. PCNT%指标

PCNT%（幅度比）指标通过计算每日的涨跌幅以曲线表示，由曲线的变化可以很快地了解股价的变动，配有一条平均线，如图6-50所示。

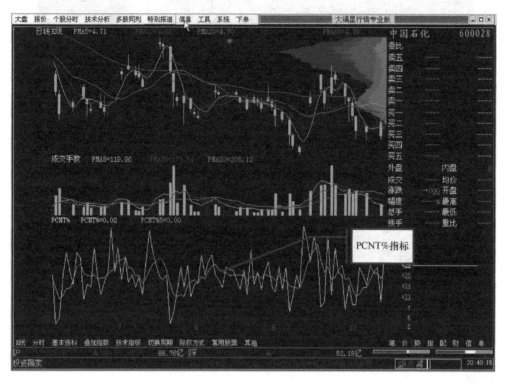

图6-50 PCNT%指标示意图

小资料

证券投资实训要求及操作流程

一、实训内容

1. 证券信息的采集
2. 网上资源的获取
3. 软件下载
4. 建立个人模拟账户
5. 基本分析及技术分析
6. 股票委托买卖

二、实训要点

1. 软件下载
2. 建立模拟账户

3. 进行行情分析

4. 模拟委托买卖

三、实训目的

1. 实现课堂知识与能力训练的对接

2. 熟悉证券分析系统的基本功能

3. 实际感受证券投资的完整过程

4. 感受证券委托买卖的全部过程

四、实训要求

1. 遵守实验室的各项管理规定

2. 根据实训安排认真完成每天的训练内容

3. 不做与实训无关的工作

4. 做好每天的工作日志

五、报告框架

1. 实训时间

2. 训练内容

3. 操作情况

4. 相关分析

5. 实际感受

第七章

网上证券委托

本章指引：

网上证券委托交易，从证券的委托下单、撤单查询、更改密码、银证转账，无不给投资者带来极大的便利。通过本章所提示的业务流程和操作训练，相信投资者首先会感受到网上证券投资带来的全新感觉。投资者并不需要亲临证券营业机构现场，就可以运筹帷幄，完成想要做的一切。

第一节 委托设置

根据目前证券市场的情况，投资者可以登录有关证券网站，下载行情分析软件，以便通过行情分析系统进行个股查询和技术分析。如果想通过互联网进行证券交易，则需要在某一证券公司开户并申请开通网上交易委托之后，下载该公司提供的网上交易系统，即可进行网上证券买卖。

一、登录配置

客户如果具备了上网的条件，就可以到开户的证券营业部办理开通网上交易的手续。选择网上交易，安全性是最重要的。中国证监会对券商开通网上交易做了明确的规定。因此，投资者应选择取得中国证监会颁发的"网上委托交易资格"的券商。此外，券商在保护投资者利益上应有比较完善的风险控制管理措施，网上委托系统应有完善的系统安全、数据备份和故障恢复手段，在技术和管理上要确保客户交易数据的安全、完整与准确。以下，以渤海证券网上交易系统为例进行说明（因版本的不断升级，实际界面会略有不同）。

客户单击网上交易系统主菜单中的"交易"按钮，如图7-1所示，即可进入交易登录对话框，如图7-2所示。

在"交易登录"对话框中，客户只需输入账号及密码，即可登录进入个人账户中。但是由于每个客户上网的途径以及计算机的设置各不相同，因此，首次登录前需对登录方式进行设置。单击"通讯设置"按钮，系统弹出"通讯设置"对话框，如图7-3所示。

第七章 网上证券委托

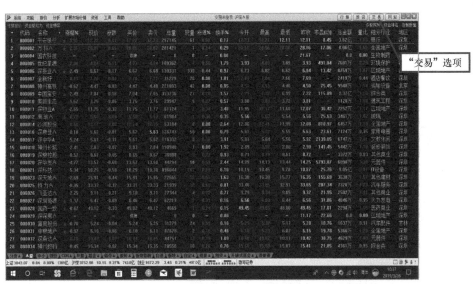

图 7-1 "交易"选项示意图

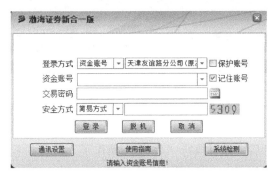

图 7-2 "交易登录"对话框

图 7-3 "通讯设置"对话框

二、登录账户

投资者通过电脑上网进行网上交易，需要先登录到开户的证券营业部。

所谓登录，是指对股民身份进行验证。登录方式有两种：以资金账号登录和以股东代码登录，如图7-4所示。

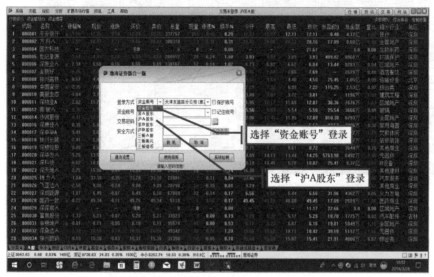

图7-4　交易登录

单击"登录方式"的下拉列表框，出现账号类型，客户可根据自己的需要决定是选择"资金账号"登录，还是"沪A股东""深A股东"或其他选项等。

在输入完必要的信息后，即可执行"登录"操作了。若身份检查不通过，系统会提示相应的信息，如"交易密码错""无此股东账号"等。

单击软键盘按钮，可出现如图7-5所示的数字键盘框，客户可以通过单击鼠标，输入账号或密码数字。

图7-5　输入密码

三、锁屏功能

在交易系统中提供了锁屏功能,主要是方便客户临时退出系统,短时间后再次进入系统进行交易,如图 7-6 所示。

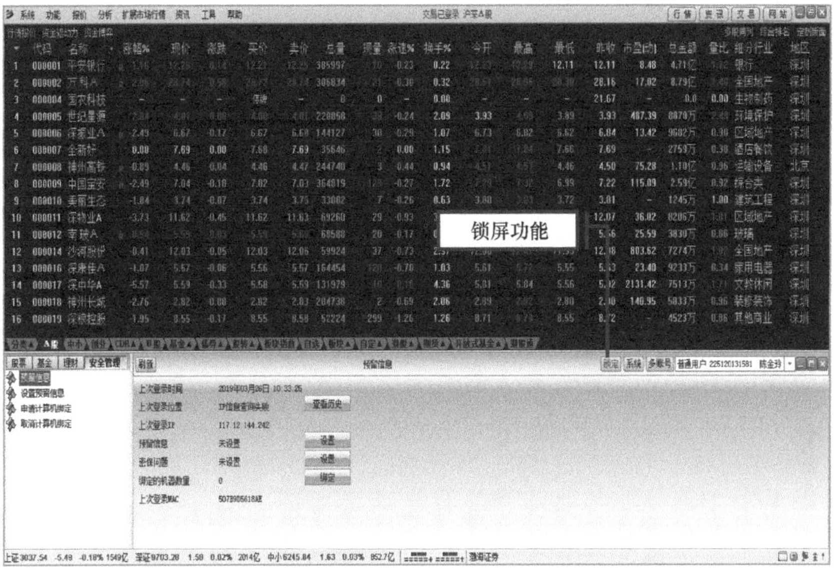

图 7-6 锁屏功能示意图

在此功能中,客户单击"锁定"按钮,系统会最小化。还原时,只需输入交易密码即可,如图 7-7 所示。这样既方便了客户,可以不必每次都输入账号,也使他人无法进入,保护了账号的安全。

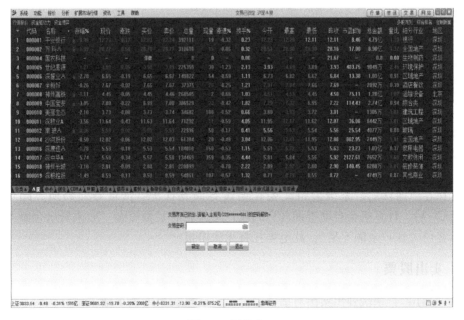

图 7-7 保护窗口

第二节 委托买卖

客户登录进入系统后，可以看到系统界面，如图7-8所示。其中包括买入、卖出、撤单、成交、刷新等功能选项。

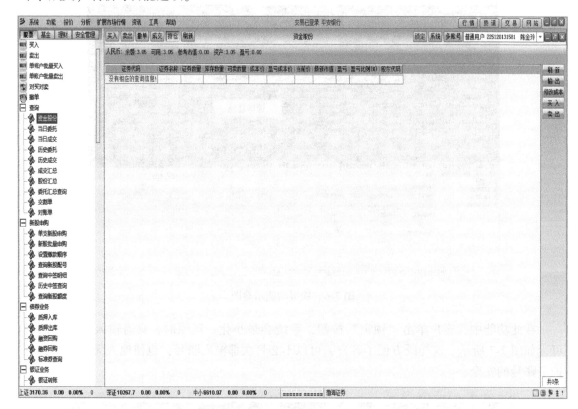

图7-8 系统界面

一、买入股票

单击"买入"，系统弹出买入对话框，根据对话框提出的要求输入证券代码、买入价格和买入数量，如图7-9所示。

一般情况下，网上委托系统将会按照当前价格提示客户，当然，客户也可以自己确定其他价格。在单击"买入下单"后，系统将弹出"买入交易确认"对话框，提示客户确认此项委托。在客户确认后，系统会将此委托通过券商发往沪、深证券交易所。此外，单击"买入确认"后，计算机会自动查询客户的账户中是否有足额资金。如果资金余额不足，程序将提示客户"账户余额不足"，此笔委托将无法申报。

二、卖出股票

单击"卖出"，系统弹出卖出对话框，根据对话框提出的要求输入证券代码、卖出价格和卖出数量，如图7-10所示。

第七章　网上证券委托

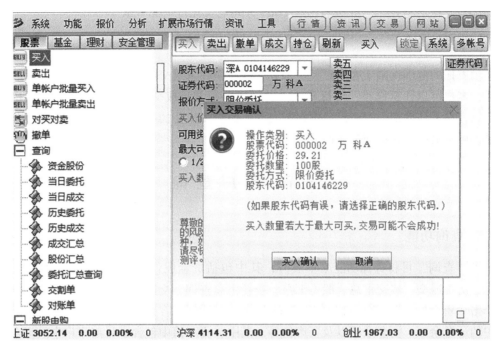

图 7-9　买入股票

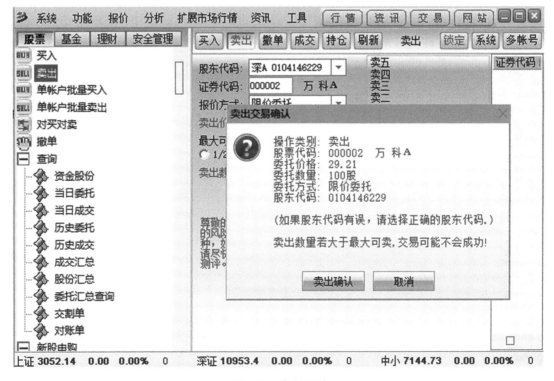

图 7-10　卖出股票

单击"卖出确认"后，计算机会自动查询客户的账户中是否有足额股票，如果股票余额不足,程序将提示客户"股份可用数不足",此笔委托将不能申报。

三、撤销委托

撤销委托的范围仅限于客户已经申报到交易所但尚未成交的委托。对于未进行输入确认的委托,客户可以任意修改,再行确认。对已经申报并且成交的委托,因交易过程已被确认,所以客户无法撤销。对于已经申报到交易所但尚未成交的委托,客户如需改变委托价格或数量,可以将此单在成交前撤回。

第三节 账户查询

一、查询功能

单击"查询"可将查询功能菜单展开,其中包括资金股份、当日委托、当日成交、历史委托、历史成交、成交汇总、股份汇总、委托汇总查询、交割单、对账单等几个选项。

单击"资金股份",系统弹出如图7-11所示的对话框,客户可以通过这一功能查询个人账户中的证券余额、资金余额以及资产值等。其中,资产值中包含了目前账户中的资金余额和持仓股票按照当前市场价格计算出的价值。因此,此资产值会随着市场中证券价格的波动而变化,仅能供客户参考,计算盈亏情况。

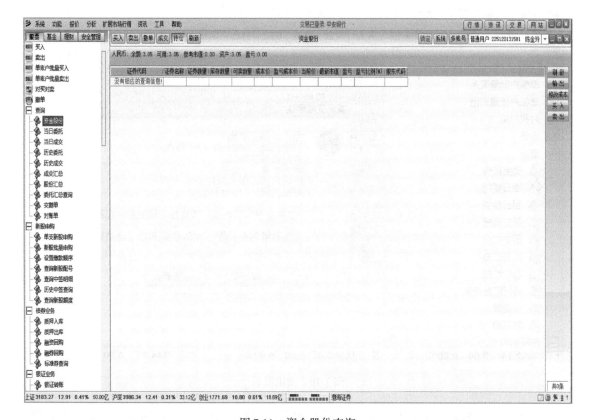

图7-11 资金股份查询

例如资金股份选项用于客户查询个人账户中的资金股份情况,如图7-8所示。其中,当客户当日有委托买入证券后,账户内的资金是处于冻结状态的,同样,当客户当日有委托卖出时,账户中的资金也是处于冻结状态的,禁止客户取款。当日委托买卖的资金会在收市后,由券商与交易所进行清算完成后,才会解除冻结状态。所谓清算,是指交易完成后,证券公司与证券交易所、证券登记结算公司对当天的交易进行对账。证券登记结算公司于交易当天按净额清算原则,对同一会员交易当天的全部买卖进行汇总清算,计算出各会员应收、应付证券或款项的净额,完成清算过程。通过清算过程,买方得到证券、卖方收到款项。证券公司与登记结算公司完成清算交收后,再与投资者进行清算交收。

其中需要说明的是,由于我国证券市场实行的是 $T+1$ 的交收制度,客户当日买入的股票和当日卖出的股票均处于冻结状态,因此,客户的股票账户余额中既包括当日委托已经卖出的股票,也包括委托买入的股票。同样的道理,当日买入的股票当日不可以卖出,但是当日卖出股票的资金可以用于再购入股票,但是不能支取。

二、修改密码

考虑到网上交易的安全性,建议投资者注意保护交易密码,同时经常对交易密码修改、更换。任何一个网上交易系统均设有修改证券交易密码的选项,此选项主要用于修改客户在营业部的交易密码,在单击"修改密码"后,出现"修改密码"对话框,如图7-12所示。投资者可以在对话框中进行密码修改。

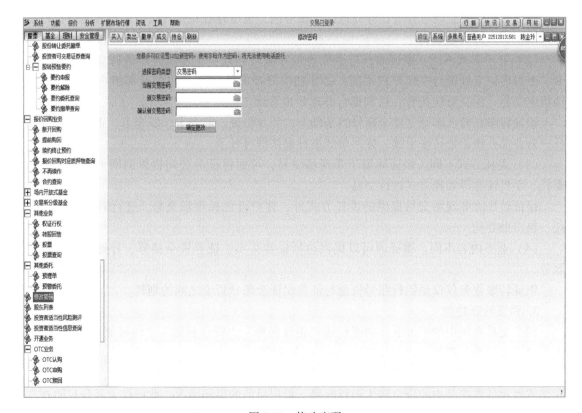

图7-12 修改密码

三、银证转账

1. 银证转账的特点

银证转账是指投资者以电子方式,在其证券资金账户和其他账户之间直接划转资金。例如,投资者持有某些种类的银行信用卡,通过拨打银行或证券公司提供的电话号码,按指令操作,可在证券账户与信用卡账户之间划转资金。银证转账业务使投资者可以快捷、方便地在证券资金账户和储蓄账户间进行资金的实时转账,使投资者炒股、存钱两不误。其业务流程如图 7-13 所示。

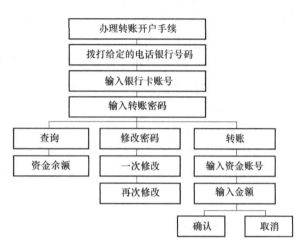

图 7-13 银证转账业务流程

2. "银证转账"和"银证通"的区别

"银证转账"和"银证通"都能省去到营业部存取现金的不便,不受地域限制,方便、快捷。但是作为两种不同的概念,两者在以下方面有区别:

(1) 资金结算处不同。使用银证通投资者无须在券商处开立资金账户,只需将资金存入银行账号便可进行证券委托买卖。

银证转账的资金既可存放在券商保证金账号内,也可存放在银行端,客户需通过银行端的转账电话进行资金划转。

(2) 开户方式不同。银证通开户手续直接在银行办理:①初次开户者持身份证、股东卡、银行借记卡到银行办理开户手续;②非初次开户者需到原开户营业部销户(上交所撤销指定交易、深交所转托管)后到银行办理开户手续。

银证转账在营业部开立资金账号的基础上,凭身份证、股东卡、资金卡、银行借记卡到开户营业部办理银证转账手续,凭回单到银行确认即可开通。

(3) 委托方式不同。银证通属于非现场交易,可通过证券公司提供的网上交易、电话委托、手机证券等委托方式进行交易。

银证转账除非现场交易提供的委托方式外,客户可选择现场交易,进行营业部柜面委托、热自助委托。

(4) 业务内容不同。银证通可以提供包括证券买卖、证券资金结算、分红派息等证券服务。

银证转账业务仅仅是银行账号资金与证券保证金账号资金之间的划转。

3. 银证转账功能

网上交易系统中的银证业务功能包括"银证转账""资金转账""转账流水查询"等。单击"银证转账"按钮,出现如图 7-14 所示的对话框。

(1) 银证转账。银证转账是指客户将银行卡中的资金划转到证券账号中,以方便买入股票或者将证券账号中的资金转入银行账号。根据目前的市场情况,此操作大部分只能在券商营业时间完成,不支持在非工作时间的操作。在此需要强调的是,由于目前我国证券市场

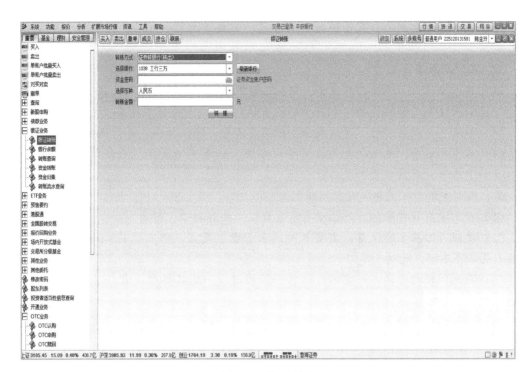

图 7-14 银证转账

实行的是 $T+1$ 交易,即当日委托卖出证券的资金不可以当日取款,但可以用于当日再委托买入证券,因此客户当日委托卖出证券的资金是不允许当日划转到银行账号的。

(2) 资金转账。资金转账是指客户将不同银行账号的资金进行调剂。

(3) 转账流水查询。转账流水查询用于客户查询本账号已经发生的每一笔转账业务的汇总情况。客户也可以用打印机将已查询的流水情况打印出来。

 小资料

证券投资操作策略

一、短线操作五要点

(1) 进出位置确定好。设好止损位和止盈位,短线被套后不要期望有解套的机会,短线票最多在手里 2~3 天。套住就第二天开盘出局,跌 3% 止损。

(2) 三十六计走为上。卖点很重要,期望不要太高,心不要太贪。短线有 5% 左右利润就要出局。

(3) 吃饭要到七成饱。不要满仓操作。把资金分为 3 份,25% 做短线操作,50% 做中线操作,25% 作为预备资金。

(4) 风云莫测保平安。股市无常胜将军,要把握好第一时间的买卖点。涨停的股票第二天在上涨 5% 左右就出局,封一字板的打开缺口就出货。

(5) 独立思考最重要。无论谁推荐的股票，都要靠自己去把握，这样才能拥有自己的感觉。

二、买进后被套怎么办？

(1) 具体操作上，既然已经被套，损失已经做成，不必怨天尤人、痛心疾首。

(2) 如果还有足够的资金（相当于持股市值），可以等待探底结束，补仓摊低成本。

(3) 如果重仓或者满仓，建议减仓，但不要清仓，降低损失，等待低位回补。

(4) 对有些股票，最无奈也是最简单的办法，就是不惧套牢，长线持有。可能这只股本（如中石油）就应该是长线品种。

三、信心+细心+灵感+分析=盈利

(1) 世上没有股神股仙，一切唯有依靠自己。要有耐心、毅力。

(2) 要想得心应手地操盘，需要长时间来看盘、复盘、研究资料、总结心得。投资失败不是本事不够，是功夫不够。

(3) 灵感闪现的时候，一定不能让它一闪而过。一定要抓住笔记下来，随即要根据灵感展开深入分析。

(4) 兴趣是最好的启蒙老师。有了兴趣，还要保持持久的爱业、敬业精神，才能拥有超凡脱俗的收获。

(5) 没有十足的自信就不买入。如果买入，买入之前，至少给自己开列5~10条买入的、技术面、基本面的理由，先让自己信服。

(6) 在不可能亏钱的时机下手买入，然后等待战胜敌人的机会。

(7) 在安全的地方，要敢于加仓，像狮子一样大开口，像鲸鱼一样吃小虾。

(8) 危险的地方，要严于自制，决不"火中取栗"，决不"刀口舔血"。例如，即将退市的股不碰为妙。

(9) 在多空争执、形势不明的时候，手里一定要有资金的"预备队"，不宜满仓。

(10) 风险来临，确认需要虎口逃生的时候，要有壮士断腕的勇气。

(11) 炒股要讲戒律。不要把长线做成短线、短线做成中长线。事先确定的止损位一定要执行。

(12) 多做侠客而少做刀客。做短线的人，好比打打杀杀的"刀客"，难免伤痕累累。做大行情的人（做波段），一般不出手，一旦出手则"一剑封喉"，剑锋所指所向披靡。

(13) 完美的人格成就完美的业绩。成功的投资人，要有政治家的头脑、经济学家的睿智、银行家的精明、投资家的果敢、军事家的胆魄和决断。

(14) 任凭风浪起，稳坐钓鱼台。切忌：不借钱炒股，不盲目投资，不与人攀比。

(15) 进入股市需要独善其身，自我修炼。

第八章

证券投资模拟

本章指引：

按照本章的指引，可以通过相关证券网站，建立一个完全仿真的证券交易模拟账户。通过这个账户，投资者可以综合运用前面学习和训练过的知识与方法进行证券投资模拟。这对实战是非常必要的。

第一节　建立模拟账户

一、模拟交易的概念

证券投资是一项高风险的投资项目。在行情高涨时期，由于投资者持有的证券品种二级市场交易价格的持续飙升，投资者的资金账户内的资产市值也不断节节上升，每个投资者的喜悦溢于言表。但一旦上涨行情结束，伴之而来的则是冷酷的调整行情，大盘及个股以猛烈的下跌宣告调整行情的开始，投资者如果不能及时果断地斩仓出局，则必然要长期忍受高度套牢的煎熬，资产总值严重缩水。因此，在决定参与证券市场投资之前，培养自己对证券市场交易规则和各个交易品种的交易特点以及行情的判断能力，不断提高自身的投资素质，做到对证券投资相对比较熟悉的情况下再正式投身其中，是非常必要的。

投资者在没有正式参与证券投资、没有亲身体验的情况下，怎样才能达到上述要求呢？答案很简单，通过模拟网上证券交易即可得到全面的证券投资体验。

何谓"模拟网上证券交易"呢？即各证券公司网站或专业证券咨询类网站上开辟的单独模块。投资者通过登录相关网站，单击模拟交易并申请注册后，即可利用虚拟的资金自由交易。模拟交易与实时行情同步，交易规则完全遵照实时行情的交易规则，模拟委托下单成交与否完全根据实时行情的实时买卖盘数量，自动计算模拟交易的浮动盈亏。通过模拟交易，投资者可以不断提高自身证券投资的技能和素质，做到比较熟悉证券投资市场后再进行实际交易。

二、注册账户

以"叩富网"为例，首先登录叩富网（http：//www.cofool.com），如图8-1所示。

图 8-1　登录叩富网

单击图 8-1 中的"模拟炒股",进入图 8-2 所示的模拟炒股注册环节。

图 8-2　模拟炒股注册

单击"免费注册",进入如图 8-3 所示的页面,在该页面填写注册信息。

填写相关信息后,会提示注册成功,如图 8-4 所示。

图 8-3　填写注册信息

图 8-4　注册成功

三、建立模拟账户

单击图 8-1 中的"模拟炒股",进入个人账号,如图 8-5 所示。

图 8-5　个人账号

单击"进入个人中心"后，即进入模拟炒股页面，如图 8-6 所示。

图 8-6　进入模拟炒股页面

进入模拟炒股页面后，单击图 8-6 中的"参加大赛"，进入如图 8-7 所示的界面。

第八章　证券投资模拟

图 8-7　选择一个大赛

例如，选择图 8-7 中的"证券模拟交易大赛"，单击"确定"，参赛成功，如图 8-8 所示。

图 8-8　参赛成功

单击图 8-8 中的"确定"，如图 8-9 所示，就可以交易了。

图 8-9　准备交易

第二节　模 拟 交 易

一、进入模拟账户

拥有了自己的模拟账户，投资者就可以登录相关网站进入模拟炒股模块，利用模拟账户中给定的 100 万元虚拟资金进行证券交易了。

首先，在网站首页或相应的页面，输入注册成功的用户名和密码，然后单击"用户登录"，如图 8-10 所示。单击图 8-11 中的"进入交易"，即可进行模拟炒股，如图 8-12 所示。

图 8-10　用户登录

图 8-11　进入交易

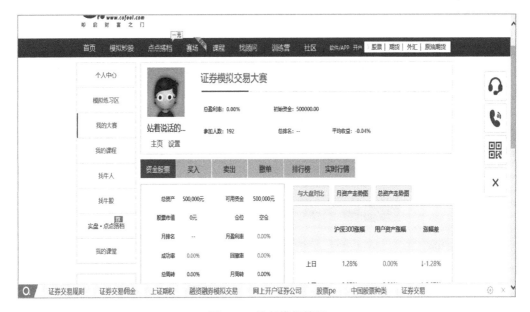

图 8-12　进行模拟炒股

二、进行委托买卖

单击图 8-13 中的"资金股票"，可以查看自己的资金和股票情况。

投资者的资金和股票情况包括总资产、可用资金、股票市值、仓位、月排名、月盈利率、成功率、回撤率、总周转、月周转、正负收益天数、日均盈利、评级、赢大盘、升降、勋章、加入时间和上次登录等内容。

在"资金股票"页面的右半部分，可以看到"与大盘对比""月资产走势图""总资产走势图"。单击"与大盘对比"，可以看到投资者与大盘的对比情况，如图 8-13 所示。在这

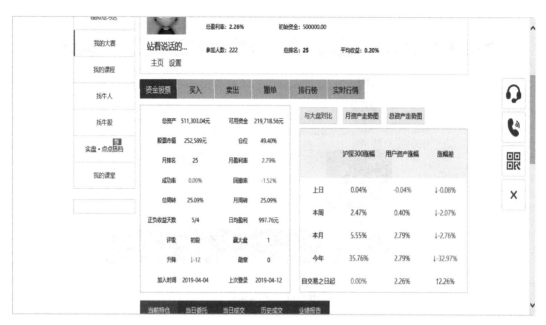

图 8-13 查看资金和股票情况

里,代表大盘的是沪深 300 指数,大家可以看到该投资者与沪深 300 指数的对比情况,包括上日、本周、本月和今年的情况。另外,大家还可以看到该投资者自交易之日起的收益情况。

单击"月资产走势图",可以看到投资者月资产走势图情况,如图 8-14 所示。"月资产走势图"用折线图形象地表明了投资者和沪深 300 指数的月资产涨幅,用折线图形象地表明了投资者的仓位变化,用柱状图形象地表明了投资者的日收益率变化。

图 8-14 月资产走势图

单击"总资产走势图",可以看到投资者总资产走势图情况,如图 8-15 所示。"总资产走势图"用折线图形象地表明了投资者和沪深 300 指数的总资产涨幅。

图 8-15 总资产走势图

单击"买入",输入买入信息,进行股票的买入,如图 8-16 所示。

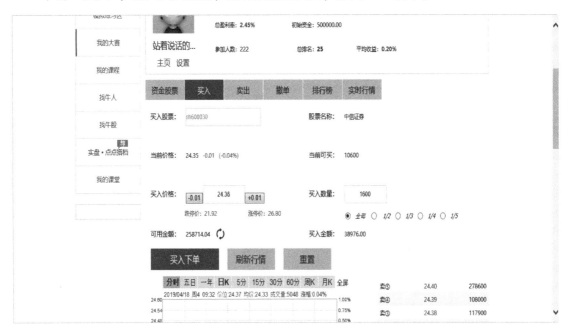

图 8-16 输入买入信息

单击"买入下单",即可进行买入委托,如图 8-17 所示。

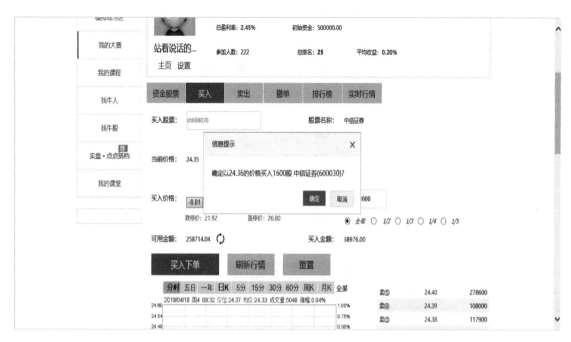

图 8-17 买入委托

单击图 8-17 中的"确定",进行股票买入的下单,会显示下单成功,如图 8-18 所示。

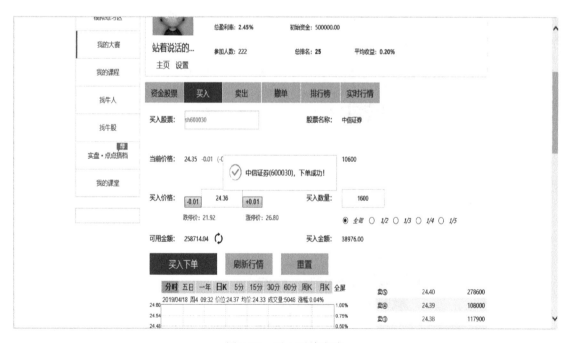

图 8-18 买入下单成功

单击"卖出",进行股票卖出的下单,如图 8-19 所示。
单击"卖出下单",即可进行卖出委托,如图 8-20 所示。

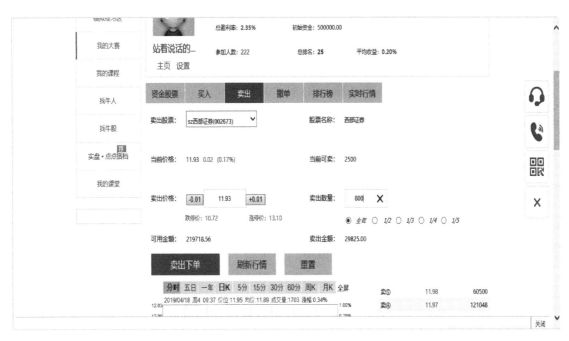

图 8-19　输入卖出信息

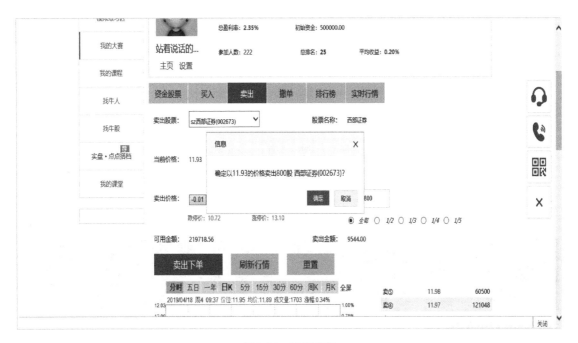

图 8-20　卖出委托

单击图 8-20 中的"确定",进行股票卖出的下单,会显示下单成功,如图 8-21 所示。单击"撤单",即可进行撤单操作,如图 8-22 所示。

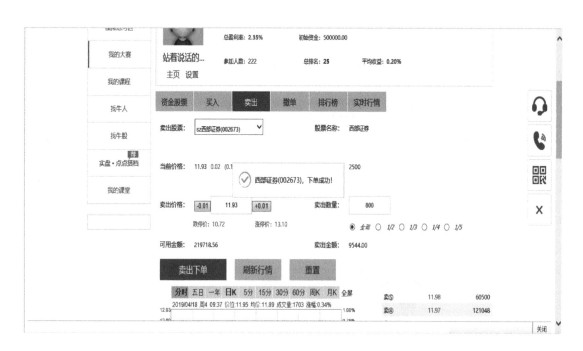

图 8-21　卖出下单成功

图 8-22　进入撤单页面

找到相应的记录，单击"撤销"，会显示确认对话框，如图 8-23 所示。

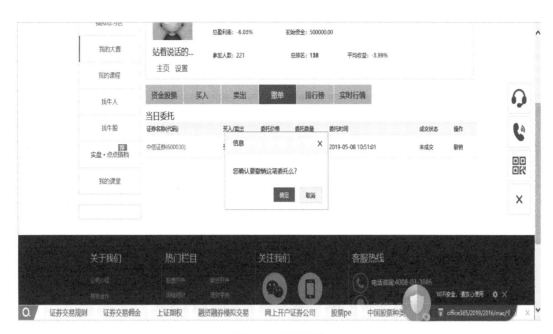

图 8-23　撤单操作

单击"确定",委托撤销成功,如图 8-24 所示。

图 8-24　撤单操作成功

单击"排行榜",可以查看投资者的排行,如图 8-25 所示。投资者的排名主要为总盈利排名,并即时显示排名变化情况。投资者也可以查看总资产、昨盈利、周盈利、月盈利、年盈利、成功率、总周转、月周转、仓位、最大回撤等排名。"排行榜"还根据投资者的盈利情况授予其相应的"段位"。

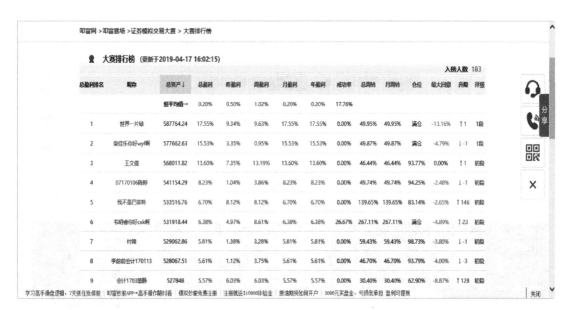

图 8-25 排名情况

单击"实时行情",可查看证券市场的实时行情,如图 8-26 所示。

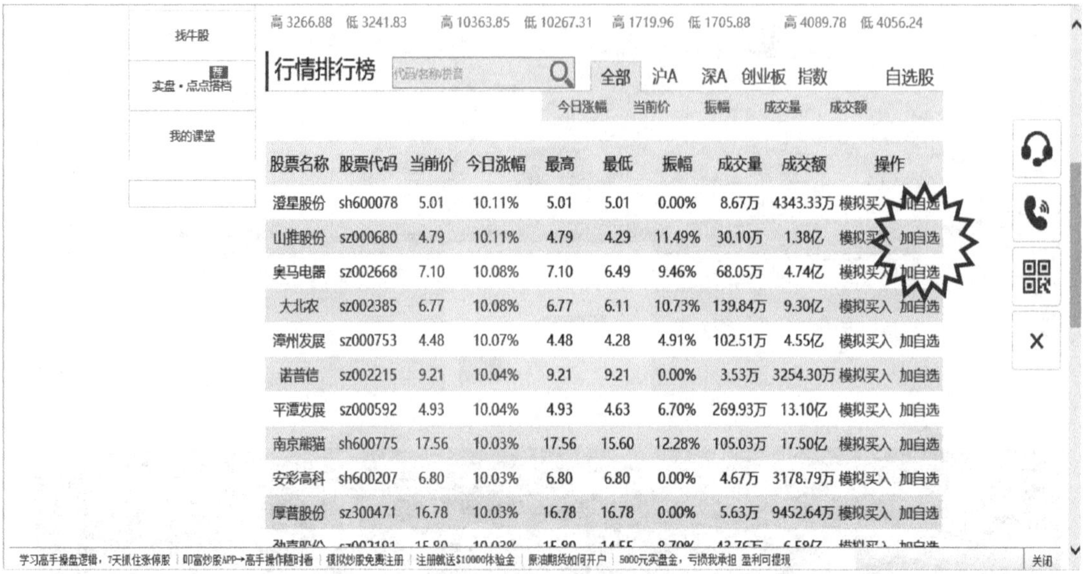

图 8-26 实时行情

如果投资者对某只股票感兴趣,可以将其加入到自选股。例如,投资者对"澄星股份"感兴趣,单击"加自选","澄星股份"就加入该投资者的"自选股",如图 8-27 所示。

投资者以后可以直接单击"自选股",重点关注自己感兴趣的股票。

如果投资者对某股票失去了兴趣,可以从自选股中删除该股票。例如,投资者对"仁和药业"失去了兴趣,就可以直接单击"删除",如图 8-28 所示。

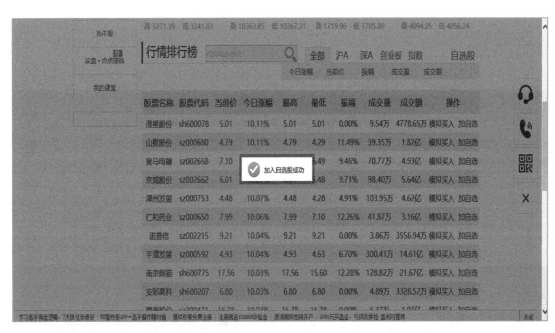

图 8-27 加入自选股

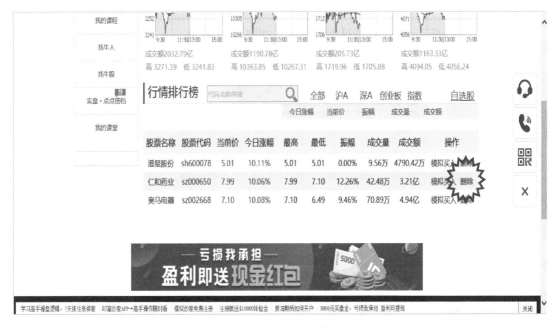

图 8-28 查看自选股

三、相关内容操作

单击"当前持仓""当日委托""当日成交""历史成交""业绩报告"等,可以查询相关信息。

单击"当前持仓",可查看当前持仓情况,如图 8-29 所示。

图 8-29　当前持仓情况

单击"当日委托",可查看当日委托情况,如图 8-30 所示。

图 8-30　当日委托情况

单击"当日成交",可查看当日成交情况,如图 8-31 所示。
单击"历史成交",可查看历史成交情况,如图 8-32 所示。

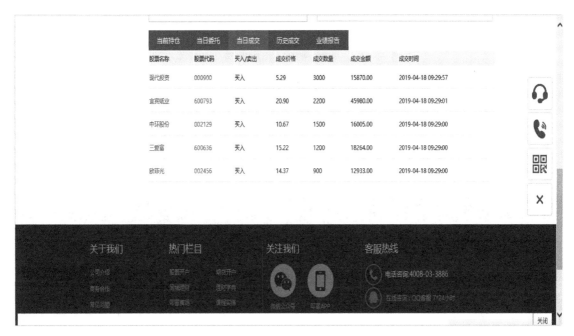

股票名称	股票代码	买入/卖出	成交价格	成交数量	成交金额	成交时间
现代投资	000900	买入	5.29	3000	15870.00	2019-04-18 09:29:57
宜宾纸业	600793	买入	20.90	2200	45980.00	2019-04-18 09:29:01
中环股份	002129	买入	10.67	1500	16005.00	2019-04-18 09:29:00
三爱富	600636	买入	15.22	1200	18264.00	2019-04-18 09:29:00
欧菲光	002456	买入	14.37	900	12933.00	2019-04-18 09:29:00

图 8-31　当日成交情况

股票名称	股票代码	买入/卖出	成交价格	盈亏成本	成交数量	成交金额	成交时间	收益率	交易盈亏
现代投资	000900	买入	5.28	0.00	700	3696.00	2019-04-12 10:27	--	--
现代投资	000900	买入	5.28	0.00	700	3696.00	2019-04-12 10:26	--	--
现代投资	000900	买入	5.28	0.00	700	3696.00	2019-04-12 10:26	--	--
宜宾纸业	600793	卖出	20.80	17.10	600	12480.00	2019-04-12 10:25	21.64%	2220.60
宜宾纸业	600793	卖出	20.80	17.79	600	12480.00	2019-04-12 10:25	16.94%	1807.80
现代投资	000900	买入	5.28	0.00	2000	10560.00	2019-04-12 10:22	--	--
高鸿股份	000851	买入	7.48	0.00	3000	22440.00	2019-04-12 10:21	--	--
大禹节水	300021	卖出	7.75	7.45	1500	11625.00	2019-04-12 10:20	3.97%	444.00
宜宾纸业	600793	卖出	20.83	18.39	800	16664.00	2019-04-12 10:19	13.27%	1952.80
西部证券	002673	卖出	12.31	12.21	500	6155.00	2019-04-12 10:19	0.85%	52.00

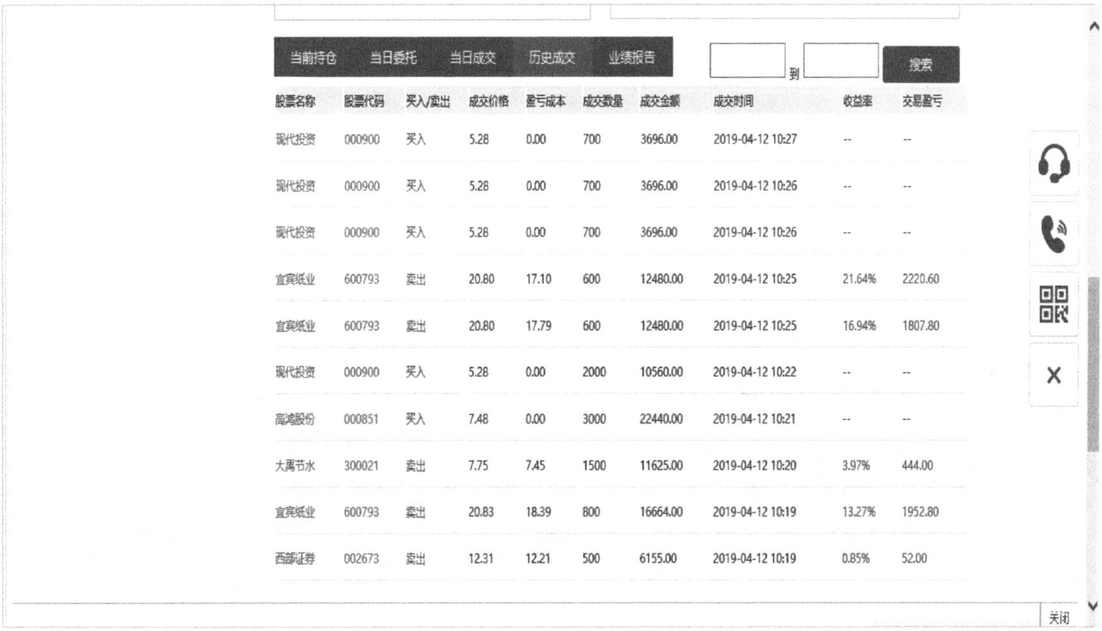

图 8-32　历史成交情况

单击“业绩报告”，可查看自己的业绩情况，如图 8-33 所示。

单击“股票收益明细”，可查看自己的股票收益明细，如图 8-34 所示。

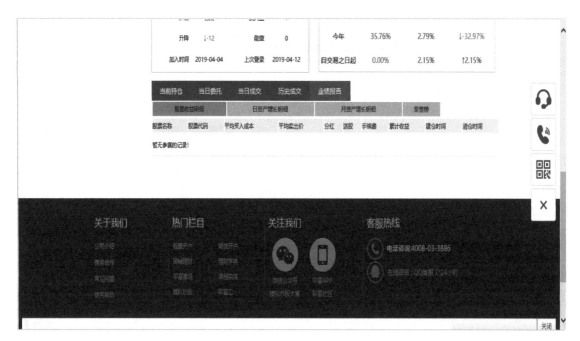

图 8-33　业绩报告

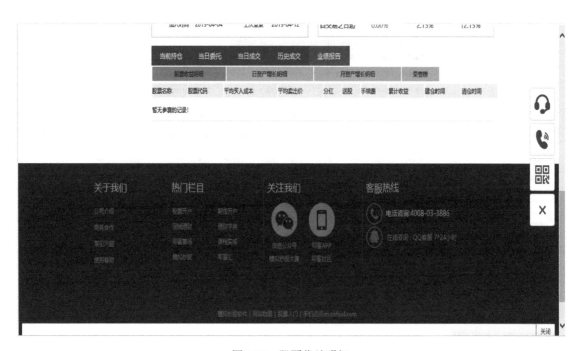

图 8-34　股票收益明细

单击"日资产增长明细",可查看自己的日资产增长明细,如图 8-35 所示。
单击"月资产增长明细",可查看自己的月资产增长明细,如图 8-36 所示。

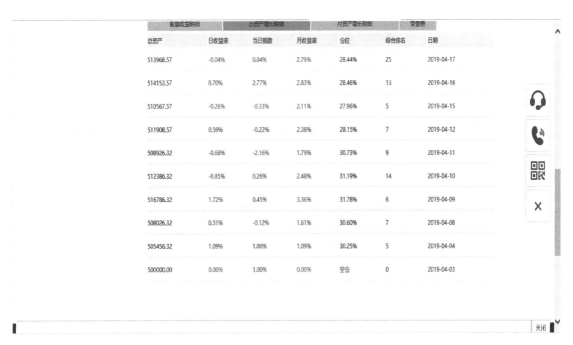

图 8-35　日资产增长明细

图 8-36　月资产增长明细

单击"荣誉榜",可查看自己的荣誉情况,如图 8-37 所示。

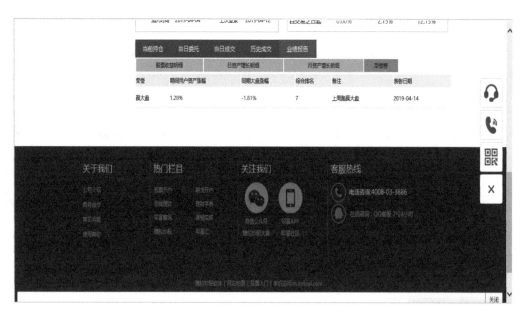

图 8-37 荣誉榜

模拟炒股大赛

一、大赛简介

模拟炒股大赛是利用沪深 A 股、B 股市场进行投资的模拟炒股市场。一般设置市场每位选手起始资金为若干人民币，人们可以用这些资金进行股票委托买卖；股票买卖的规则同证交所规定基本一致，包括：不能透支及买空卖空，撮合成交按照价格优先、时间优先的原则，与沪深证交所的交易时间和券种相同，没有新股申购等；交易费用与现行制度完全统一：买卖均收取 0.1% 的交易佣金（买卖沪市 A 股另收取 0.1% 的过户费），卖出时收取 0.1% 的印花税。

二、相关系统

1. 支持权证交易的模拟炒股系统

权证是 T+0 交易，是非常需要具有操盘感觉的一类投资品种，很多权证操盘手都是经过长时间的练习而获得经验的。而模拟炒股非常适合做这个练习，比如道富投资。但有的模拟炒股系统，行情更新速度慢，并不适合操作权证。因此一定要选择行情更新速度快的系统。

2. 考虑成交量控制的模拟炒股系统

关于成交量的控制，模拟炒股系统是这样处理的：①模拟炒股系统轮询行情的分笔成交，将每一个分笔成交价和成交量作为模拟炒股系统撮合的依据。②模拟炒股中所有账户针对这一股票的委托，按照价格优先、时间优先的原则，排在最前面的委托先成交上述分笔成交。成交的价格是实盘分笔成交的价格，成交的量是实盘分笔成交的量。③排在前面的账户成交完了，如果还有分笔成交量没有撮合，系统就继续成交下一个账户。④上述过程不断往复，从而对模拟盘进行撮合成交。

有三个因素可能造成不能成交或者部分成交：①每个行情系统的分笔成交量都会有所不同，这是受制于卫星接收和行情转码的时间交错的，在某个行情系统里看到的分笔成交量，不一定就是场内真实的分笔成交量，也会和另外一个行情系统看到的分笔成交有所不同。因为卫星每10s发送一次数据，这10s内有可能会产生多笔不同价格的成交。②模拟炒股系统轮询分笔成交，可能漏掉了部分分笔成交量。比如模拟炒股轮询程序由于要处理大量数据，可能在某一时间造成只能15s轮询一遍所有的股票，恰好错过了卫星10s发送一次的某一分笔成交，造成该笔分笔成交不能在模拟盘撮合成交。③由于价格优先的因素，有其他模拟炒股账户也买入了某个股票，虽然委托时间晚，但是如果价格优先，就优先成交，这和交易所的规则是一致的。

所以，如果买家确认要买，应该预留更多的价格余量，按照价格优先的排队撮合原则，可以优先成交。模拟炒股系统如此控制成交量，是为了更好地体现实盘情况、公平竞赛、以体现投资水平为主的宗旨，可以避免投机取巧或者造成不真实的获利。取消成交量的控制也是可以的，只要价格一到，所有的模拟炒股委托单都全部成交。这样可以避免因为系统轮询或者委托单排队造成不能成交或部分成交。但是如果这样，会产生更多的问题，而且比赛会更加不能体现参赛选手的投资水平。

这种系统的设计思路是，在细节上尽量贴近真实股市，但因为模拟股市和真实股市的本质区别（交易能否影响价格），这种细节的试图贴近事实上并无太大成效，反而造成用户思维混乱，因此互联网上又出现了下面的简化版本。

3. 忽略成交量的模拟炒股系统

因为模拟股市的成交不能影响实际股价，有一些专业的模拟股市网站已经意识到，模拟股市不能强调股价操作，侧重点应为锻炼选股能力，因而出现了一种更为简单直接也易于理解的模拟成交系统。这种系统的交易规则如下：股票实际价格到了客户的委托价即全部成交，不受实际买卖委托盘数量的限制；股票价格到了涨跌停板后不再成交，直到停板被打开。这种系统更容易被新手所理解，也清晰易用，目前国内主流的模拟股市网站都采用类似系统，而采用成交量控制的模拟系统已经越来越少。考虑到大单交易的模拟炒股系统，由于采用成交量控制，模拟炒股客户委托价格并不会影响到实际行情的变化，客户在玩模拟炒股的时候，小资金体验往往是仿真度较高的，而多数模拟炒股系统都不能体现大资金对行情的影响。游侠股市模拟炒股系统独创了一套大资金手续费系统，只要客户有足够的模拟资金并愿意出高价，系统将提供高度接近于现实股市中大资金影响价格的因素情形，让客户在模拟交易当中也能锻炼大资金操盘技术。

三、虚拟盘规则

各网站提供的模拟炒股交易规则大同小异，以道富投资实盘模拟炒股为例，具体交易规则如下：

1. 交易标的

本次比赛交易标的为沪深两市A股除创业板、ST类（因经营不善被交易所特别处理的股票）以及上市不足 100 天的新股外的几乎所有活跃交易股票。

2. 交易制度

T+0 双向交易制度。

3. 涨跌幅度

±10%。

4. 账户资金

每个注册账户系统分配模拟资金 10 万元。

5. 交易时间

上午 9：35—11：30，下午 13：00—14：55；建仓成交后即可正常平仓操作。

6. 交易单位

最小交易单位：1 手（1 手 = 100 股）。

7. 交易手续费

建仓手续费/平仓手续费：1/1000，手续费不足 5 元按 5 元收取。平仓不收取印花税。隔夜留仓费：4/10000，不足 5 元按 5 元收取（周末节假日不收取留仓费）。

8. 建/平仓规则

若某只股票建仓时涨跌幅达到 9%，交易系统不给予建仓单。如有客户使用外挂软件或采用黑客行为进行非法投注，包括异常下单、异常关联账户、集团账户、拖拉机账户等非法操作，系统将取消所有注单，锁定全部账户，冻结资金，不得有异议。

9. 持仓规则

留仓股票必须于规定期限内自行平仓，最多可留仓 10 日（含周末休息日）；未自行平仓者，以到期日下一个交易日开盘之后的价格进行自动平仓（若到期日遇法定节假日则以节假日之前最后一个收盘价进行自动平仓）。

10. 仓位管理

选手可满仓操作一只或多只股。

11. 退市警示

如持仓股票被实施退市警示，交易系统在该股票实行退市公告日当日或前一日，对该持仓股票收盘后予以强制平仓。

12. 仓单查询

建仓、平仓下单后，请到交易系统中"持仓单""平仓单"栏目里查看，确认操作是否成功。除权/除息规则对于持仓股票进行除权/除息（上市公司发放股息红利的日子）或者个股配股时，客户需在前一日自行平仓，否则系统将以除权/除息前一日的收盘价进行全数强行平仓，不得有异议。

13. 停牌规则

交易股票如遇连续停牌 5 个交易日，则以最后一个交易日的收盘价进行平仓操作，不得有异议。

14. 成交价格

交易系统上所见的股票即时价格仅供下单参考并非成交价格，下单后有下单买卖时间和价格记录，供与市场对比。

15. 委托平仓

选手通过网络在交易时间内以及涨跌幅限制内当天委托建/平仓有效（隔日无效），若遇网络延迟或系统故障导致数据中断与延误，如客户无法操作，可及时联系在线客服或致电，进行委托平仓，平仓价格以成交价格为准，暂不接受委托建仓。

16. 价格标准

对于交易系统数据差异，大赛举办方之一贝尔金融持有修正的权利，如有争议以大赛举办方之一招商证券提供的价格资讯为标准。

17. 账户结算

系统结算时间为16：00，结算后客户需自行查看账户资金和留仓状况，如有留仓的请关注"账户资金"和"净值"。

18. 条款声明

道富投资对于价位上的人为失误，保有修正的权利。本交易规则如有未尽事宜，可视状况随时调整。以上是股票交易规则和协议条款，道富投资保留规则和条款的最终解释权。

第九章

网上信息采集

从某种意义上说，证券投资实际上是买卖双方对未来市场走向的一种判断和预测的博弈过程。对于投资者来说，首先需要及时获得各种相关信息，这是对市场进行分析判断的基本前提。在这方面，互联网为我们提供了极大的便利。因此，熟练掌握和运用网上信息采集的方法，将会使我们受益无穷。

第一节 证券信息采集

一、证券信息捕捉

证券市场同时也是一个信息市场，大至国家的大政方针、宏观经济政策，小至个别上市公司经营业绩的急剧变化，均对证券市场产生不同的影响。配合大盘的变化（见图9-1），

图9-1 深证成指

及时捕捉与证券市场相关的各种信息,并对之加以客观理性的分析,判断其对证券市场会产生何种影响,以此来指导自身的证券投资策略,是投资者搜集证券信息的首要目的。

二、网上信息分类

捕捉互联网证券信息,首先要了解互联网上与证券市场相关的信息种类。目前互联网上提供的与证券市场相关的各种信息多种多样。例如,登录东方财富网的"股票"频道,即可浏览到大量的相关信息,如图9-2所示。

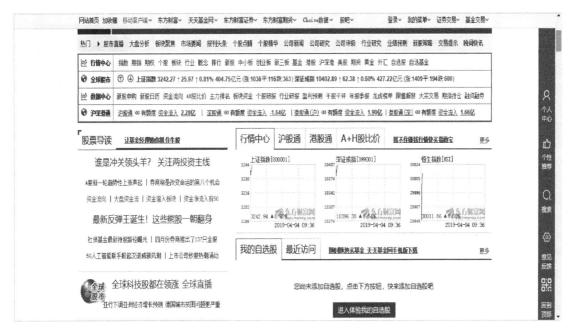

图 9-2　东方财富网的"股票"频道

除了以上在互联网上可以获得的各种信息外,还有一种非正式的与证券市场相关的信息,即各种市场传闻,对市场的走势起着推波助澜的作用。对市场有利的传闻有时能够推动大盘或个股强劲上涨,而对市场不利的市场传闻有时则会带动大盘或个股出现猛烈的下跌行情。市场传闻一般在各种股市论坛上传播,投资者可以通过浏览某一股市论坛获得。图9-3为著名财经资讯网站金融界论坛的界面。

通过图9-3可以看到,浏览各种股市论坛,可以取得各种关于大势或个股的传闻信息。证券市场信息既然是通过互联网传播的,那么通过哪些网站可以获得证券市场信息呢?

一般来说,刊载证券市场信息的互联网网站均为各种财经证券类网站。主要可以分为以下几类:

(1) 证券公司开设的证券资讯网站,如渤海证券、海通证券、国泰君安证券、国信证券、华夏证券、银河证券等。

(2) 由金融财经类专业网络公司开设的证券资讯网站,如和讯、金融界等。

(3) 证券投资咨询公司开设的财经类网站,如新兰德、山东神光等。

(4) 三大证券新闻媒体开设的网站,包括证券时报网站、上海证券报(中国证券网)、中国证券报网站。

图 9-3　金融界论坛

（5）综合性、专业类财经网站，如中国债券信息网、中国基金网等。

（6）证券监督、管理机构网站，如中国证监会、中国证券业协会、深沪证券交易所的网站。

另外，新浪和搜狐作为我国两大著名互联网网站，其财经栏目上的各种证券信息也非常及时全面。

由于各类网站面向不同类别的证券投资者，各网站对各种证券信息的刊载种类也不完全一致，各网站的栏目板块和特色各不相同。例如，管理机关网站侧重于宏观经济信息以及相关政策、规则、制度的发布和市场数据的统计等；券商资讯网站则侧重于面向在本公司各营业部进行证券交易的各类投资者开辟业务知识介绍专栏和客户服务类栏目，以及介绍本公司的各类研究成果等；其他类别网站也各有各自的特色。但一个共同的特点是，管理层发布的关于证券市场的经济政策、规则等重大事项，各网站一般均在网站首页显著位置转载。

第二节　信息搜索方法

一、信息快速浏览

投资者登录资讯网站主页面后，就可以浏览证券信息了。先浏览主页面的各项内容，如果查找到需要的相关信息，单击标题后即可进入详细内容页面。如果主页面没有需要的相关信息，可以单击主页面信息区内每个栏目中的"更多"提示词，进一步查找，或者单击主页面导航栏中的每个主目录，进入下一级目录进一步查询。

以东方财富网为例，登录后单击"要闻"，如图 9-4 所示。

图 9-4　进入要闻

在要闻网页浏览到"再融资规则酝酿修改 目前尚未有监管定论"这一信息,如图 9-5 所示。

图 9-5　注意到一个信息

单击标题,就可以详细阅读该文了,如图 9-6 所示。

投资者还可以进入综合性网站获取相关信息,下面以新浪为例。

图9-6 相关信息浏览

登录新浪，如图9-7所示。

图9-7 登录新浪

投资者通过单击页面上的分类目录，进入相应页面信息。例如，单击"股票"，则可直接进入相关页面，详细浏览各项信息，如图9-8所示。

图 9-8　新浪股票页面

二、登录专业网站

投资者如果希望查询某一类项目的专门信息，除了在一般财经网站查找浏览外，还可以登录该项目的专业网站。如果投资者需要专门查询关于上市公司的信息，可以登录中国上市公司资讯网。在浏览器地址栏中输入 http：//www.cnlist.com，按〈Enter〉键，即可登录中国上市公司资讯网浏览信息，如图 9-9 所示。

图 9-9　中国上市公司资讯网

如果投资者想专门查询与债券相关的信息，也可以登录中国债券信息网，在浏览器地址栏中输入 http：//www.chinabond.com.cn，按〈Enter〉键，即可登录中国债券信息网浏览信息，如图 9-10 所示。

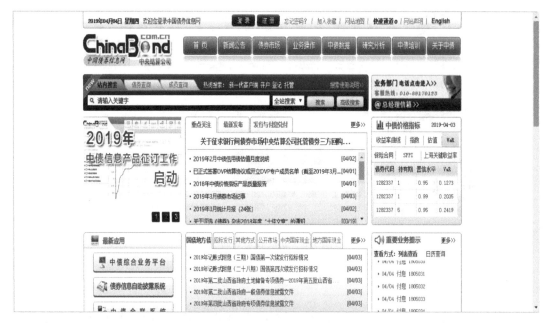

图 9-10　中国债券信息网

投资者如欲查询与基金相关的各项信息，可以登录中国基金网或其他基金管理公司网站。在浏览器地址栏中输入 http：//www.chinafund.cn，按〈Enter〉键，即可登录中国基金网浏览信息，如图 9-11 所示。

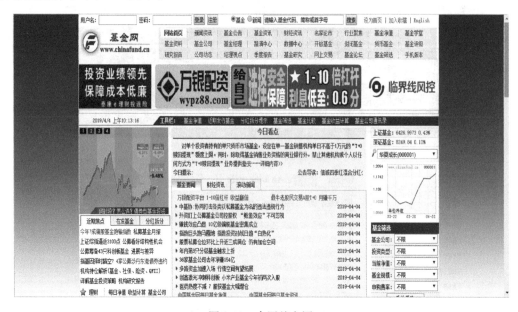

图 9-11　中国基金网

三、使用搜索引擎

如果投资者需要查询某类信息，但在互联网上浏览不到应该怎么办？为此，每个网站上都提供强大的信息检索功能，"信息检索"栏将帮助你。

一般网站均开辟有搜索功能，如中国证券网，如图9-12所示。

图9-12　中国证券网搜索

在文本框中输入要查询的文字，例如，在中国证券网搜索"2018年报"，范围选择"全部网页"后，网站将搜索到的相关信息展现在页面中，可以翻屏单击浏览，如图9-13所示。

图9-13　相关页面显示

四、关注网上路演

近年以来,网上路演成为上市公司进行新股发行、增发等业务推介活动采取的重要形式。所谓网上路演,是指上市公司等业务主体充分利用因特网的特点,在网站上采取网上互动交流的方式而进行的业务推介活动。

网上路演、网上直播是证券时报全景网络中国网上路演中心首创的网上互动和新闻发布模式。近年来中国证券网等均推出了网上路演。网上路演刚推出时主要是配合拟公开发行股票的上市公司进行新股推介活动。现在网上路演已由最初的新股推介演绎为上市公司的业绩推介、产品推介、上市抽签、上市仪式直播、重大事件实时报道等多种形式。通过中国证券网中的"路演",可以进入四川天味食品集团股份有限公司网上路演首页界面,如图9-14所示。

图9-14 中国证券网——路演

网上路演活动一般由上市公司高管人员和承销商及其他中介机构代表参加,向投资者做全方位介绍,同时通过网上交流,对投资者提问给予答复。网上路演一般包括发行信息、嘉宾介绍、视频直播、网上交流、公司风采等栏目。投资者在通过各栏目了解了公司的基本情况以后,可以通过网上交流栏目就公司各方面的问题提问,公司高管人员或中介机构相关人员将给予答复。

第三节 资讯网站收藏和互联网信息交流

一、收藏资讯网站

财经资讯类网站众多,投资者如何能够迅速地查找自己想浏览的站点呢?

首先,收集各类财经信息资讯的网址,了解各网站的自身特色,根据自己的需要将网站进行相应的归类。例如,将行情分析类网站归为一类,将券商官方网站归为另一类等。

其次,在浏览器"收藏夹"建立不同类别的文件夹。方法为打开浏览器,单击网页上方的"收藏"按钮,在下拉菜单中选择"整理收藏夹",如图 9-15 所示。

图 9-15　选择"整理收藏夹"

在随后出现的"整理收藏夹"界面,右击"收藏栏",选择"添加文件夹",如图 9-16 所示。

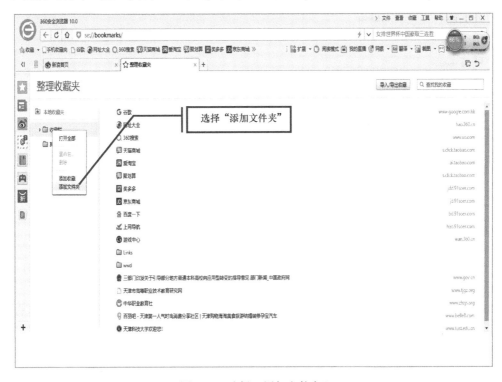

图 9-16　选择"添加文件夹"

单击"添加文件夹"后,在"收藏栏"的子目录出现一个新的文件夹,如图9-17所示。

图 9-17 创建文件夹

可以根据自己对网站的归类,将新的文件夹命名为相应的类别。例如将其命名为"股票网站",如图9-18所示。然后单击"关闭"按钮,自动返回主界面。

图 9-18 建成"股票网站"文件夹

至此,创建新文件夹的任务就完成了。

文件夹创建之后,下一步将相应的网站添加到新建的文件夹中去。例如,打算将"中国证券网"添加到"股票网站"文件夹中,则进行如下操作:

在浏览器地址栏中输入中国证券网的网址:www.cnstock.com,按〈Enter〉键登录该网站。然后单击"收藏",在下拉菜单中单击"添加到收藏夹",如图9-19所示。

图 9-19　将有关网站添加到收藏夹

在随后出现的添加到收藏夹界面中单击"本地收藏夹",选择"股票网站",然后单击"添加"即可,如图 9-20 所示。

图 9-20　选择相应的文件夹

至此就完成了将中国证券网添加到浏览器收藏夹中这一工作。完成后可以通过以下方法看是否真正将中国证券网添加到"股票网站"文件夹中：单击浏览器上面"收藏"，在出现的下拉菜单中，将鼠标指针指向"股票网站"后看到，在文件夹"股票网站"右边自动弹出中国证券网的名称，如图9-21所示。

图 9-21　收藏结果检查

可以根据以上步骤，将自己收集的各类财经证券信息类网站收藏到不同的文件夹中。完成以后，将为查找相关信息带来极大的方便。

二、互联网信息交流

以上介绍了收藏互联网上相关证券财经信息网站的方法，但当投资者对大盘的走势感到迷茫，需要向其他专业人士咨询，或者想和其他人士探讨股市发展中的各种问题、想沟通看盘技巧，甚至想从其他渠道了解股市中的各种传闻时，又该怎么办呢？途径就是参加网上股市论坛，从论坛中浏览各种故事、传闻、其他参加者的股市分析和看盘技巧等。

例如，登录东方财富网，如图9-22所示。

单击"股吧"，进入股吧页面，如图9-23所示。

第九章　网上信息采集

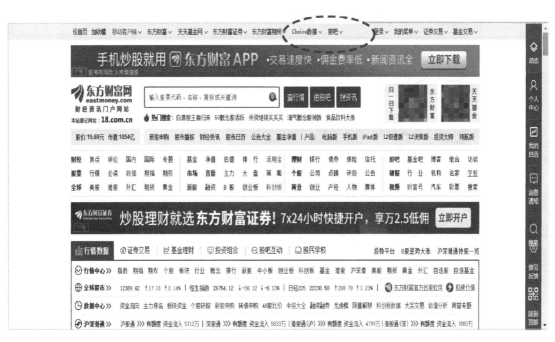

图 9-22　东方财富网主页

图 9-23　股吧页面

单击"注册",进入注册页面,如图 9-24 所示。
单击"5 秒快速注册",进入"用户注册"页面,如图 9-25 所示。

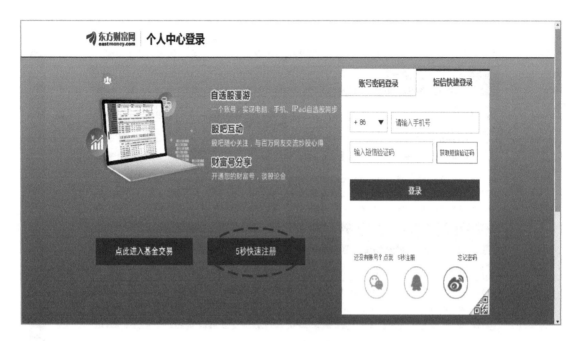

图 9-24 注册页面

图 9-25 "用户注册"页面

输入手机号码,单击确定,如图 9-26 所示。

输入验证码,单击"确定",如图 9-27 所示。

图 9-26 输入手机号码

图 9-27 输入验证码

输入短信验证码和密码,勾选"我已经阅读并接受《服务条款》和《隐私协议》",如图 9-28 所示。

单击"同意协议并注册",就注册成功了,如图 9-29 所示。

成功后,即可进入"股吧",如图 9-30 所示。

图 9-28　输入短信验证码密码并接受协议

图 9-29　注册成功

总之，互联网不仅使证券委托更加便利、快捷，而且为投资者提供了广泛的信息。通过互联网，人们足不出户就可以了解方方面面的信息并进行在线交流。因此，投资者熟练掌握和运用网上信息采集的方法，将会受益无穷。

图 9-30　进入"股吧"

小资料

证券市场权威报刊

一、《中国证券报》

《中国证券报》是 1992 年新华通讯社出版的报刊，是全国性证券专业日报，是中国证监会指定披露上市公司信息的报纸，中国银保监会指定披露保险信息、信托公司信息的报纸。

1. 办报宗旨

《中国证券报》的办报宗旨是：宣传党和国家有关经济、金融、证券的方针政策，传递金融、证券信息，评析金融、证券市场，普及金融、证券知识，做可信赖的投资顾问。

2. 报纸定位

《中国证券报》以证券、金融报道为中心，报道国内外经济大势、宏观经济政策；报道证券市场、上市公司等专业领域；关注货币、保险、基金、期货、房地产、外汇、黄金等相邻市场，并在更加广阔的财经领域有着较大的影响力。《中国证券报》的目标是做高水准的财经报纸，即所刊登的文章有较多的独家新闻、深度报道和具有前瞻性的分析评论，这些文章被较多地转载、援引、提及，受到人们的关注和重视，从而在较大程度上引导舆论，影响人们对证券市场、金融形势和经济走势的看法。作为全国性的证券专业报纸，《中国证券报》努力弘扬报道的权威性，帮助读者把握宏观政策精神，宏观认识市场走势;着力增加有效信息量,方便读者及时了解国民经济、行业部委、上市公司和证券市场等各个层面的信息,为其投资决策提供有效参考;注重市场报道的实用性。同时,重视发挥媒体的舆论监督功能,揭露并抨击重大违法违规行为,维护投资者利益,促进证券市场健康发展。

3. 发展价值

《中国证券报》在北京、上海、深圳、辽宁、广东、湖北、山东、福建、四川、重庆、江苏、浙江、海南、陕西等14个省市设有地方总部或记者站,它们和新华社遍布全球的分社、支社为《中国证券报》提供了广泛的信息来源。《中国证券报》每周一至周六出版,平均每日出版对开32版,海内外公开发行。全国各地邮局均可破季破月订阅,各城市还设有零售业务。

二、《上海证券报》

《上海证券报》是1991年新华通讯社出版的报刊,是新中国第一张以提供权威证券专业资讯为主的全国性财经类日报,是中国证监会、中国银保监会指定的相关行业信息披露媒体。目前每天常规的出版数为对开20版,最高发行量达80万份。2018年3月,获"2017年百强报纸"荣誉。

1. 刊物宗旨

《上海证券报》的办报宗旨是:积极宣传党和政府有关经济、金融、证券、保险等方面的方针、政策,传递金融、证券和其他重要财经信息,提供及时、有效、实用的市场分析和服务,普及金融、证券知识,引导投资者树立正确的投资理念,促进中国证券市场的持续、健康发展。"对投资者负责"是《上海证券报》的办报理念,"贴近市场、贴近读者"是其鲜明的特色;"权威性、及时性、完整性和服务性"是其已经形成的优势和继续努力的目标。

2. 刊物定位

《上海证券报》的版面特点是信息量大、涉及面广、时效性强。每日常规版面辟有要闻版、证券新闻版、国内财经版、公司版、市场评论类版、市场数据类版、债券版、期货版、专题类版等,并设有基金版、券商版、保险版等定期刊出的版面;周六出版以提供全面投资理财资讯为主的《周末金刊》。通过多年的着力打造,《上海证券报》已经建立起一个各方广泛参与的丰富的资源平台。在其周围团结着大量的上市公司、投资机构、广告客户和高端智囊团体,包括国家部委机关的研究机构、证券金融公司的研究部门、各类投资咨询机构和众多专家学者。正是得益于这些"外脑"的支持,《上海证券报》越发体现出其专业和睿智。正是在这些"外脑"的积极参与、配合下,《上海证券报》举办了众多类似"寻找证券市场大智慧"这样在全国产生重要影响的活动,推出了与国务院发展研究中心、国家信息中心等联手打造的《中国产业发展景气报告》《中国经济十大预测报告》《上市公司白皮书》等引起广泛关注的系列"经济白皮书";和券商研究机构、咨询机构联手,举办月度、季度市场形势分析会,组织研究人员开展"走进上市公司联合调研行动"等,在市场上产生了良好反响。此外,《上海证券报》还注重依托投资者维权志愿团、分析师志愿团和几百家遍布全国的"上证报股民学校"等与报社密切结合的社会资源,与读者和投资者形成了良性互动,不断扩大报纸的影响。

同时，经过十几年的探索和发展，《上海证券报》已建立起一个完整的市场服务和营销平台：在全国设立了北京、华东、东北、华南、华中和西南六大总部和13个记者站，配备了经验丰富的新闻记者以及具有较强企业形象（CIS）策划能力的专业人才；构筑了遍及31个省（直辖市、自治区）的分印、发行、递送平台，并与全国邮政报刊发行系统建立了良好的业务合作关系，形成了一个较为健全、服务全国的图书报刊专业发行网络；建立并开通了拥有一流专用机房和网络设施的中国证券网，以全天24小时不间断滚动播报财经新闻的方式，在第一时间为市场和投资者提供准确、权威的市场信息和投资分析，并为众多上市公司和投资机构举办路演和推介活动。所有这些平台和资源已集成为报社强大的品牌营销系统，为市场参与各方提供全方位的服务。

3. 刊物发展

1991年7月1日，《上海证券报》诞生于黄浦江畔，由上海证券交易所创办并主管，后为新华通讯社上海分社收购，成为新华通讯社下属报刊。它和中国证券市场共同成长，成为这段不平凡历史的重要见证者。其自身也在发展中不断壮大，走过了一条艰辛的创业之路。今天，凭借着权威证券、财经信息的传递和及时、准确、全面、专业的资讯服务，《上海证券报》在财经报道领域已树立起独特的优势和鲜明的特色，在证券市场和投资者中拥有强大的影响力，占据较大的市场份额；其主要读者是广大投资者，上市公司和大型集团公司的管理层，证券公司、基金公司、银行、保险公司、外资金融机构和各类中介机构的管理者和从业人员，政府官员、专家学者以及境外财经媒体和研究机构等也是其重要读者。从各类纸质媒体、广播电视和各类网站转载财经报道的数量来看，《上海证券报》的报道被转载率名列前茅。

4. 刊物团队

《上海证券报》拥有一支专业、敬业、年轻、精干的编辑记者队伍，已经打造出了一个比较高端的报道平台。在以证券报道为主的同时，《上海证券报》关注国内国际经济大势和宏观政策的变化、影响，以拓展大财经报道为新目标，全面、深入地介入国企改革、银行、保险、外汇、期货、产权、信托等重要领域和周边市场，不断扩大报道面。《上海证券报》注重发挥舆论监督作用，发表了大量在证券市场和财经领域引起广泛反响的报道，其中不少报道曾引起证券监管部门和有关政府部门的高度重视。

三、《证券时报》

《证券时报》创立于1993年，是人民日报社主管主办的全国性财经证券类日报，是中国证监会指定披露上市公司信息，中国银保监会指定披露保险信息、信托公司信息的报刊。该报以报道证券市场为主，兼顾经济金融信息，面向国内外公开发行。

1. 刊物历史

证券时报网是由证券时报社全资组建的国内主流证券网站，是《证券时报》唯一指定官方网站，《证券时报》电子版指定发布平台，也是中国证监会指定的创业板信息披露网站，由深圳华闻在线网络有限公司建设。证券时报网于2008年正式开通，网站全面整合各种财经新闻、财经资讯，全天24小时不间断提供全方位的财经信息服务。目前设有股票、公司、基金、创业板、港股、期货、股指期货、理财、研究报告、新股、博客、股吧、网上路演等近30个频道。股票、公司、基金等特色频道在信息的专业性和全面性方面领先于国内同类网站。创业板频道紧紧贴近深交所创业板市场，信息即时、全面、深入，是投资者首选的创业板资讯平台。股指期货频道联合国内多家知名期货公司联手打造，不仅有最新的资讯，更有专业、深入的分析。毗邻香港则让港股频道在港股信息的发布及整合方面具有难以复制的优势。博客和股吧等社区频道，通过Web2.0让投资者能与其他网友共享投资心得，分享投资乐趣。

2. 自主特色栏目

"时报快讯"栏目聚合了《证券时报》遍布全国的200多名优秀财经类记者、编辑，每日24小时滚动发布最新、最权威的原创财经快讯，该栏目也是目前国内唯一一个覆盖主要投资市场的综合类财经快讯栏目；"时报会客室"栏目通过深度的财经人物访谈，为投资者提供业内专业人士的真知灼见；而股票和股指期货频道的"专家在线"栏目，搭建了一个投资者与专家的交流平台，为投资者实时提供投资方面的指导。

3. 刊物特色

创刊以来，《证券时报》充分发挥地处深圳特区、毗邻港澳的优势，锐意改革，勇于探索，逐步形成了信息披露权威、快捷，资料统计翔实丰富，市场评析独到深刻，版式新颖、富有现代感等特点。本着"敬业、求实、团结、高效"的社训精神，《证券时报》正积极朝着具有权威性、高质量、特色鲜明、深受读者喜爱的全国财经类大报的方向而不懈努力。《证券时报》主要版面有要闻版、市场版、综合新闻版、公司版、综合报道版、行情图表版及各类专版。

4. 刊物定位

《证券时报》是中国1800余家上市公司，6000余家各类证券经营、咨询及研究机构，上千万家企业公司决策人，数千万个人投资者及海内外关注中国经济发展的各界人士每日必读的报刊。

5. 办报宗旨

坚持正确的舆论导向，积极宣传党和国家有关政策法规；客观、准确、全面、及时地传递证券市场信息；竭诚为广大投资者、上市公司、证券中介机构服务。

四、《证券日报》

《证券日报》是经济日报报业集团主管主办的证券专业报纸，中国证监会指定披露上市公司信息的报纸，中国银保监会指定披露保险信息、信托信息的报纸，四大产权交易所指定产权信息披露的报纸。2018年3月，获"2017年百强报纸"荣誉。

1. 报刊职能

《证券日报》秉持价值投资理念，以全新的运营模式和新闻传播理念，全心全意为资本市场参与者提供资讯服务。作为中国证监会、中国银保监会指定的信息披露报纸，承担着证券、保险、金融、国企产权四大市场的政策发布、信息披露、舆论监督、投资者教育、市场文化建设等方面的使命和职责。创新是《证券日报》立报之本，自创刊以来，《证券日报》一直以"投资者关心什么，我们就回答什么；投资者急于了解什么，我们就快速解答什么"为目标，以全球视野、全新视角报道国内外金融证券大事，对证券市场走势和热点做出及时、独立的判断。全面报道上市公司、证券公司、投资基金以及监管机构的动态，及时研判政策和市场走势，是《证券日报》的重要市场特色。在传播政府方针政策、弘扬先进市场理念的同时,《证券日报》创新报道内容和报道方式,推出了一系列市场喜闻乐见的报道和评论。例如,在2003年股市严重低迷时期推出的本报评论员文章《正确评价证券市场功与过》《维护资本市场关乎国家利益》,并展开了"在实践中确立中国股市的发展标准"的业内大讨论,受到市场广泛、持续关注。《证券日报》以推动资本市场的改革开放和稳定发展为己任,在报业迅速发展的同时,充分发挥传媒优势,为政府、企业以及专家学者提供交流平台,每年均组织系列研讨会,就资本市场发展中的重大问题展开讨论,提出政策建议。"新时代资本论坛(2018)"以"中国新时代 价值新坐标"为主题,聚焦新时代资本市场强国方略,邀请业界精英就防范化解风险、补齐制度短板、推动结构优化、厚植投资理性、贡献中国智慧等话题展开研讨。

《证券日报》在发展过程中形成了独具特色的运营模式。坚持差异化竞争与精准化服务的竞争原则,以"总部总控、区域互补联动"的经营战略,迅速拥有了信息披露市场的较大份额。《证券日报》已形成完善的现代管理制度,进入发展的快车道。在股权分置改革取得巨大成绩,中国资本市场发生重大转折之后,《证券日报》走在新的历史起跑线上。遵循科学发展理念,坚持价值投资准则,是《证券日报》人不变的宗旨。《证券日报》将继续开拓创新,不断增强竞争力,为中国资本市场和金融市场的稳定健康和可持续发展提供更优质的新闻资讯服务。

2. 报道优势

(1)上市公司。作为中国证监会指定上市公司信息披露的报纸,本报及时、全面报道上市公司的动态,是上市公司维护公共关系的重要渠道。

(2)银行业和保险业。作为中国银保监会指定披露银行信息、保险信息的报纸,本报及时全面报道银行业、保险业最新动态,是银行和保险公司树立品牌形象和开拓特定市场的重要渠道。

(3)产权交易。本报是北京产权交易所、西南联合产权交易所、西安技术产权交易中心、烟台联合产权交易中心、青岛产权交易所、江苏省产权交易所、福建省高新技术产权交易所及湖南省联合产权交易所等几十个产权交易所指定的信息披露报刊。

3. 地方优势

《证券日报》在全国设有30多个记者站和办事处:北京总部、上海总部、南方总部、深圳站、广东站、广西站、海南站、浙江站、江苏站、湖南站、湖北站、陕西站、江西站、天津站、河北站、四川站、河南站、安徽站、山东站、山西站、青岛站、重庆站、贵州站、甘肃站、福建站、新疆站、辽宁站、吉林站、黑龙江站、内蒙古站、宁夏站等。这些遍布全国、深扎基层的站点与当地监管机构、上市公司、金融机构、拟上市公司形成了天然的紧密联系。

五、《证券市场周刊》

《证券市场周刊》创办于1992年3月,是中国最早的专业性证券传媒,是中国证监会指定披露上市公司信息的唯一刊物。

1. 期刊简介

《证券市场周刊》见证了中国证券市场的风雨行程，推进着中国证券市场规范发展，骄然成为证券新闻媒体公认的领跑者、中产投资阶层首选的引路人，秉承"眼光即价值"的办刊理念，明确为机构和成熟投资人服务的定位，立足证券业，面向财经领域，集新闻性、权威性、专业性于一身。至今不断创新，发行量远超同类杂志。《证券市场周刊》由中国证券市场研究设计中心（联办）主办。

2. 平台背景

《证券市场周刊》隶属于财讯传媒集团（SEEC Media Group Ltd.）。财讯传媒成立于1998年，是中国最具全球视野和国际影响力的主流媒体运营商之一，是香港上市公司（联交所股票代码：HK0205）。集团多年来成功经营平面及互动媒体，旗下拥有《新旅行》《财经》《证券市场周刊》《地产》《成功营销》《美好家园》《中国汽车画报》《证券市场红周刊》《红秀》《Time Out》等刊物，以及财经网等网络媒体。

第十章

证券法律法规

本章指引：

证券投资过程中法律起着保驾护航的作用。本章从法律、行政法规和部门规章三个层次，分别对与证券密切相关的法律法规做了系统介绍。只有充分了解法律法规，才能在证券投资中做到守法，甚至使用法律武器保护自己的权益。

第一节 法 律

在介绍证券相关法律法规之前，先来了解一下证券法律关系。

证券法律关系是指证券活动关系主体在证券发行、交易和管理活动过程中，根据证券法律法规的规定所达成的具体的权利义务关系。也就是说，参与证券市场的行为人，在证券的发行、交易和管理活动中发生着多种联系，结成了作为特殊社会关系的各种证券关系，当它们受到证券法律法规的调整和规范并赋予相关当事人以一定的权利义务时，就构成了证券法律关系。

证券法律关系的构成要素是构成证券法律关系必不可少的组成部分，即主体、客体和内容。

(1) 证券法律关系的主体是指证券法律关系中享有权利和承担义务的自然人、法人或其他组织。或者说，证券法律关系主体是依法享有权利和承担义务的证券活动的参加者，包括证券发行人、证券经营机构、证券投资者、证券交易所、证券登记结算机构、证券服务机构、证券业协会、证券监管机构等。在政府债券的发行法律关系中，政府也是一方主体。

(2) 证券法律关系的客体是指证券法律关系主体所享有的权利和承担的义务所指向的对象。它包括两类：与证券的发行、交易和管理相关的行为和作为金融工具的证券。在证券市场上，如果只有证券而没有发行、出售和购买的行为，就不可能构成证券法律关系；如果只有监管机构而没有进行监管的具体行为，就不可能构成证券管理法律关系。

(3) 证券法律关系的内容是指证券法律关系主体享有的权利和承担的义务。它体现着证券法律关系主体参加证券活动的行为目的和具体要求，反映了证券法律关系的本质属性。

一、《证券法》概述

1. 《证券法》的制定

《中华人民共和国证券法》（简称《证券法》）于 1998 年 12 月 29 日第九届全国人大常

委会第六次会议审议通过，自 1999 年 7 月 1 日开始实施；2004 年 8 月，第十届全国人大常委会第十一次会议通过了《关于修改〈中华人民共和国证券法〉的决定》，对部分条款进行了修改；2005 年 10 月 27 日，经过第十届全国人大常委会第十八次会议重新修订，自 2006 年 1 月 1 日起施行；2013 年 6 月 29 日，第十二届全国人大常委会第三次会议通过《关于修改〈中华人民共和国文物保护法〉等十二部法律的决定》，对第一百二十九条进行了修改；2014 年 8 月 31 日，第十二届全国人大常委会第十次会议通过《关于修改〈中华人民共和国保险法〉等五部法律的决定》，对部分条款进行了修改。我国《证券法》的宗旨是规范证券的发行和交易行为，保护投资者的合法权益，维护社会经济秩序和社会公共利益，促进社会主义市场经济的发展。

2. 《证券法》的主要内容

《证券法》共分十二章，分别为：总则，证券发行，证券交易，上市公司的收购，证券交易所，证券公司，证券登记结算机构，证券服务机构，证券业协会，证券监督管理机构，法律责任，附则。

第一章　总则

总则主要内容包括：《证券法》的立法宗旨；《证券法》的适用范围；证券发行、交易活动必须遵守的原则；证券发行、交易活动禁止的行为；证券业与银行业、信托业、保险业分业管理；证券监督采取集中统一监督管理体制；证券业协会自律性管理和国家审计机关审计监督等。

第二章　证券发行

证券发行主要内容包括：公开发行证券的条件；公开发行证券的保荐制度；公开发行股票的募股申请和文件；公开发行新股的条件；公开发行新股的募股申请和文件；公开发行股票所募集资金的使用；公开发行公司债券的条件和所募集资金的使用；公开发行公司债券报送的文件；不得再次公开发行公司债券的条件；申请核准发行证券所报送的申请文件的格式、报送方式；报送的证券发行申请文件的要求；预先披露规定股票发行申请；国务院证券监督管理机构的审核；证券发行核准后的公告；核准证券发行后的撤销；向不特定对象公开发行的证券的承销；承销协议的内容；承销的期限；发行价格的协商。

第三章　证券交易

证券交易主要内容包括：①一般规定：证券交易的合法性；证券交易的转让期限；证券交易的场所；证券交易的方式；证券交易的限制；账户保密制度；证券交易收费公开制度；上市公司高管证券交易制度。②证券上市：申请证券上市交易的审核；股票上市制度及程序；上市股票交易的暂停或终止；公司债券上市交易的制度及程序；上市公司债券交易的暂停或终止；上市公司的申请复核。③持续信息公开：信息披露的原则；信息披露的内容；信息披露的时间；重大事件的信息披露；信息披露的责任；信息披露的监管。④禁止的交易行为：禁止内幕交易；禁止操纵证券市场；禁止虚假信息扰乱证券市场；禁止其他证券交易行为等。

第四章　上市公司的收购

上市公司的收购主要内容包括：收购的方式；持有上市公司已发行股票已达到 5% 的书面报告和公告；要约收购的条件、程序；收购要约的内容；要约收购中收购人的义务；协议收购的程序；收购活动的监管；收购完成后的事项等。

第五章　证券交易所

证券交易所主要内容包括：证券交易所的概念；证券交易所的设立和解散；证券交易所的章程和名称；证券交易费用的使用与分配；证券交易所的组织机构；证券交易所的负责人和从业人员；证券交易所的会员；委托交易；证券交易所、证券公司和证券登记结算机构职责的划分；证券交易所集中交易的职责；技术性停牌和临时停市；证券交易所的实时监控；对信息披露义务人的监管；风险基金的设立；证券交易所制定相关规则；证券交易所负责人和其他从业人员的回避；证券交易结果不得改变；违反交易规则的处罚。

第六章　证券公司

证券公司主要内容包括：证券公司设立的程序；证券公司的性质；证券公司设立的条件；证券公司的业务；证券公司的注册资本；证券公司设立申请的审核；证券公司的变更；证券公司的风险控制；证券公司从业人员；证券投资者保护基金；交易风险准备金；内部控制制度；证券公司自营业务；证券公司自主经营；证券公司客户的交易结算资金；证券公司经纪业务；证券公司融资融券服务；经纪业务的禁止性规定；证券公司保存资料的规定；证券公司报送资料的规定；对证券公司的财务状况、内部控制状况、资产价值进行审计或者评估的规定；风险控制指标不符合规定的处理；证券公司的股东违法违规的处理；证券公司的董事、监事、高级管理人员违法违规的处理；证券公司违法违规的处理。

第七章　证券登记结算机构

证券登记结算机构主要内容包括：证券登记结算机构的概念；证券登记结算机构的设立条件；证券登记结算机构的职能；证券登记结算机构的运营方式；证券持有人持有的证券，在上市交易时全部存管的规定；向证券发行人提供证券持有人名册及其有关资料的规定；证券登记结算机构保证业务正常进行应采取的措施；妥善保存登记、存管和结算的原始凭证及有关文件和资料的规定；证券登记结算机构的结算风险基金；证券登记结算机构的解散；投资者开立证券账户的规定；结算参与人货银对付的原则；清算交收账户。

第八章　证券服务机构

证券服务机构主要内容包括：从事证券服务业务的审批管理办法的规定；从事证券服务业务人员的规定；从事证券服务业务的禁止性行为；收取服务费用的标准；证券服务机构的行为操守和责任追究。

第九章　证券业协会

证券业协会主要内容包括：证券业协会的性质；证券业协会的权力机构；证券业协会的章程；证券业协会的职责；证券业协会的组织机构。

第十章　证券监督管理机构

证券监督管理机构主要内容包括：证券监督管理机构的职责；证券监督管理机构有权采取的措施；证券监督管理机构监管的程序性规定；证券监督管理机构工作人员的职业操守；被检查、调查的单位和个人的配合；证券监督管理机构的公开制度；监督管理信息共享机制；依法履行职责发现证券违法行为涉嫌犯罪的应当将案件移送司法机关处理的规定；国务院证券监督管理机构的人员不得在被监管的机构中任职的规定。

第十一章　法律责任

法律责任主要内容包括：擅自公开或者变相公开发行证券的处罚；以欺骗手段骗取发行核准的处罚；证券公司承销或者代理买卖未经核准擅自公开发行证券的处罚；证券公司承销

证券中违法违规行为的处罚；保荐人出具有虚假记载、误导性陈述或者重大遗漏的保荐书，或者不履行其他法定职责的处罚；信息披露义务人未按照规定披露信息，或者所披露的信息有虚假记载、误导性陈述或者重大遗漏的处罚；发行人、上市公司擅自改变公开发行证券所募集资金的用途的处罚；上市公司的董事、监事、高级管理人员、持有上市公司股份5%以上的股东，违反本法的规定买卖本公司股票的处罚；非法开设证券交易场所的处罚；擅自设立证券公司或者非法经营证券业务的处罚；聘任不具有任职资格、证券从业资格的人员的处罚；禁止参与股票交易的人员，直接或者以化名、借他人名义持有、买卖股票的处罚；证券交易所、证券公司、证券登记结算机构、证券服务机构的从业人员或者证券业协会的工作人员，故意提供虚假资料，隐匿、伪造、篡改或者毁损交易记录，诱骗投资者买卖证券的处罚；为股票的发行、上市、交易出具审计报告、资产评估报告或者法律意见书等文件的证券服务机构和人员，违反本法的规定买卖股票的处罚；证券交易内幕信息的知情人或者非法获取内幕信息的人，在涉及证券的发行、交易或者其他对证券的价格有重大影响的信息公开前，买卖该证券，或者泄露该信息，或者建议他人买卖该证券的处罚；操纵证券市场的处罚；在限制转让期限内买卖证券的处罚；为客户买卖证券提供融资融券的处罚；扰乱证券市场的处罚；在证券交易活动中做出虚假陈述或者信息误导的处罚；法人以他人名义设立账户或者利用他人账户买卖证券的处罚；证券公司假借他人名义或者以个人名义从事证券自营业务的处罚；证券公司违背客户的委托买卖证券、办理交易事项，或者违背客户真实意思表示，办理交易以外的其他事项的处罚；证券公司、证券登记结算机构挪用客户的资金或者证券，或者未经客户的委托，擅自为客户买卖证券的处罚；证券公司办理经纪业务，接受客户的全权委托买卖证券的，或者证券公司对客户买卖证券的收益或者赔偿证券买卖的损失做出承诺的处罚；收购人未按照本法规定履行上市公司收购的公告、发出收购要约等义务的处罚；收购人或者收购人的控股股东利用上市公司收购损害被收购公司及其股东的合法权益的处罚；证券公司及其从业人员私下接受客户委托买卖证券的处罚；证券公司未经批准经营非上市证券的交易的处罚；证券公司成立后，无正当理由超过三个月未开始营业的，或者开业后自行停业连续三个月以上的处罚；证券公司擅自设立、收购、撤销分支机构，或者合并、分立、停业、解散、破产，或者在境外设立、收购、参股证券经营机构的处罚；证券公司擅自变更有关事项的处罚；证券公司超出业务许可范围经营证券业务的处罚；证券公司对其证券经纪业务、证券承销业务、证券自营业务、证券资产管理业务，不依法分开办理，混合操作的处罚；提交虚假证明文件或者采取其他欺诈手段隐瞒重要事实骗取证券业务许可的，或者证券公司在证券交易中有严重违法行为，不再具备经营资格的处罚；证券公司或者其股东、实际控制人拒不向证券监督管理机构报送或者提供经营管理信息和资料，或者报送、提供的经营管理信息和资料有虚假记载、误导性陈述或者重大遗漏的处罚；证券服务机构未勤勉尽责，所制作、出具的文件有虚假记载、误导性陈述或者重大遗漏的处罚；违反本法规定，发行、承销公司债券的处罚；上市公司、证券公司、证券交易所、证券登记结算机构、证券服务机构，未按照有关规定保存有关文件和资料的处罚；擅自设立证券登记结算机构的处罚；擅自从事证券服务业务的处罚；国务院证券监督管理机构或者国务院授权的部门人员的违规行政处分；证券监督管理机构的工作人员和发行审核委员会的组成人员的法律责任；证券交易所对不符合本法规定条件的证券上市申请予以审核同意的处罚；拒绝、阻碍证券监督管理机构及其工作人员依法行使监督检查、调查职权的处罚；违法本法规定承担民事赔偿责任的规定；证券市场禁入的规定；收缴的罚款和没收的违法所得全部上缴国库的规定；行政复议或者诉讼的规定。

第十二章　附则

附则主要内容包括：已批准在证券交易所上市交易的证券的规定；不完全符合本法规定的证券经营机构的规定；缴纳审核费用的规定；境内企业直接或者间接到境外发行证券或者将其证券在境外上市交易的规定；境内公司股票以外币认购和交易的规定；本法实施时间的规定。

小资料

中国证监会行政处罚决定书（刘锋）

〔2019〕95号

当事人：刘锋，男，1985年11月出生，住址：安徽省合肥市蜀山区。

依据《中华人民共和国证券法》（以下简称《证券法》）的有关规定，我会对刘锋非法经营证券业务的行为进行了立案调查、审理，并依法向当事人告知了做出行政处罚的事实、理由、依据及当事人依法享有的权利，当事人未提出陈述、申辩意见，也未要求听证。本案现已调查、审理终结。

经查明，刘锋存在以下违法事实：

一、刘锋及其团队情况

刘锋组建并领导黄某鑫、余某达两个团队开展荐股分成业务。根据中国证券业协会公开信息，刘锋本人及团队成员均不具有证券投资咨询从业资格。

上海证券之星综合研究有限公司（以下简称证券之星）安徽分公司主要负责销售证券之星的投资咨询会员服务。2017年5月，刘锋的朋友郭某琴带团队加入证券之星安徽分公司，销售证券之星的证券投资咨询会员服务，刘锋组建了20人左右的销售团队（即黄某鑫团队）加入郭某琴的销售团队。刘锋本人不在证券之星安徽分公司担任职务，也不在证券之星安徽分公司办公，而是通过黄某鑫管理挂靠在证券之星安徽分公司的团队。

2017年6月，刘锋了解到朋友石某刚正在从事荐股分成业务后，派其妹夫余某达前往石某刚处学习该业务。余某达学习了半个月左右。此后，刘锋让余某达招募了4个业务员（即余某达团队）开展荐股分成业务。

二、刘锋团队开展荐股分成业务

（一）开立账户用于收取荐股分成所得

2017年8月，刘锋以其祖母李某兰的名义在招商银行合肥繁华大道支行开立了账号为621××××××××××585的银行账户（以下简称"李某兰"招行账户），用于收取荐股分成收入。此账户由刘锋管理，分成获利为刘锋所有，团队成员获利的额度由刘锋决定、分配。

(二) 开展荐股分成业务

黄某鑫团队的销售人员在证券之星学习向客户营销时的基本话术和技巧，通过盲加微信的方式独立开发客户资源，并以证券之星员工的名义推荐客户购买证券之星的证券投资咨询会员服务。

在此过程中，部分客户表示不愿意购买会员服务，希望销售人员直接推荐具体股票。黄某鑫将这类客户名单交给余某达，余某达再将客户名单分派给其团队业务员，让业务员接收这些意向客户以提供荐股服务。黄某鑫团队向余某达团队转移客户时，部分客户不愿意再联系他人，要求其直接荐股，因此黄某鑫团队的业务员也会直接向客户提供荐股服务。

在客户同意进行荐股分成合作后，业务员通过客户提供股票账户截图所显示的可操作资金规模大小，与客户约定分成比例。此后，业务员通过电话或微信通知客户在盘中实时买入某只股票，在几日内又在盘中实时通知卖出该股票。若客户盈利，则要求客户将股票账户截图，根据截图中的获利金额向"李某兰"招行账户转入荐股分成款，部分业务员先用自己的个人账户、支付宝或微信收取荐股分成款，再将代收的款项转入"李某兰"招行账户；若客户亏损，也不会补偿客户损失，而是用一些理由和话术来安抚客户。

(三) 违法所得情况

根据转账摘要和现场询问，"李某兰"招行账户收到的荐股分成款可确认额总计21671.86元。

上述违法事实，有相关人员询问笔录、银行流水、微信截图等证据证明，足以认定。刘锋的上述行为违反了《证券法》第一百二十二条的规定，构成《证券法》第一百九十七条所述的非法经营证券业务的行为。

根据当事人违法行为的事实、性质、情节与社会危害程度，依据《证券法》第一百九十七条，我会决定：没收刘锋违法所得21671.86元，并处以30万元罚款。

上述当事人应自收到本处罚决定书之日起15日内，将罚没款汇交中国证券监督管理委员会（财政汇缴专户）开户银行：中信银行北京分行营业部，账号：7111010189800000162，由该行直接上缴国库，并将注有当事人名称的付款凭证复印件送中国证券监督管理委员会稽查局备案。当事人如果对本处罚决定不服，可在收到本处罚决定书之日起60日内向中国证券监督管理委员会申请行政复议，也可在收到本处罚决定书之日起6个月内直接向有管辖权的人民法院提起行政诉讼。复议和诉讼期间，上述决定不停止执行。

中国证监会
2019年9月3日

(资料来源：中国证监会网站)

二、《证券投资基金法》

1. 《证券投资基金法》的制定

《中华人民共和国证券投资基金法》（简称《证券投资基金法》）于2003年10月28日第十届全国人大常委会第五次会议审议通过，自2004年6月1日开始实施。2012年12月28日第十一届全国人大常委会第三十次会议修订。现行版本为2015年4月24日第十二届全国人大常委会第十四次会议修正。

2. 证券投资基金法律关系

证券投资基金法律关系的本质,是指如何认定基金当事人之间围绕着基金财产所形成的权利义务关系的性质。无论是美国的共同基金、对冲基金,英国的单位信托,还是日本、韩国以及我国,均采用了信托方式。证券投资基金法律关系的本质是财产信托关系,已是各国法律界的共识。信托制度集财产管理、融通资金、资本集聚、社会福利等多种功能于一身,而投资基金制度正是古老的信托制度在现代商事领域的发展和应用。同时,投资基金又具有特殊性,主要表现在委托人的广泛性和不确定性、受托人资格的专门要求及其分工配合与相互监督等方面,各国都对受托人专门立法进行了严格规范。

与证券法律关系一样,证券投资基金法律关系也由主体、内容和客体三大要素构成。

(1) 证券投资基金法律关系的主体,是指依据法律规范参与证券投资基金法律关系,享受权利并承担义务的当事人。具体包括基金管理人、基金托管人和基金份额持有人。

(2) 证券投资基金法律关系的内容,是指证券投资基金法律关系主体依法所享有的权利和承担的义务。

(3) 证券投资基金法律关系的客体,是指证券投资基金法律关系权利义务共同指向的对象,即基金财产。所谓基金财产,是指基金份额持有人转移给基金管理人和托管人,并由基金管理人进行运作投资、基金托管人保管的财产。

3.《证券投资基金法》的主要内容

《证券投资基金法》共分十五章,分别为:总则,基金管理人,基金托管人,基金的运作方式和组织,基金的公开募集,公开募集基金的基金份额的交易、申购与赎回,公开募集基金的投资与信息披露,公开募集基金的基金合同的变更、终止与基金财产清算,公开募集基金的基金份额持有人权利行使,非公开募集基金,基金服务机构,基金行业协会,监督管理,法律责任,附则。

第一章 总则

总则主要内容包括:《证券投资基金法》的立法宗旨;《证券投资基金法》的适用范围;基金管理人、基金托管人和基金份额持有人的权利、义务;从事证券投资基金活动应当遵循的原则;基金财产的债权债务;基金财产的相关税收;基金管理人、基金托管人的义务;基金从业人员的资格规定;行业协会的作用;对证券投资基金活动的监管。

第二章 基金管理人

基金管理人主要内容包括:基金管理人的资格;基金管理公司的设立条件;基金管理公司的批准程序;重大变更事项的批准程序;基金管理人人员的任职资格;基金管理人的职责;基金管理人人员的禁止行为;公开募集基金的基金管理人的内部治理;公开募集基金的基金管理人的风险准备金;公开募集基金的基金管理人的股东、实际控制人的禁止行为;国务院证券监督管理机构对公开募集基金的基金管理人的监管。

第三章 基金托管人

基金托管人主要内容包括:基金托管人的任职资格;担任基金托管人的条件;基金托管人人员的任职资格;基金托管人与基金管理人不得为同一机构,不得相互出资或者持有股份;基金托管人的职责;基金托管人发现基金管理人违规行为的处理;基金托管人人员的禁止行为;公开募集基金的基金管理人的风险准备金;国务院证券监督管理机构对公开募集基金的基金托管人的监管。

第四章　基金的运作方式和组织

基金的运作方式和组织主要内容包括：基金运作的具体方式；基金份额持有人的权利；基金份额持有人大会的职权；基金份额持有人大会的日常机构的职权；基金份额持有人大会及其日常机构的禁止行为。

第五章　基金的公开募集

基金的公开募集主要内容包括：公开募集基金的注册；基金管理人公开募集基金提交的文件；公开募集基金的基金合同的内容；公开募集基金的基金招募说明书的内容；募集基金的核准；基金份额的发售和宣传推介活动；募集基金的日期的规定；募集基金期间资金的管理；募集期满后的验资；基金备案的规定；基金未成立基金管理人应当承担的责任。

第六章　公开募集基金的基金份额的交易、申购与赎回

公开募集基金的基金份额的交易、申购与赎回主要内容包括：基金上市交易的核准程序；基金份额上市交易的条件；基金份额上市交易终止的情形；开放式基金的基金份额的申购、赎回和登记；基金管理人不能按时支付赎回款项的情形；基金财产中现金或者政府债券的比例；基金份额的申购、赎回价格；基金份额净值计价出现错误时的处理。

第七章　公开募集基金的投资与信息披露

公开募集基金的投资与信息披露主要内容包括：基金财产应当采用资产组合的方式；基金财产的投资品种；基金财产禁止的投资或者活动；信息披露义务人披露基金信息要求；公开披露的基金信息内容；公开披露基金信息的禁止行为。

第八章　公开募集基金的基金合同的变更、终止与基金财产清算

公开募集基金的基金合同的变更、终止与基金财产清算主要内容包括：转换基金运作方式的要求；封闭式基金扩募或者延长基金合同期限的条件；基金合同终止的情形；基金合同终止后的处理。

第九章　公开募集基金的基金份额持有人权利行使

公开募集基金的基金份额持有人权利行使主要内容包括：基金份额持有人大会的召集；基金份额持有人大会的召开方式和表决方式；基金份额持有人大会召开的审议事项表决通过的决定。

第十章　非公开募集基金

非公开募集基金主要内容包括：非公开募集基金的募集；非公开募集基金的托管；非公开募集基金的基金管理人；非公开募集基金的宣传；非公开募集基金，应当制定并签订基金合同内容；非公开募集基金财产的证券投资品种。

第十一章　基金服务机构

基金服务机构主要内容包括：基金服务机构的注册和备案；基金销售机构的要求；基金销售支付机构的要求；基金销售结算资金、基金份额的独立性；基金管理人、基金托管人责任的不免除性；基金份额登记机构的职责；基金投资顾问机构及其从业人员的职责；基金评价机构及其从业人员的职责；基金管理人、基金托管人、基金服务机构的信息技术系统的要求；律师事务所、会计师事务所的要求；基金服务机构风险管理制度和灾难备份系统；基金服务机构的保密要求。

第十二章　基金行业协会

基金行业协会主要内容包括：基金行业协会的性质；基金行业协会的机构；基金行业协

会章程；基金行业协会职责。

第十三章 监督管理

监督管理主要内容包括：国务院证券监督管理机构的职责；国务院证券监督管理机构有权采取的措施；国务院证券监督管理机构工作人员履行职责的规定；被调查、检查的单位和个人应当配合的规定；发现涉嫌犯罪移送司法机关处理的规定；国务院证券监督管理机构工作人员不得在被监管的机构中兼任职务的规定。

第十四章 法律责任

法律责任主要内容包括：未经批准擅自设立基金管理公司或者未经核准从事公开募集基金管理业务的处罚；基金管理公司违反本法规定，擅自变更持有5%以上股权的股东、实际控制人或者其他重大事项的处罚；基金管理人的董事、监事、高级管理人员和其他从业人员，基金托管人的专门基金托管部门的高级管理人员和其他从业人员，未按照本法第十七条第一款规定申报的处罚；基金管理人、基金托管人违反本法第十七条第二款规定的处罚；基金管理人的董事、监事、高级管理人员和其他从业人员，基金托管人的专门基金托管部门的高级管理人员和其他从业人员违反本法第十八条规定的处罚；基金管理人、基金托管人违反本法规定，未对基金财产实行分别管理或者分账保管的处罚；基金管理人、基金托管人及其董事、监事、高级管理人员和其他从业人员有本法第二十条所列行为之一的处罚；基金管理人的股东、实际控制人违反本法第二十三条规定的处罚；未经核准，擅自从事基金托管业务的处罚；基金管理人、基金托管人违反本法规定，相互出资或者持有股份的处罚；违反本法规定，擅自公开或者变相公开募集基金的处罚；违反本法第五十九条规定，动用募集的资金的处罚；基金管理人、基金托管人有本法第七十三条第一款第一项至第五项和第七项所列行为之一，或者违反本法第七十三条第二款规定的处罚；基金管理人、基金托管人有本法第七十三条第一款第六项规定行为的处罚；基金信息披露义务人不依法披露基金信息或者披露的信息有虚假记载、误导性陈述或者重大遗漏的处罚；基金管理人或者基金托管人不按照规定召集基金份额持有人大会的处罚；违反本法规定，未经登记，使用"基金"或者"基金管理"字样或者近似名称进行证券投资活动的处罚；违反本法规定，非公开募集基金募集完毕，基金管理人未备案的处罚；违反本法规定，向合格投资者之外的单位或者个人非公开募集资金或者转让基金份额的处罚；违反本法规定，擅自从事公开募集基金的基金服务业务的处罚；基金销售机构未向投资人充分揭示投资风险并误导其购买与其风险承担能力不相当的基金产品的处罚；基金销售支付机构未按照规定划付基金销售结算资金的处罚；挪用基金销售结算资金或者基金份额的处罚；基金份额登记机构未妥善保存或者备份基金份额登记数据的处罚；基金份额登记机构隐匿、伪造、篡改、毁损基金份额登记数据的处罚；基金投资顾问机构、基金评价机构及其从业人员违反本法规定开展投资顾问、基金评价服务的处罚；信息技术系统服务机构未按照规定向国务院证券监督管理机构提供相关信息技术系统资料，或者提供的信息技术系统资料虚假、有重大遗漏的处罚；会计师事务所、律师事务所未勤勉尽责，所出具的文件有虚假记载、误导性陈述或者重大遗漏的处罚；基金服务机构未建立应急等风险管理制度和灾难备份系统，或者泄露与基金份额持有人、基金投资运作相关的非公开信息的处罚；基金管理人、基金托管人的赔偿责任；证券监督管理机构工作人员玩忽职守、滥用职权、徇私舞弊或者利用职务上的便利索取或者收受他人财物的处罚；拒绝、阻碍证券监督管理机构及其工作人员依法行使监督检查、调查职权未使用暴力、威胁方法的处罚；违反法律、行政法规或者国务院证券监督管理机构的有关规定,情节严重的处罚;犯罪追究刑事责任规定;先承担民事赔偿责任的规定;基金管理人、基金托管人以其固有财产承担民事赔偿责任和缴纳罚款、罚金的规定;收缴的罚款、罚金和没收的违法所得上缴国库的规定。

第十五章　附则

附则主要内容包括:在中华人民共和国境内募集投资境外证券的基金,以及合格境外投资者在境内进行证券投资的规定;公开或者非公开募集资金,以进行证券投资活动为目的设立的公司或者合伙企业,资产由基金管理人或者普通合伙人管理的,其证券投资活动适用本法的规定;本法施行时间的规定。

 小资料

中国证监会行政处罚决定书(丁贵元)

〔2019〕67号

当事人:丁贵元,男,1971年2月出生,时任西藏东成投资管理有限公司(以下简称西藏东成)副总经理、成都立华投资有限公司(以下简称成都立华)交易员,住址:四川省成都市武侯区。

依据《中华人民共和国证券投资基金法》(以下简称《证券投资基金法》)的有关规定,我会对丁贵元利用未公开信息交易股票案进行了立案调查、审理,并依法向当事人告知了做出行政处罚的事实、理由、依据及当事人依法享有的权利。当事人未要求听证,也未提出陈述、申辩意见。本案现已调查、审理终结。

经查明,当事人存在以下违法事实:

一、丁贵元知悉东成1号证券账户子账户交易标的股票的未公开信息

丁贵元系西藏东成副总经理、成都立华交易员。成都立华于2014年5月20日在中国证券投资基金业协会登记为私募基金管理人。

"长安东成1号资产管理计划"(简称东成1号)系长安基金管理有限公司(以下简称长安基金)管理的专户理财产品,成立于2014年4月,合同期限5年,投资人包括陈某建、王某等31个自然人。根据长安基金与成都立华签订的投顾协议,由投资顾问成都立华指定人员发送投资建议指令进行实际操作。成都立华向长安基金出具授权委托书,授权王某、陈某建、丁贵元、倪某发送投资建议,并由丁贵元等授权交易员通过长安基金提供的虚拟专用网络(VPN)系统进行交易下单,相关交易指令经长安基金风控审核后由长安基金交易员完成交易。丁贵元作为东成1号投资顾问授权交易员,参与发送投资建议、交易下单等环节,知悉其负责的东成1号证券账户子账户交易标的股票的未公开信息。

二、丁贵元利用未公开信息从事相关股票交易

(一)"丁贵元"证券账户情况

"丁贵元"证券账户,2013年9月24日转托管至金元证券成都二环路营业部,下挂上海股东账户和深圳股东账户。

(二)"丁贵元"证券账户资金来源

丁贵元以其妻子黄某乔的名义认购了东成1号产品1000万元,并将100余万元零散资金存入其个人证券账户用于买卖股票,即"丁贵元"证券账户资金规模约100万元,主要来源于自有资金。

(三)"丁贵元"证券账户交易情况

2014年8月21日至2015年4月22日期间,丁贵元作为东成1号投资顾问成都立华的交易员,负责东成1号的其中一子账户的投资决策及交易,陈某建(系丁贵元的上级主管)未在微信群中提出反对意见即默认通过,交易在当天由丁贵元负责执行。丁贵元知悉并利用该交易单元的股票买卖指令等未公开信息,操作"丁贵元"证券账户趋同其负责的东成1号子账户交易相关股票。"丁贵元"证券账户交易股票共30只,趋同交易股票数12只,占比40.00%;总成交金额8714.62万元,趋同交易成交金额3383.12万元,占比38.82%;趋同交易亏损10.28万元。

以上事实,有当事人陈述、证人证言、证券账户资料、银行账户资料、证券账户交易信息、相关资管产品资料、相关单位说明等证据证明,足以认定。

《证券投资基金法》第二条规定:"在中华人民共和国境内,公开或者非公开募集资金设立证券投资基金(以下简称基金),由基金管理人管理,基金托管人托管,为基金份额持有人的利益,进行证券投资活动,适用本法;本法未规定的,适用《中华人民共和国信托法》、《中华人民共和国证券法》和其他有关法律、行政法规的规定。"第三十一条规定:"对非公开募集基金的基金管理人进行规范的具体办法,由国务院金融监督管理机构依照本章的原则制定。"《私募投资基金监督管理暂行办法》(中国证监会令105号,以下简称《私募办法》)第四十条规定:"私募证券基金管理人及其从业人员违反《证券投资基金法》有关规定的,按照《证券投资基金法》有关规定处罚。"

我会认为,丁贵元作为成都立华从业人员,利用职务便利,知悉东成1号交易标的股票的未公开信息,操作"丁贵元"证券账户交易相关股票,其行为违反《证券投资基金法》第一百二十三条第一款、《私募办法》第二十三条第五项的相关规定,构成利用未公开信息交易股票行为。

根据当事人违法行为的事实、性质、情节与社会危害程度,依据《证券投资基金法》第一百二十三条第一款的规定,我会决定:对丁贵元责令改正,并处以10万元罚款。

上述当事人应自收到本处罚决定书之日起15日内,将罚款汇交中国证券监督管理委员会(财政汇缴专户),开户银行:中信银行北京分行营业部,账号7111010189800000162,由该行直接上缴国库。当事人还应将注有其名称的付款凭证复印件送中国证券监督管理委员会稽查局备案。当事人如果对本处罚决定不服,可在收到本处罚决定书之日起60日内向中国证券监督管理委员会申请行政复议,也可以在收到本处罚决定书之日起6个月内直接向有管辖权的人民法院提起行政诉讼。复议和诉讼期间,上述决定不停止执行。

中国证监会
2019年7月2日

(资料来源:中国证监会网站)

三、《刑法》中关于证券的部分

1. 《刑法》的制定

《中华人民共和国刑法》(以下简称《刑法》)于1979年7月1日第五届全国人大常委会第二次会议审议通过并于1980年1月1日实施。1997年3月14日经第八届全国人大常委会第五次会议修改。1997年新《刑法》生效后,短短十年时间,我国已对其进行了十次修正。分别是:1999年12月25日的《刑法修正案》、2001年8月31日的《刑法修正案(二)》、2001年12月29日的《刑法修正案(三)》、2002年12月28日的《刑法修正案(四)》、2005年2月28日的《刑法修正案(五)》、2006年6月29日的《刑法修正案(六)》、2009年2月28日的《刑法修正案(七)》、2011年2月25日的《刑法修正案(八)》、2015年8月29日的《刑法修正案(九)》以及2017年11月4日的《刑法修正案(十)》。是中国特色社会主义刑法体系的重要组成部分。

2. 《刑法》关于证券的内容

《刑法》共分两编。第一编为总则,包括五章,分别为:刑法的任务、基本原则和适用范围,犯罪,刑罚,刑罚的具体运用,其他规定。第二编为分则,包括十章,分别为:危害国家安全罪,危害公共安全罪,破坏社会主义市场经济秩序罪,侵犯公民人身权利、民主权利罪,侵犯财产罪,妨害社会管理秩序罪,危害国防利益罪,贪污贿赂罪,渎职罪,军人违反职责罪。此外,还有附则。

《刑法》与证券有关的内容如下:

《刑法》第九十二条　公民私人所有财产的范围

本法所称公民私人所有的财产,是指下列财产:(一)公民的合法收入、储蓄、房屋和其他生活资料;(二)依法归个人、家庭所有的生产资料;(三)个体户和私营企业的合法财产;(四)依法归个人所有的股份、股票、债券和其他财产。

《刑法》第一百六十条　欺诈发行股票、债券罪

在招股说明书、认股书、公司、企业债券募集办法中隐瞒重要事实或者编造重大虚假内容,发行股票或者公司、企业债券,数额巨大、后果严重或者有其他严重情节的,处五年以下有期徒刑或者拘役,并处或者单处非法募集资金金额百分之一以上百分之五以下罚金。单位犯前款罪的,对单位判处罚金,并对其直接负责的主管人员和其他直接责任人员,处五年以下有期徒刑或者拘役。

《刑法》第一百六十一条　违规披露、不披露重要信息罪

依法负有信息披露义务的公司、企业向股东和社会公众提供虚假的或者隐瞒重要事实的财务会计报告,或者对依法应当披露的其他重要信息不按照规定披露,严重损害股东或者其他人利益,或者有其他严重情节的,对其直接负责的主管人员和其他直接责任人员,处三年以下有期徒刑或者拘役,并处或者单处二万元以上二十万元以下罚金。

《刑法》第一百六十九条之一　背信损害上市公司利益罪

上市公司的董事、监事、高级管理人员违背对公司的忠实义务,利用职务便利,操纵上市公司从事下列行为之一,致使上市公司利益遭受重大损失的,处三年以下有期徒刑或者拘役,并处或者单处罚金;致使上市公司利益遭受特别重大损失的,处三年以上七年以下有期徒刑,并处罚金:(一)无偿向其他单位或者个人提供资金、商品、服务或者其他资产的;

(二) 以明显不公平的条件，提供或者接受资金、商品、服务或者其他资产的；(三) 向明显不具有清偿能力的单位或者个人提供资金、商品、服务或者其他资产的；(四) 为明显不具有清偿能力的单位或者个人提供担保，或者无正当理由为其他单位或者个人提供担保的；(五) 无正当理由放弃债权、承担债务的；(六) 采用其他方式损害上市公司利益的。上市公司的控股股东或者实际控制人，指使上市公司董事、监事、高级管理人员实施前款行为的，依照前款的规定处罚。犯前款罪的上市公司的控股股东或者实际控制人是单位的，对单位判处罚金，并对其直接负责的主管人员和其他直接责任人员，依照第一款的规定处罚。

《刑法》第一百七十八条　伪造、变造国家有价证券罪

伪造、变造国库券或者国家发行的其他有价证券，数额较大的，处三年以下有期徒刑或者拘役，并处或者单处二万元以上二十万元以下罚金；数额巨大的，处三年以上十年以下有期徒刑，并处五万元以上五十万元以下罚金；数额特别巨大的，处十年以上有期徒刑或者无期徒刑，并处五万元以上五十万元以下罚金或者没收财产。伪造、变造股票或者公司、企业债券，数额较大的，处三年以下有期徒刑或者拘役，并处或者单处一万元以上十万元以下罚金；数额巨大的，处三年以上十年以下有期徒刑，并处二万元以上二十万元以下罚金。单位犯前两款罪的，对单位判处罚金，并对其直接负责的主管人员和其他直接责任人员，依照前两款的规定处罚。

《刑法》第一百七十九条　擅自发行股票、公司、企业债券罪

未经国家有关主管部门批准，擅自发行股票或者公司、企业债券，数额巨大、后果严重或者有其他严重情节的，处五年以下有期徒刑或者拘役，并处或者单处非法募集资金金额百分之一以上百分之五以下罚金。单位犯前款罪的，对单位判处罚金，并对其直接负责的主管人员和其他直接责任人员，处五年以下有期徒刑或者拘役。

《刑法》第一百八十条　内幕交易、泄露内幕信息罪

证券、期货交易内幕信息的知情人员或者非法获取证券、期货交易内幕信息的人员，在涉及证券的发行，证券、期货交易或者其他对证券、期货交易价格有重大影响的信息尚未公开前，买入或者卖出该证券，或者从事与该内幕信息有关的期货交易，或者泄露该信息，或者明示、暗示他人从事上述交易活动，情节严重的，处五年以下有期徒刑或者拘役，并处或者单处违法所得一倍以上五倍以下罚金；情节特别严重的，处五年以上十年以下有期徒刑，并处违法所得一倍以上五倍以下罚金。单位犯前款罪的，对单位判处罚金，并对其直接负责的主管人员和其他直接责任人员，处五年以下有期徒刑或者拘役。内幕信息、知情人员的范围，依照法律、行政法规的规定确定。证券交易所、期货交易所、证券公司、期货经纪公司、基金管理公司、商业银行、保险公司等金融机构的从业人员以及有关监管部门或者行业协会的工作人员，利用因职务便利获取的内幕信息以外的其他未公开的信息，违反规定，从事与该信息相关的证券、期货交易活动，或者明示、暗示他人从事相关交易活动，情节严重的，依照第一款的规定处罚。

《刑法》第一百八十一条　编造并传播证券、期货交易虚假信息罪

编造并且传播影响证券、期货交易的虚假信息，扰乱证券、期货交易市场，造成严重后果的，处五年以下有期徒刑或者拘役，并处或者单处一万元以上十万元以下罚金。证券交易所、期货交易所、证券公司、期货经纪公司的从业人员，证券业协会、期货业协会或者证券期货监督管理部门的工作人员，故意提供虚假信息或者伪造、变造、销毁交易记录，诱骗投资者买卖证券、期货合约，造成严重后果的，处五年以下有期徒刑或者拘役，并处或者单处

一万元以上十万元以下罚金;情节特别恶劣的,处五年以上十年以下有期徒刑,并处二万元以上二十万元以下罚金。单位犯前两款罪的,对单位判处罚金,并对其直接负责的主管人员和其他直接责任人员,处五年以下有期徒刑或者拘役。

《刑法》第一百八十二条 操纵证券、期货市场罪

有下列情形之一,操纵证券、期货市场,情节严重的,处五年以下有期徒刑或者拘役,并处或者单处罚金;情节特别严重的,处五年以上十年以下有期徒刑,并处罚金:(一)单独或者合谋,集中资金优势、持股或者持仓优势或者利用信息优势联合或者连续买卖,操纵证券、期货交易价格或者证券、期货交易量的;(二)与他人串通,以事先约定的时间、价格和方式相互进行证券、期货交易,影响证券、期货交易价格或者证券、期货交易量的;(三)在自己实际控制的账户之间进行证券交易,或者以自己为交易对象,自买自卖期货合约,影响证券、期货交易价格或者证券、期货交易量的;(四)以其他方法操纵证券、期货市场的。单位犯前款罪的,对单位判处罚金,并对其直接负责的主管人员和其他直接责任人员,依照前款的规定处罚。

《刑法》第一百八十五条之一 挪用公款罪

商业银行、证券交易所、期货交易所、证券公司、期货经纪公司、保险公司或者其他金融机构,违背受托义务,擅自运用客户资金或者其他委托、信托的财产,情节严重的,对单位判处罚金,并对其直接负责的主管人员和其他直接责任人员,处三年以下有期徒刑或者拘役,并处三万元以上三十万元以下罚金;情节特别严重的,处三年以上十年以下有期徒刑,并处五万元以上五十万元以下罚金。社会保障基金管理机构、住房公积金管理机构等公众资金管理机构,以及保险公司、保险资产管理公司、证券投资基金管理公司,违反国家规定运用资金的,对其直接负责的主管人员和其他直接责任人员,依照前款的规定处罚。

《刑法》第一百九十一条 洗钱罪

明知是毒品犯罪、黑社会性质的组织犯罪、恐怖活动犯罪、走私犯罪、贪污贿赂犯罪、破坏金融管理秩序犯罪、金融诈骗犯罪的所得及其产生的收益,为掩饰、隐瞒其来源和性质,有下列行为之一的,没收实施以上犯罪的所得及其产生的收益,处五年以下有期徒刑或者拘役,并处或者单处洗钱数额百分之五以上百分之二十以下罚金;情节严重的,处五年以上十年以下有期徒刑,并处洗钱数额百分之五以上百分之二十以下罚金:(一)提供资金账户的;(二)协助将财产转换为现金、金融票据、有价证券的;(三)通过转账或者其他结算方式协助资金转移的;(四)协助将资金汇往境外的;(五)以其他方法掩饰、隐瞒犯罪所得及其收益的来源和性质的。单位犯前款罪的,对单位判处罚金,并对其直接负责的主管人员和其他直接责任人员,处五年以下有期徒刑或者拘役;情节严重的,处五年以上十年以下有期徒刑。

 小资料

唐万新与德隆系

唐万新,在资本市场曾经地位显赫,他创始的德隆系由地处西北边陲的小公司发展成为一个一度控制资产超过 1200 亿元的金融和产业帝国。2003 年唐氏兄弟位列富豪榜第 25 位。最终唐万新因涉嫌变相吸收公众存款和操纵证券交易价格非法获利,2004 年年底被

警方逮捕。备受关注的德隆大案在湖北省武汉市中级人民法院开庭审理。起诉书长达12页，附证人名单300多人次。被告包括上海友联管理研究中心有限公司（简称上海友联）、德隆国际战略投资有限公司（简称德隆国际）、新疆德隆（集团）有限责任公司（简称新疆德隆）三家企业，以及唐万新、杨利、李强、王恩奎、董公元、洪强、张龙7人，共涉嫌非法吸收公众存款罪、操纵证券交易价格罪和挪用资金罪三项罪名。

起诉书称：1997年，新疆德隆通过新疆屯河等企业控股金新信托后，即组织金新信托采取承诺保底和固定收益率的方式对不特定社会公众开展委托理财业务。2000年年底，金新信托的委托理财业务开始出现兑付危机。为应付兑付危机，德隆国际在唐万新及唐万川、张业光等人（另案处理）的决策下，决定收购新的金融机构，加大委托理财业务量，并决定在德隆国际金融管理部的基础上成立上海友联。为扩大委托理财业务，上海友联、德隆国际先后重组、收购并控股了德恒证券、恒信证券、中富证券、大江国投、伊斯兰信托等金融机构。从2001年6月5日至2004年8月31日，上海友联组织金新信托、德恒证券、恒信证券、中富证券、大江国投、伊斯兰信托等公司，采取承诺保底和以1.98%～22%不等的固定收益率与不特定社会公众签订委托投资协议及补充协议35890份，变相吸收公众存款450.02亿余元，其中未兑付资金余额172.18亿余元。

操纵证券交易价格的事实则包括：从1997年3月以来，新疆德隆、德隆国际先后以金新信托、德恒证券、中企东方为操作平台，在唐万川、张业光等的决策下，批派王恩奎提供统计数据，并指挥董公元、洪强、张龙等人具体操盘，利用自有资金和部分委托理财资金，使用24705个股东账号，集中资金优势、持股优势，采取连续买卖、自买自卖等手法，长期大量买卖新疆屯河、合金投资、湘火炬A股票（下称老三股），造成三只股票价格异常波动。截至2004年4月14日，新疆德隆、德隆国际累计买入老三股678.36亿元，累计卖出621.83亿元，余股市值113.14亿元，余股成本162.30亿元，按照移动平均法计算，德隆共非法获利98.61亿元。

法院最终判决，德隆原总裁唐万新因非法吸收公众存款罪被判处有期徒刑六年六个月，并处罚金40万元；操纵证券交易价格罪，判处有期徒刑三年；决定执行有期徒刑八年，并处罚金40万元。其他人员和相关公司也得到相应处罚。

（资料来源：根据有关资料整理而得）

第二节 行政法规

一、行政法规概述

行政法规是国务院为领导和管理国家各项行政工作，根据宪法和法律，并且按照《行政法规制定程序条例》的规定而制定的政治、经济、教育、科技、文化、外事等各类法规的总称。行政法规的具体名称有"条例""规定""办法"。对某一方面的行政工作做比较全面、系统的规定，称"条例"；对某一方面的行政工作做部分的规定，称"规定"；对某一项行政工作做比较具体的规定，称"办法"。它们之间的区别是：在范围上，条例、规定适用于某一方面的行政工作，办法仅用于某一项行政工作；在内容上，条例比较全面、系统，规定则集中于某个部分，办法比条例、规定要具体得多；在名称使用上，条例仅用于法规，规定和办法在规章中也常用到。这里重点介绍《证券公司监督管理条例》和《证券公司风险处置条例》。

二、《证券公司监督管理条例》

《证券公司监督管理条例》经2008年4月23日国务院第六次常务会议通过，自2008年6月1日起施行，根据2014年7月29日《国务院关于修改部分行政法规的决定》修订。该条例共分为八章，包括：总则，设立与变更，组织机构，业务规划与风险控制，客户资产的保护，监督管理措施，法律责任和附则。

第一章 总则

总则主要内容包括：该条例的立法目的；规定证券公司审慎经营和履行对客户的诚信义务；制约证券公司的股东和实际控制人滥用权利；鼓励证券公司创新；证券公司的业务范围；证券公司的监督管理机构；监督管理机构的合作及信息共享；监督管理机构与地方政府的通报机制。

第二章 设立与变更

设立与变更主要内容包括：证券公司的设立条件；证券公司股东出资的相关规定；不得成为持有证券公司5%以上股权的股东、实际控制人的情形；证券公司高管人数和从业经历的规定；证券公司业务范围与经营能力相适应；证券公司变更重要事项应当经监督管理机构批准；公司合并、分立和退出市场的监督管理；监督管理机构的行政审批事项及登记程序。

第三章 组织机构

组织机构主要内容包括：证券公司应当建立健全组织机构；独立董事制度；薪酬与提名委员会、审计委员会和风险控制委员会的相关规定；董事会秘书职责及地位；证券公司经营管理机构及人员地位；合规负责人职责及地位；证券公司高管的任职规定；证券公司高管的离任审计。

第四章 业务规划与风险控制

业务规划与风险控制主要内容包括：①一般规定：证券公司及其境内分支机构依法经营；证券公司应当建立健全风险管理与内部控制制度；证券账户实名制制度；了解客户原则和适当性原则；寄送对账单制度；信息查询制度；向客户提供投资建议相关规定；从业人员不得持有、买卖股票，收受他人赠送的股票；一般风险准备金制度。②证券经纪业务：经纪业务不得买空卖空的规定；证券经纪人的法律地位、代理权限和责任划分；收取费用的规定。③证券自营业务：自营业务的范围；自营业务的实名制；自营业务的禁止行为；自营业务的风险控制。④证券资产管理业务：客户自负盈亏，证券公司收取费用的规定；证券资产管理业务的禁止行为；证券公司使用多个客户的资产进行集合投资的规定。⑤融资融券业务：融资融券业务的概念；经营融资融券业务的条件；融资融券业务合同和账户；融资融券的资金和证券来源；保证金制度；逐日盯市制度；强行平仓制度；向证券金融公司借入的规定。

第五章 客户资产的保护

客户资产的保护主要内容包括：证券公司客户资产的托管制度；资产的相互独立制度；动用客户的交易结算资金或者委托资金的情形；客户资产的保护制度。

第六章 监督管理措施

监督管理措施主要内容包括：证券公司应当向国务院证券监督管理机构报送年度报告、月度报告和临时报告；重要报告应当经具有证券、期货相关业务资格的会计师事务所审计；高管人员对年度报告和月度报告的签字制度；年度报告和月度报告的审核；证券公司应当依法向社会公开披露相关信息；国务院证券监督管理机构可以要求相关人员在指定的期限内提供与证券公司经营管理和财务状况有关的资料、信息；国务院证券监督管理机构对证券公司的业务活动、财务状况、经营管理情况进行检查有权采取的措施；对证券公司披露、报送或者提供的资料、信息的要求；国务院证券监督管理机构对治理结构不健全、内部控制不完善、经营管理混乱、设立账外账或者进行账外经营、拒不执行监督管理决定、违法违规的证券公司采取的措施；证券公司大股东、高管的任职要求；证券公司聘请或者解聘会计师事务所的规定；会计师事务所的职权和保密要求；证券交易所的实时监控。

第七章 法律责任

法律责任主要内容包括：依照《证券法》第一百九十八条的规定处罚的情形；依照《证券法》第二百零五条的规定处罚的情形；依照《证券法》第二百零八条的规定处罚的情形；依照《证券法》第二百一十条的规定处罚的情形；依照《证券法》第二百一十九条的规定处罚的情形；依照《证券法》第二百二十条的规定处罚的情形；依照《证券法》第二百零八条的规定处罚的情形；证券公司违反本条例的情形和处罚；商业银行违反本条例的情形和处罚。

第八章 附则

附则主要内容包括：条例规定的过渡性安排；次级债的规定；外资证券公司的规定；证券登记结算机构的规定；本条例的实施时间。

三、《证券公司风险处置条例》

《证券公司风险处置条例》经2008年4月23日国务院第六次常务会议通过，自公布之日起施行，根据2016年2月6日《国务院关于修改部分行政法规的决定》修订。该条例共分为七章，包括：总则，停业整顿、托管、接管、行政重组，撤销，破产清算和重整，监督协调，法律责任，附则。

第一章 总则

总则主要内容包括：本条例的立法目的；证券公司风险处置的主管机构；国务院证券监督管理机构与相关机关的协调配合与快速反应机制；证券公司风险处置中地方人民政府的任务；证券公司风险处置中证券经纪业务正常进行。

第二章 停业整顿、托管、接管、行政重组

停业整顿、托管、接管、行政重组主要内容包括：国务院证券监督管理机构对证券公司的检查和监控；停业整顿的相关规定；托管和接管的规定；行政重组的规定；停业整顿、托管、接管、行政重组处理的公告规定；停业整顿、托管、接管、行政重组处理的债务规定；停业整顿、托管、接管、行政重组的后续处理。

第三章 撤销

撤销主要内容包括：撤销证券公司的情形；成立行政清理组的规定；行政清理组的职责；被撤销证券公司的股东会或者股东大会、董事会、监事会以及经理、副经理停止履行职责；行政清理期间被撤销证券公司的证券经纪等涉及客户的业务的处理；撤销证券公司的债

权债务问题；有关结果经会计师事务所审计的规定；行政清理组的工作程序和相关要求；行政清理费用的规定。

第四章 破产清算和重整

破产清算和重整主要内容包括：破产清算的法定要求；重整的法定要求；国务院证券监督管理机构向人民法院推荐管理人人选的规定；重整计划的相关规定；重整程序终止的处理。

第五章 监督协调

监督协调主要内容包括：证券公司风险处置中监管机构的职责；证券公司风险处置中监管机构与公安机关、地方政府的协调；证券公司风险处置中监管机构与人民法院的对接；监管机构禁止相关资金账户、证券账户的资金和证券转出的规定；被处置证券公司以及其分支机构所在地人民政府的配合规定；证券投资者保护基金管理机构的职责；被处置证券公司相关人员的配合规定；被处置证券公司相关人员资料移交的规定；托管组、接管组、行政清理组以及其工作人员的职业操守；禁止参与处置证券公司风险工作的机构和人员。

第六章 法律责任

法律责任主要内容包括：本条例规定的对证券公司的董事、监事、高级管理人员等的处罚。

第七章 附则

附则主要内容包括：证券公司的解散程序；期货公司风险处置参照本条例的规定执行；本条例的施行时间。

第三节 部门规章

一、部门规章的制定

部门规章是国务院各部门、各委员会等根据宪法、法律和行政法规的规定和国务院的决定，在本部门的权限范围内制定和发布的调整本部门范围内的行政管理关系，不得与宪法、法律和行政法规相抵触的规范性文件。

二、《证券发行与承销管理办法》

《证券发行与承销管理办法》经2013年10月8日中国证监会第11次主席办公会议审议通过，自2014年3月21日起施行，根据2018年6月14日《关于修改〈证券发行与承销管理办法〉的决定》修改。该办法共分为六章，包括：总则，定价与配售，证券承销，信息披露，监管和处罚，附则。

第一章 总则

总则主要内容包括：该办法的立法目的；该办法的管理范围；证券服务机构和人员的职业操守；证券发行与承销行为的监督管理机构。

第二章 定价与配售

定价与配售主要内容包括：首次公开发行股票的定价方式；首次公开发行股票网下投资者的条件；首次公开发行股票采用询价方式的，网下投资者报价的自主性和原则；网下投资者报价的唯一性；首次公开发行股票采用询价方式的，发行价格的确定；有效投资者的数量要求；首次公开发行股票时，发行人和主承销商自主协商性；首次公开发行股票采用直接定价方式的全部网上发行规定；首次公开发行股票采用询价方式的，网下初始发行比例要求；网下向网上回拨的要求；投资者网上申购的要求；投资者网上网下的自由选择规定；发行人进行老股转让的要求；投资者足额缴付认购资金的要求；中止发行与重新启动发行；战略投资者配售；超额配售选择权；首次公开发行股票网下配售时，发行人和主承销商禁售对象；发行人和承销商及相关人员的禁止行为；上市公司发行证券在利润分配方案、公积金转增股本方案实施后进行；配股与增发；增发或者发行可转换公司债券的配售比例规定；上市公司非公开发行证券的规定。

第三章　证券承销

证券承销主要内容包括：发行人和主承销商签订承销协议或承销团协议的规定；证券公司承销证券方式的规定；代销的有关规定；向中国证监会报送发行与承销方案的规定；上市公司发行证券期间相关证券的停复牌的有关规定；承销中会计师事务所和律师事务所的有关规定；主承销商在发行完成后向中国证监会报送的文件。

第四章　信息披露

信息披露主要内容包括：发行人和主承销商在发行中信息披露义务的法定性；对披露的信息的要求；依法刊登招股意向书前不得推介的规定；推介的具体要求；相关资料存档备查的要求；信息披露的方式；发行人披露的招股意向书和招股说明书的有关规定；信息披露的具体内容；公告发行市盈率和市净率的规定。

第五章　监管和处罚

监管和处罚主要内容包括：中国证监会处罚的法定性和方式；监管与自律监管措施；监管处罚与追究刑事责任；未经核准擅自公开发行证券的处罚；证券公司及其直接负责的主管人员和其他直接责任人员的禁止行为与处罚；发行人及其直接负责的主管人员和其他直接责任人员的禁止行为与处罚。

第六章　附则

附则主要内容包括：其他证券的发行和承销比照本办法执行的规定；本办法施行时间；相关法规的废止。

三、《证券公司融资融券业务管理办法》

为了规范证券公司融资融券业务活动，完善证券交易机制，防范证券公司的风险，保护证券投资者的合法权益和社会公共利益，促进证券市场平稳健康发展，中国证监会制定了《证券公司融资融券业务管理办法》，自2015年7月1日起施行。该办法共分为七章，包括：总则，业务许可，业务规则，债权担保，权益处理，监督管理，附则。

第一章　总则

总则主要内容包括：本办法的立法目的；融资融券业务的概念；融资融券业务的法定性；证券公司经营融资融券业务的禁止行为；融资融券业务的监督管理机构。

第二章　业务许可

业务许可主要内容包括：证券公司申请融资融券业务资格的条件；证券公司申请融资融券业务资格应当向中国证监会提交的材料；证券公司的业务范围变更。

第三章 业务规则

业务规则主要内容包括：证券公司经营融资融券业务在证券登记结算机构开立相关账户的规定；证券公司经营融资融券业务在商业银行开立相关账户的规定；证券公司经营融资融券业务对客户的要求；融资融券合同的事项；融资融券业务财产性质、期限、融资利率、融券费率和展期的规定；融资融券交易风险揭示书的规定；实名信用证券账户的规定；实名信用资金账户的规定；证券公司经营融资融券业务融资融券范围的限制；证券公司融资融券的金额限制；融资融券的归还；融资融券的期限。

第四章 债权担保

债权担保主要内容包括：融资融券的保证金规定；融资融券担保物的范围；融资融券的担保物逐日盯市制度；融资融券的担保物逐日盯市制度的主管机构；动用证券公司客户信用交易担保证券账户内的证券和客户信用交易担保资金账户内的资金的情形；客户提取担保物的规定；担保物制度与司法的对接问题。

第五章 权益处理

权益处理主要内容包括：证券持有人名册的登记问题；对客户信用交易担保证券账户记录的证券对证券发行人的权利行使问题；证券公司客户信用交易担保证券账户的投资收益分派规定；融券偿还债务时支付与所融入证券可得利益相等的证券或者资金的规定；信息报告、披露或者要约收购义务的规定。

第六章 监督管理

监督管理主要内容包括：证券交易所对融资融券业务的动态调整和逆周期调节；证券公司对融资融券业务的风险管控；证券交易所对融资融券交易的指令的前端检查的规定；证券交易所暂停交易的规定；证券登记结算机构的监管；中国证券金融公司的监管；中国证券投资者保护基金公司的监管；商业银行的监管；证券公司送交对账单和查询服务的规定；证券登记结算机构提供查询服务；证券公司告知客户融资融券费用的规定；客户融资融券情况公示的规定；证券公司向监管机构提供资料的规定；中国证监会派出机构的非现场检查和现场检查；证券公司或其分支机构在融资融券业务中违反规定的处罚。

第七章 附则

附则主要内容包括：负责客户信用资金存管的商业银行的资格规定；专业机构投资者的定义；融资融券的业务规则和自律规则的制定和实施；本办法的实施时间与相关法规的废止。

四、《首次公开发行股票并在创业板上市管理办法》

《首次公开发行股票并在创业板上市管理办法》经 2014 年 2 月 11 日中国证监会第 26 次主席办公会议审议通过，2014 年 5 月 14 日中国证监会令第 99 号公布。根据 2018 年 6 月 6 日中国证监会《关于修改〈首次公开发行股票并在创业板上市管理办法〉的决定》修正。该办法共分六章，包括：总则，发行条件，发行程序，信息披露，监督管理和法律责任，附则。

第一章 总则

总则主要内容包括：本办法的立法目的；本办法的适用范围；发行人申请首次公开发行股票并在创业板上市的发行条件；信息披露的要求；发行人的控股股东、实际控制人、董事、监事、高级管理人员等责任主体的职业操守；保荐人及其保荐代表人的职业操守；证券服务机构和人员的职业操守；中国证监会的监督管理；证券交易所的职责；投资者准入制度。

第二章　发行条件

发行条件主要内容包括：发行人申请首次公开发行股票应当符合的条件；发行人的注册资本、发起人或者股东用作出资的资产、发行人的主要资产的要求；对发行人的业务要求；发行人最近两年内主营业务和董事、高级管理人员、实际控制人均没有变化的要求；发行人的股权清晰，控股股东和受控股股东、实际控制人支配的股东所持发行人的股份不存在重大权属纠纷；发行人的公司治理结构和股东投票计票制度；对发行人会计的要求；对发行人内部制度的要求；发行人的董事、监事和高级管理人员的职业操守和任职资格；对发行人及其控股股东、实际控制人的违法行为的限制。

第三章　发行程序

发行程序主要内容包括：股票发行的具体方案的制作和批准；发行人股东大会就本次发行股票的决议的内容；发行人制作申请文件并由保荐人申报的规定；保荐人的职责；中国证监会审批的期限和程序；发行人暂缓或者暂停发行的规定；股票发行申请未获核准的再次提出股票发行申请的规定。

第四章　信息披露

信息披露主要内容包括：发行人编制和披露招股说明书的规定；创业板招股说明书内容与格式的规定；招股说明书的风险提示；发行人应当在招股说明书中披露相关责任主体以及保荐人、证券服务机构及相关人员的承诺；发行人及其全体董事、监事和高级管理人员应对招股说明书负责的规定；发行人的控股股东、实际控制人应对招股说明书负责的规定；对招股说明书引用的财务报表的要求；招股说明书的有效期；预先披露招股说明书（申报稿）的要求；预先披露的招股说明书（申报稿）不能含有股票发行价格信息的规定；预先披露的招股说明书（申报稿）不具有据以发行股票的法律效力的规定；发行人及其全体董事、监事和高级管理人员对预先披露的招股说明书（申报稿）负责的规定；招股说明书公告的规定。

第五章　监督管理和法律责任

监督管理和法律责任主要内容包括：证券交易所的职责；市场风险警示及投资者持续教育制度；发行人及其控股股东、实际控制人、董事、监事、高级管理人员以及保荐人、证券服务机构及相关人员对发行申请文件的法律责任；中国证监会中止审核的规定；中国证监会终止审核的规定；发行人违规的处罚；保荐人违规的处罚；证券服务机构违规的处罚；发行人公开发行证券上市当年即亏损的处罚；发行人披露盈利预测，利润实现数未达到盈利预测一定比例的处罚；注册会计师的处罚。

第六章　附则

附则主要内容包括：本办法的施行时间；相关文件的废止。

五、《证券市场禁入规定》

《证券市场禁入规定》经 2006 年 3 月 7 日中国证监会第 173 次主席办公会议审议通过，自 2006 年 7 月 10 日起施行，于 2015 年进行了修订。该办法共分为十三条。该办法主要内容包括：该办法的立法目的；市场禁入的主管机构及管理原则；中国证监会认定的市场禁入情形;对市场禁入人员的处罚;终身市场禁入的情形;与其他法律的对接;从轻、减轻或者免予市场禁入的情形;共同违法中对负次要责任人员市场禁入的处罚规定;市场禁入处罚的程序及当事人的权利;市场禁入的撤销或变更;市场禁入的公布;期货市场禁入参照本规定;本规定的实施时间。

小资料

中国证监会市场禁入决定书(张郁达、张晓敏)

〔2019〕13号

当事人:

张郁达,男,1977年7月出生,时任奔腾科技实业集团股份有限公司(以下简称奔腾集团)董事长,住址:内蒙古自治区赤峰市红山区。

张晓敏,女,1970年3月出生,时任奔腾集团副董事长,张郁达配偶,住址:内蒙古自治区赤峰市红山区。

依据《中华人民共和国证券法》(以下简称《证券法》)的规定,我会对张郁达、张晓敏操纵"奔腾集团"股票价格行为进行立案调查、审理,并依法向当事人告知做出行政处罚的事实、理由、依据及当事人依法享有的权利。应当事人张郁达、张晓敏的申请,我会举行听证会,听取当事人及其代理人的陈述、申辩意见。本案现已调查、审理终结。

经查明,张郁达、张晓敏存在以下违法事实:

一、张郁达、张晓敏控制使用证券账户情况

根据证券账户交易终端硬件信息、资金往来记录、证人证言等证据,"张郁达""王某蕾""邹某燕""周某言""臧某强""张某婷""西藏奔腾中投股权投资管理合伙企业(有限合伙)(以下简称西藏奔腾)""西藏万盛中投股权投资管理合伙企业(有限合伙)(以下简称西藏万盛)""北京万盛国投股权投资管理合伙企业(有限合伙)(以下简称北京万盛)"9个证券账户(以下简称账户组)存在紧密关联性,由张郁达、张晓敏实际控制使用。张郁达、张晓敏利用账户组,使用自有资金和奔腾集团资金,操纵"奔腾集团"股票价格。

二、张郁达、张晓敏操纵"奔腾集团"价格情况

2016年12月30日至2017年1月6日(以下简称操纵期间),张郁达、张晓敏控制使用账户组,集中资金优势、持股优势、信息优势,连续交易"奔腾集团",操纵交易价格和交易量,致使"奔腾集团"价格连续大幅上涨。

(一)操纵过程

账户组在操纵期间买入"奔腾集团"股票344.3万股,卖出66.7万股。2017年1月6日,"奔腾集团"股票停牌,账户组剩余持仓277.6万股,持股市值16794800元。

(二)操纵手段

1. 资金优势

操纵期间共有5个交易日,账户组申报次数占比均超过30%,成交量占比在50%以

上、买入成交量占比在40%以上的有4个交易日，有3个交易日存在反向交易；账户组总成交量占同期交易量的比率为56.74%。2017年1月6日，账户组成交量占当日总成交量的比率高达70.13%。

2. 持股优势

操纵期间，账户组持有奔腾集团非限售流通股占非限售流通股总量的比例不断增加，最高达到71.84%。而12家做市商所持奔腾集团非限售流通股占非限售流通股总量的比例不断降低，最低仅占非限售流通股总量的1.41%。

3. 信息优势

作为奔腾集团的董事长，张郁达知悉包括做市券商在内股东的持股情况。奔腾集团在2015年9月至2017年1月曾14次查询股东名册，中国证券登记结算有限公司在2016年3月至2017年1月自动向奔腾集团发送股东名册20次。

2017年1月3日，奔腾集团在决定不参与竞购英力特化工股权的情况下，仍通过《内蒙古赤峰奔腾实业（集团）股份有限公司第二届董事会第十七次会议决议》并对外公告，公告内容足以对投资者产生误导。

4. 连续买卖

操纵期间的5个交易日内，账户组都发生了连续（3笔及3笔以上）主动买入"奔腾集团"股票的行为，股价在短时间内迅速被推高，最高幅度发生于2017年1月6日，"奔腾集团"股价在76分钟内提高了24.49%；同时，账户组都发生了以高于做市商卖出报价和明显高于其他市场投资者的申报价格进行买入申报的行为，做市商报价及股价在短时间内大幅提高。

（三）操纵结果

账户组在操纵期间买入"奔腾集团"344.3万股，买入金额15372400元，卖出"奔腾集团"66.7万股，卖出金额3694540元，实际盈利703691.74元（扣除税费）；持仓"奔腾集团"277.6万股。

操纵期间，"奔腾集团"股票价格从3.05元上涨至6.05元，涨幅为98.36%。同期全国中小企业股份转让系统（以下简称股份转让系统）成分指数下跌0.55%，偏离98.91%；做市成分指数上涨1.4%，偏离96.96%。

以上事实，有相关证券账户交易终端硬件信息（IP、MAC、硬盘序列号、下单手机号）、证券账户资料、银行账户资料、证券账户交易资料、相关人员询问笔录、股份转让系统相关数据信息等证据证明，足以认定。

我会认为，张郁达和张晓敏利用资金优势、持股优势和信息优势，控制使用9个证券账户连续交易"奔腾集团"股价的行为，违反《证券法》第七十七条第一款第一项规定，构成《证券法》第二百零三条所述操纵证券市场行为。

当事人及其代理人提出以下陈述申辩意见：

第一，在"比照"《证券法》进行行政处罚时，应考虑股份转让系统挂牌公司的特殊性及挂牌规则同监管规则的一致性。《国务院关于全国中小企业股份转让系统有关问题的决定》（以下简称《决定》）法律责任部分未对市场操纵行为进行规定，应由股份转让系统实施自律监管，过高的监管规则会限制股份转让系统的创新性和包容性。

第二,本案行政处罚金额巨大,应采用接近排除合理怀疑的证明标准。处罚结果过重,应考虑过罚相当及罚教结合。

第三,认定张郁达、张晓敏控制涉案账户组事实不清、证据不足,没有证据证明以下事实:一是涉案账户由张郁达、张晓敏控制;二是涉案证券账户密码及对应的三方存管银行卡受张郁达、张晓敏控制;三是初始资金来自张郁达、张晓敏(奔腾集团);四是涉案证券账户所有人与张郁达、张晓敏、奔腾集团的资金往来用于操纵奔腾集团股票;五是涉案账户股份收益由张郁达、张晓敏所有。此外,未严格区分奔腾集团的资金、账户所有人自有资金与张郁达、张晓敏的资金。

第四,认定张郁达、张晓敏操纵奔腾集团股票价格事实不清、证据不足。一是《行政处罚事先告知书》认定张郁达、张晓敏操纵市场的方式为"连续交易",但认定的程度仅为"影响"而不是"操纵"。二是张郁达、张晓敏没有操纵市场的客观行为。理由包括:没有证据证明涉案账户买入行为来自张郁达、张晓敏的指令;操纵期间,张晓敏名下证券账户没有交易"奔腾集团"股票,"张郁达"证券账户仅卖出部分股票,涉案9个账户只有4个存在卖出行为;涉案账户与张郁达、张晓敏、张某之间的资金往来在操纵期之前就大量存在。三是涉案证券账户相关交易是长期持有的真实投资行为,"高位套现"特征不明显。四是股份转让系统挂牌公司流动性较差,少量资金就可以把股价"拉高",认定市场操纵应结合客观行为和主观意图。五是张郁达、张晓敏没有操纵市场的主观目的与动机,拉高股价会增加为臧某强实现"定增"的成本。

第五,认定张郁达、张晓敏操纵"奔腾集团"股票价格获利为5081319.63元缺乏事实及法律依据。一是涉案账户组中,除张郁达名下的账户外,其余账户内股票及获利均属于账户登记主体所有。二是"臧某强"账户股票是臧某强所有的财产。三是以2017年1月6日的收盘价计算浮动盈利,没有事实和法律依据。在发现股价出现增长后,奔腾集团主动于2017年1月6日申请停牌,且停牌当日,"臧某强"账户一直在进行买入交易。

第六,对本案调查程序是否合法存疑。一是缺少调取涉案账户银行流水的出处及过程性材料。二是大量取证发生在立案之前,且未提供调取证据的具体依据以及过程信息。三是账户信息作为电子证据,应当符合中国证监会的相关规定,缺少证明材料。

经复核,我会认为:

第一,根据《决定》,"证监会应当比照《证券法》关于市场主体法律责任的相关规定,严格执法,对虚假披露、内幕交易、操纵市场等违法违规行为采取监管措施,实施行政处罚",我会对操纵股份转让系统挂牌公司股价等违法违规行为实施行政处罚,于法有据。股份转让系统市场是证券市场的重要组成部分,依据《证券法》对该市场交易过程中发生的市场操纵违法行为进行行政处罚,符合我会一贯执法实践。股份转让系统市场并非法外之地,股份转让系统市场的包容性并不包容违法行为,对股份转让系统市场放宽准入限制不等于放松监管。

第二,本案事实清楚,证据确实充分,量罚幅度合理。当事人以特别恶劣的手段阻碍、抗拒我会工作人员行使调查职权,严重扰乱证券市场秩序。具体表现为:态度蛮横,多次威胁恐吓调查人员;在调查组开展调查工作的场所内安装录音设备进行窃听;藐视执法权威,对询问过程的严肃性毫不在意,信口雌黄,频频编造谎言以求自圆其说,并向调查组提供虚假证据材料,行为特别恶劣,情节特别严重,应当予以严惩。我会依法对张郁达、张晓敏采取终身证券市场禁入措施。

第三,本案证据足以认定张郁达、张晓敏对账户组的控制关系。

一是从涉案账户名义所有人的询问笔录来看,其控制或操作涉案账户的陈述与客观事实不符,对其陈述均不予采信;并且账户名义所有人均与张郁达、张晓敏存在亲属或上下级关系,其证言证明力受到影响。

二是涉案账户在操纵期间买入"奔腾集团"股票所用资金全部来自张郁达、张晓敏和奔腾集团,卖出资金流向张晓敏、奔腾集团。

三是涉案账户组操作具有同一性,下单IP地址与MAC地址高度一致,其中,IP地址均为奔腾集团办公场所,MAC地址分别为4437E××××9CA、0025A××××3ED、00000××××AAD、4437E××××093。在MAC地址4437E××××9CA下交易的账户有6个,分别为"张郁达""王某蕾""周某言""张某婷""西藏奔腾""西藏万盛"账户;在MAC地址0025A××××3ED下交易的账户有2个,分别为"邹某燕"和"臧某强"账户;在MAC地址00000××××AAD下交易的账户有2个,分别为"王某蕾"和"北京万盛"账户;在MAC地址4437E××××093下交易的账户有3个,分别为"王某蕾""张某婷""西藏奔腾"账户。上述账户存在同一时间段先后在同一台电脑进行交易的情况,应为同一控制关系。

四是西藏奔腾、西藏万盛、北京万盛三个公司账户均由奔腾集团员工邢某华代为开户,其中西藏奔腾、西藏万盛账户预留联系方式为张晓敏手机号码,张晓敏也承认自己是西藏奔腾账户的实际控制人;西藏奔腾等三公司账户交易行为均发生在奔腾集团办公场所,下单MAC地址分别与其余个人账户重合,更为异常;且操纵期前几日,西藏万盛账户在张郁达北京住所发生交易,买入143000股"奔腾集团"股票。

五是张郁达、张晓敏在调查期间虚构账户下单交易场所、唆使相关人员出具虚假证言等拒不配合调查行为,更加印证其行为的违法性。

六是奔腾集团内部治理、财务账目混乱,张郁达、张晓敏、张某银行账户与奔腾集团银行账户之间频繁往来,张郁达、张晓敏和奔腾集团的资金无法进行严格划分,张郁达、张晓敏能够以个人名义调动奔腾集团的资金。

账户组各账户资金来往情况、交易情况、交易所用IP地址与MAC地址高度重合的情况、当事人询问笔录等一系列在案证据,形成完整的证据链,足以证明"张郁达"等9个证券账户,在操纵期间均为张郁达、张晓敏所控制。

第四,认定张郁达、张晓敏操纵"奔腾集团"股价事实清楚、证据充分。一是《行政处罚事先告知书》中提及张郁达、张晓敏连续交易"奔腾集团"股票,影响了该股票的交易价格和交易量,此处"影响"一词属用词不当,应更正为"操纵"。二是客观上,2016年12月30日至2017年1月6日,张郁达、张晓敏控制账户组,集中资金优势、持股优势、信息优势,连续交易"奔腾集团"股票,操纵该股票的交易价格和交易量,导致股票价格连续大幅上涨。根据账户组于操纵期间交易"奔腾集团"股票的记录分析,账户组交易量占比、买比重、持股比等数值明显较高,具有明显的资金优势、持股优势;作为奔腾集团的董事长,张郁达知悉包括做市券商在内股东的持股情况,并发布不实公告误导投资者，具有明显的信息优势；同时，账户组在短时间内以高于做市商报价和明显高于其他市场投资者的价格，多次连续申报买入"奔腾集团"股票，该股票价格从3.05元上涨至6.05元，涨幅高达98.36%，账户组的连续交易行为致使"奔腾集团"股票价格大幅上涨。操纵期间，"奔腾集团"股价上涨98.36%，同期股份转让系统成分指数下跌0.55%，偏离98.91%，做市成分指数上涨1.4%，偏离96.96%。三是主观上，张郁达称其知晓持续买入"奔腾集团"股票就会使"奔腾集团"股票价格上涨，具有操纵的主观故意。

第五，违法所得计算无误，涉案账户组所得均是违法所得，账户组在操纵期间买入"奔腾集团"股票344.3万股，卖出"奔腾集团"66.7万股，实际盈利703691.74元（扣除税费）；持仓"奔腾集团"277.6万股。一是账户组是张郁达、张晓敏操纵"奔腾集团"价格的工具，无论账户名义所有人是谁，操纵期间由张郁达、张晓敏控制使用，操纵行为产生的所得，皆属违法所得。关于涉案账户组违法所得，计算方法科学合理，符合我会一贯执法惯例。二是虽然"臧某强"买入的股票数量与双方签订的定增协议数量一致，但在操纵期间该账户为张郁达实际控制和使用，且该账户在12月30日之前只买入25.1万股，每股价格不足3元，12月30日之后奔腾集团股价不断上涨，"臧某强"账户在5个交易日内买入164.9万股，且部分股票的申报价格高于做市商报价，明显存在拉抬股价的意图。该账户和账户组中其他账户共同完成操纵市场行为，客观上影响股票价格正常形成机制，应共同视为张郁达、张晓敏操纵市场的工具。三是2017年1月6日，奔腾集团因股价异动和信息披露问题被股份转让系统要求停牌，而非奔腾集团"主动停牌"。

第六，关于调查程序。一是调取涉案账户银行流水的材料，调查人员已于听证会当场出示；二是我会查询并取得公民个人银行账户信息的依据为《证券法》第一百八十条的规定，具体为："国务院证券监督管理机构依法履行职责，有权采取下列措施：……（六）查询当事人和与被调查事件有关的单位和个人的资金账户、证券账户和银行账户……"；三是我会依法对违反证券市场监督管理法律、行政法规的行为进行查处，进入涉嫌违法行为发生场所调查取证，询问当事人，查阅、复制相关资料和文件等，调查过程中调查人员不少于二人，并出示了合法证件和调查通知书，程序合法，执法过程中取得的证据真实合法有效，符合《证券法》及有关法律法规的规定；四是案卷中的账户信息，既有纸质记录，又有电子数据记录，且均在信息载体上加盖了提供单位公章，符合证据要求。

综上，对当事人及代理人的陈述申辩意见均不予采纳。

张郁达、张晓敏的违法行为特别恶劣，情节特别严重，依据《证券法》第二百三十三条和《证券市场禁入规定》（中国证监会令第115号）第三条第一项，第五条第三项、第四项、第五项的规定，我会决定：

对张郁达和张晓敏分别采取终身证券市场禁入措施。自我会宣布决定之日起，在禁入期间内，除不得继续在原机构从事证券业务或者担任原上市公司、非上市公众公司董事、监事、高级管理人员职务外，也不得在其他任何机构中从事证券业务或者担任其他上市公司、非上市公众公司董事、监事、高级管理人员职务。

当事人如果对本市场禁入决定不服,可在收到本决定书之日起 60 日内向中国证券监督管理委员会申请行政复议,也可在收到本决定书之日起 6 个月内直接向有管辖权的人民法院提起行政诉讼。复议和诉讼期间,上述决定不停止执行。

中国证监会
2019 年 9 月 4 日

(资料来源:中国证监会网站)

第四节　法律法规实训

一、登录中国证监会网站

登录中国证监会网站(http://www.csrc.gov.cn),可以通过信息公开、政策法规、新闻发布、信息披露、统计数据等栏目,及时了解证券监管的法律法规以及相关信息,如图 10-1 所示。

图 10-1　中国证监会网站

在中国证监会网站首页,分别列有"信息公开""新闻发布""政策法规""统计数据""信息披露"等栏目。单击相应的栏目或条目,可以迅速获得相应的信息资料。同时,还可以根据所要了解和查询的内容,在"站内搜索"的文本框中输入相应的内容进行搜索。例如,单击"信息披露"栏目,其中包括"预先披露""预先披露查询系统""非上市公众公司信息披露""基金信息披露""上交所信息披露""深交所信息披露"。

单击"预先披露",即可进入相关界面,了解需要的内容,如图 10-2 所示。

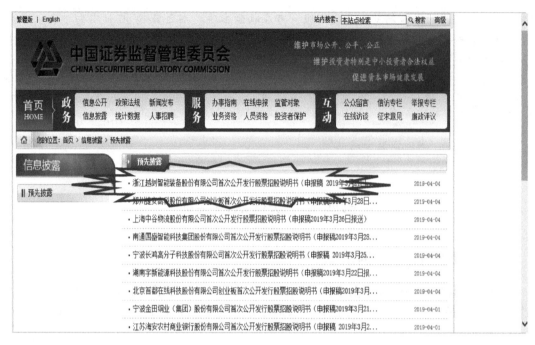

图 10-2 "预先披露"页面

单击其中的"浙江越剑智能装备股份有限公司首次公开发行股票招股说明书",即可获得相应的信息资料,如图 10-3 所示。

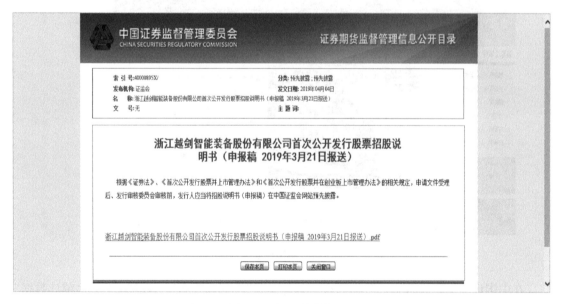

图 10-3 招股说明书

单击"预先披露查询系统",得到如图 10-4 所示的页面。

在"预先披露查询系统"界面的右上角输入需要查询的公司名称或者保荐机构名称,可得到相关信息。例如输入"上海华峰",单击"搜索",得到如图 10-5 所示结果。

图 10-4 "预先披露查询系统"页面

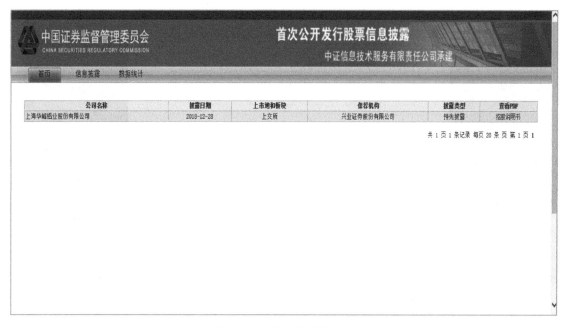

图 10-5 查询上海华峰公司

单击"信息披露"栏目中的"上交所信息披露",得到如图 10-6 所示的页面。

单击其中的"白云机场 2019 年 3 月生产经营数据快报",即可获得相应的信息资料,如图 10-7 所示。

图 10-6　上交所信息披露

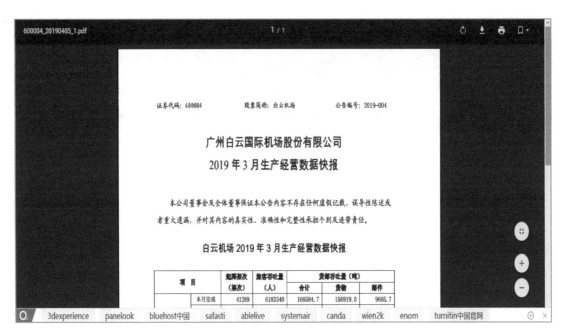

图 10-7　生产经营数据快报

单击"信息披露"栏目中的"深交所信息披露",得到如图 10-8 所示的页面。

单击其中的"隆平高科：关于大股东协议转让股份完成过户登记的公告",即可获得相应的信息资料,如图 10-9 所示。

第十章　证券法律法规

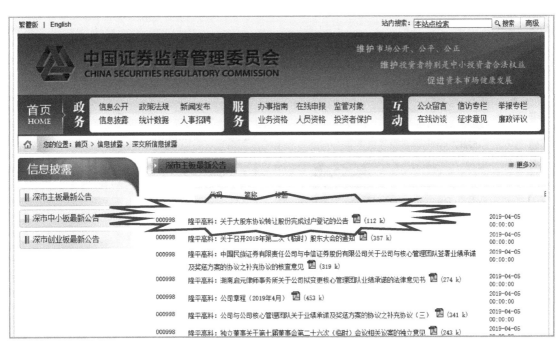

图 10-8　深交所信息披露

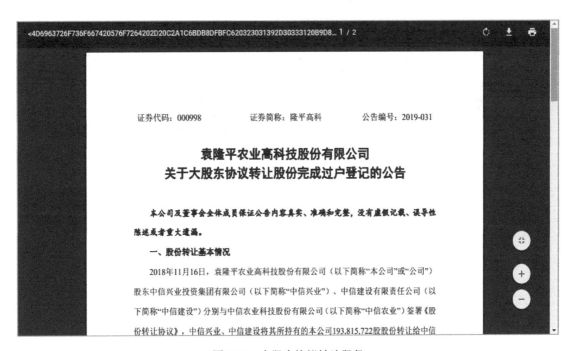

图 10-9　大股东协议转让股份

二、登录中国证券业协会网站

中国证券业协会是证券机构的自律性组织。登录该协会网站（www.sac.net.cn），可以及时了解我国证券行业自律管理的有关要求和情况，如图 10-10 所示。

图 10-10　中国证券业协会网站

在中国证券业协会网站的首页，设有各种栏目。单击不同的栏目，即可获得相应的信息。单击"信息公示"，得到如图 10-11 所示的界面。

图 10-11　信息公示

单击其中的"证券公司基本信息公示"，可以了解目前的正规证券公司情况，如图 10-12 所示。

单击图 10-13 中的"会员在线注册"，得到如图 10-14 所示的界面，可以注册会员。

第十章　证券法律法规

图 10-12　证券公司基本信息公示

图 10-13　单击"会员在线注册"

图 10-14　注册会员

参 考 文 献

[1] 孙可娜. 证券投资理论与实务 [M]. 3版. 北京：高等教育出版社，2015.
[2] 孙可娜. 证券投资教程 [M]. 2版. 北京：机械工业出版社，2009.
[3] 孙可娜. 证券投资实训 [M]. 2版. 北京：机械工业出版社，2010.
[4] 焦广才，焦晶晶. 证券投资实训 [M]. 北京：经济科学出版社，2017.
[5] 李国义. 证券投资学实训教程 [M]. 北京：科学出版社，2012.
[6] 张文云. 证券投资实验教程 [M]. 北京：中国金融出版社，2006.
[7] 张为群. 证券投资实验与实训 [M]. 北京：化学工业出版社，2008.
[8] 向东. 证券投资实验教程 [M]. 重庆：重庆大学出版社，2007.
[9] 胡征. 证券投资学实验与实训教程 [M]. 合肥：合肥工业大学出版社，2014.